CONTABILIDADE DE CUSTOS

O GEN | Grupo Editorial Nacional - maior plataforma editorial brasileira no segmento científico, técnico e profissional - publica conteúdos nas áreas de ciências sociais aplicadas, exatas, humanas, jurídicas e da saúde, além de prover serviços direcionados à educação continuada e à preparação para concursos.

As editoras que integram o GEN, das mais respeitadas no mercado editorial, construíram catálogos inigualáveis, com obras decisivas para a formação acadêmica e o aperfeiçoamento de várias gerações de profissionais e estudantes, tendo se tornado sinônimo de qualidade e seriedade.

A missão do GEN e dos núcleos de conteúdo que o compõem é prover a melhor informação científica e distribuí-la de maneira flexível e conveniente, a preços justos, gerando benefícios e servindo a autores, docentes, livreiros, funcionários, colaboradores e acionistas.

Nosso comportamento ético incondicional e nossa responsabilidade social e ambiental são reforçados pela natureza educacional de nossa atividade e dão sustentabilidade ao crescimento contínuo e à rentabilidade do grupo.

OSNI MOURA RIBEIRO

SÉRIE + EM FOCO

CONTABILIDADE DE CUSTOS

CONTEMPLA AS NORMAS BRASILEIRAS DE CONTABILIDADE CONVERGENTES COM OS PADRÕES INTERNACIONAIS DE CONTABILIDADE **IFRS** E A **REFORMA TRIBUTÁRIA**

gen | atlas

11ª EDIÇÃO

- O autor deste livro e a editora empenharam seus melhores esforços para assegurar que as informações e os procedimentos apresentados no texto estejam em acordo com os padrões aceitos à época da publicação, *e todos os dados foram atualizados pelo autor até a data de fechamento do livro.* Entretanto, tendo em conta a evolução das ciências, as atualizações legislativas, as mudanças regulamentares governamentais e o constante fluxo de novas informações sobre os temas que constam do livro, recomendamos enfaticamente que os leitores consultem sempre outras fontes fidedignas, de modo a se certificarem de que as informações contidas no texto estão corretas e de que não houve alterações nas recomendações ou na legislação regulamentadora.

- Data do fechamento do livro: 23/10/2025

- O autor e a editora se empenharam para citar adequadamente e dar o devido crédito a todos os detentores de direitos autorais de qualquer material utilizado neste livro, dispondo-se a possíveis acertos posteriores caso, inadvertida e involuntariamente, a identificação de algum deles tenha sido omitida.

- **Atendimento ao cliente: (11) 5080-0751 | faleconosco@grupogen.com.br**

Publicado pelo selo Atlas
Uma editora integrante do GEN | Grupo Editorial Nacional
Travessa do Ouvidor, 11
Rio de Janeiro – RJ – 20040-040
www.grupogen.com.br

- Capa: Leônidas Leite
- Imagem de capa: iStockphoto/Sarunkkt
- Editoração eletrônica: Rafael Cancio Padovan

- Ficha catalográfica

CIP-BRASIL. CATALOGAÇÃO NA PUBLICAÇÃO
SINDICATO NACIONAL DOS EDITORES DE LIVROS, RJ

R87c
11. ed.

Ribeiro, Osni Moura
Contabilidade de custos : contempla as normas brasileiras de contabilidade convergentes com os padrões internacionais de contabilidade IFRS e a reforma tributária / Osni Moura Ribeiro. – 11. ed. – Barueri [SP] : Atlas, 2025.
(Série em foco)

Inclui bibliografia e índice
ISBN 978-85-7144-224-5

1. Contabilidade de custos. 2. Inventários - Contabilidade. I. Título. II. Série.

CDD: 657.42
25-100098.0 CDU: 657.4

Carla Rosa Martins Gonçalves – Bibliotecária – CRB-7/4782

APRESENTAÇÃO

Para dar continuidade aos trabalhos iniciados com os livros *Contabilidade Básica Fácil* e *Contabilidade Comercial Fácil*,[1] seguindo a mesma metodologia neles implantada, elaboramos em 1992 este *Contabilidade de Custos Fácil* – que agora passa a ser intitulado *Contabilidade de Custos* (Série em Foco) –, visando introduzir o leitor ao estudo do Custo Industrial.

O sucesso e a grande aceitação alcançados por todas as obras da Série em Foco,[2] decorrem, principalmente, da maneira clara, objetiva e progressiva com que os assuntos são apresentados, partindo sempre do mais fácil para o menos fácil e obedecendo a sequência lógica que a disciplina exige. Essa metodologia proporciona um foco especial nos conceitos, de maneira que o estudante fique permanentemente em sintonia com a matéria, condição que torna o estudo mais fácil e agradável.

O conteúdo desenvolvido atende às exigências do currículo do curso de bacharel em Ciências Contábeis, podendo ser aplicado com sucesso em outros cursos de nível médio ou superior, servindo também como fonte de pesquisa aos profissionais que atuam na área contábil e, ainda, àqueles que se preparam para prestar concursos.

Para tornar o trabalho prático e objetivo tanto quanto possível, abordamos apenas os aspectos relacionados à área de produção das empresas industriais, uma vez que os demais procedimentos contábeis necessários ao registro dos fatos que ocorrem nas outras áreas desse tipo de empresas, são semelhantes aos que ocorrem nas empresas comerciais, e tais procedimentos já foram tratados detalhadamente no *Contabilidade Comercial*, da Série em Foco.

---

1 *Contabilidade Básica* e *Contabilidade Comercial*, da atual Série em Foco.

2 Reforçamos ao leitor que a atual Série em Foco é a antiga Série Fácil, e mantém sua proposta e seu objetivo de facilitar o aprendizado e proporcionar ao leitor a aplicação prática dos conceitos apresentados.

Nos dez capítulos que compõem este volume, você estuda e aprende: os principais conceitos; as expressões técnicas e os elementos componentes do custo industrial; a demonstração do custo dos produtos vendidos; os sistemas de Inventário Periódico (simplificado) e de Inventário Permanente (complexo), bem como os mecanismos de contabilização do Custo Industrial por meio deles; as noções sobre custeio departamental, custeio baseado em atividades (ABC) e custo padrão.

Desde a primeira edição desta obra, lançada em 1992, trabalhamos permanentemente para aprimorar o seu conteúdo e mantê-lo sempre atualizado.

Em 2008, procedemos importante atualização nesta obra, especialmente para ajustá-la às mudanças trazidas pela Lei n. 11.638/2007 e pela Medida Provisória n. 449/2008, convertida na Lei n. 11.941/2009, que promoveram importantes alterações na Lei das Sociedades por Ações, especialmente na parte que trata de matéria contábil, para adequar os procedimentos contábeis praticados no Brasil aos padrões internacionais de contabilidade.

Em 2014, procedemos a novas atualizações nesta obra, que resultaram na 9ª edição, para adequá-la às Normas Brasileiras de Contabilidade Técnicas do tipo NBC TG, aprovadas pelo CFC (Conselho Federal de Contabilidade), com fundamento nos Pronunciamentos Técnicos CPCs do CPC (Comitê de Pronunciamentos Contábeis), convergentes com as Normas Internacionais de Contabilidade IFRS (International Financial Reporting Standards), emitidas pelo IASB (International Accounting Standards Board) com sede em Londres na Inglaterra.

Em 2017, procedemos outras importantes alterações que resultaram na 10ª edição desta obra, as quais contemplaram as revisões em várias NBCs TG, processadas pelo Conselho Federal de Contabilidade até o início de 2017, bem como a revogação da Resolução CFC n. 750/1993.

Essas atualizações abrangeram, também, as mudanças introduzidas na legislação brasileira em geral, desde o ano de 1992 até o ano de 2017.

Em 2025, lançamos esta 11ª edição, que contempla a legislação brasileira e as normas brasileiras de contabilidade convergentes com os padrões internacionais de contabilidade IFRS, atualizadas até 31 de dezembro de 2025 – inclusive a Reforma Tributária consubstanciada na Emenda Constitucional n. 132/2023.

Assim, nossa preocupação continua sendo você, estudante, a quem dedicamos mais esta obra, cuidadosamente elaborada com o objetivo de colaborar para que o ensino e a aprendizagem da contabilidade fiquem cada vez mais fáceis e acessíveis a um número cada vez maior de pessoas interessadas.

O autor

SUMÁRIO

CAPÍTULO 1 – O CUSTO É O FOCO

CAPÍTULO 2 – CONCEITO DE CUSTOS

CAPÍTULO 3 – PLANO DE CONTAS PRÓPRIO PARA EMPRESAS INDUSTRIAIS

CAPÍTULO 4 – MATERIAIS

CAPÍTULO 5 – INVENTÁRIO DE MATERIAIS

CAPÍTULO 6 – MÃO DE OBRA E GASTOS GERAIS DE FABRICAÇÃO

CAPÍTULO 7 – SISTEMA DE INVENTÁRIO PERIÓDICO

CAPÍTULO 8 – SISTEMA DE INVENTÁRIO PERMANENTE

CAPÍTULO 9 – CUSTEIO DEPARTAMENTAL

CAPÍTULO 10 – CUSTEIO ABC E CUSTO PADRÃO

Por outro lado, aqueles elementos cujas quantidades e valores não possam ser facilmente identificados em relação aos produtos fabricados, são considerados custos indiretos. A atribuição desses custos aos produtos não é tão simples. Para calculá-los é preciso adotar critérios que podem ser estimados ou até mesmo arbitrados.

Na fabricação do doce de abóbora, concorreram de forma direta, os ingredientes (abóbora, açúcar, coco ralado e cravo-da-índia, bem como os recipientes para embalagem) e a mão de obra (trabalho de Bene); concorreram de forma indireta, o aluguel, o gás, a energia elétrica e a depreciação dos móveis e dos utensílios.

A atribuição dos gastos incorridos na fabricação ao custo dos produtos, seria simples se durante um período fechado, como por exemplo, durante um mês, a empresa tivesse fabricado apenas um tipo de produto, tendo o processo de fabricação iniciado no primeiro dia do mês e concluído no último dia do mesmo mês. Neste caso, bastaria somar todos os gastos incorridos durante o mês para se conhecer o Custo de Fabricação daquele produto.

No entanto, nem sempre as empresas industriais fabricam um só tipo de produto e nem sempre o processo de fabricação inicia e termina coincidindo com o primeiro e último dia do mês. Além disso, as empresas podem fabricar produtos tendo características diferentes, com aplicação de materiais variando em quantidade e tipo, além de necessitar de um número maior ou menor de horas de trabalho para sua fabricação.

Desta forma, ao se atribuir custos aos produtos, é preciso considerar que os três elementos componentes do custo, poderão concorrer de forma direta ou indireta no processo de fabricação.

Normalmente, os materiais e a mão de obra concorrem de forma direta, enquanto, os gastos gerais de fabricação concorrem de forma indireta. Embora deva ser lembrado sempre que os três elementos poderão ter parte direta e parte indireta.

No exemplo em questão, vamos assumir os seguintes valores para os gastos gerais de fabricação:

- aluguel mensal da casa de Bene: $ 660,00;
- gasto com consumo de energia elétrica durante o mês: $ 110,00;
- preço de um botijão de gás de 13 quilos: $ 26,00;
- depreciação dos móveis e utensílios: embora Bene não seja uma empresa, para fechar o raciocínio, vamos assumir que a quota de depreciação anual do fogão, mesa e demais utensílios seja de $ 116,16.

Entretanto, esses custos indiretos não poderão ser atribuídos integralmente ao Custo de Fabricação dos cinco quilos de doce de abóbora, uma vez que referem-se a gastos de um mês e o doce foi fabricado em apenas quatro horas de trabalho.

CAPÍTULO 6 – MÃO DE OBRA E GASTOS GERAIS DE FABRICAÇÃO

CAPÍTULO 7 – SISTEMA DE INVENTÁRIO PERIÓDICO

CAPÍTULO 8 – SISTEMA DE INVENTÁRIO PERMANENTE

CAPÍTULO 9 – CUSTEIO DEPARTAMENTAL

CAPÍTULO 10 – CUSTEIO ABC E CUSTO PADRÃO

CAPÍTULO 1

O CUSTO É O FOCO

1.1 Introdução

O estudo da Contabilidade, seja qual for a sua ramificação (Comercial, Bancária, Pública, de Custos etc.), fica mais fácil quando é obedecida a sequência gradativa e lógica que a disciplina exige.

Assim, para estudar a Contabilidade de Custos você precisa ter conhecimento das noções básicas da Contabilidade, como: o Patrimônio e seus componentes, as situações líquidas patrimoniais, o mecanismo do débito e do crédito, a escrituração dos fatos administrativos através do lançamento nos livros Diário e Razão, além de saber apurar o resultado do exercício, elaborar o Balancete de Verificação e o Balanço Patrimonial, ainda que de forma simplificada.

É por esse motivo que você estuda na escola, inicialmente, a Contabilidade Básica ou Geral e a Contabilidade Comercial, para depois estudar a Contabilidade de Custos.

Isso não significa que a Contabilidade de Custos seja difícil. Conforme sempre afirmamos, a Contabilidade é fácil, basta que os assuntos sejam estudados no momento adequado, isto é, de maneira gradual, sempre partindo de situações mais simples para situações menos simples, sem desprezar, preliminarmente, o estudo das noções básicas da Contabilidade.

Seguindo a mesma linha de ensino implantada nas demais obras desta coleção, partiremos do marco zero, considerando que você nunca estudou a Contabilidade de Custos, para que possamos gradativamente acrescentar ao seu conhecimento informações adequadas e bem dosadas. Isso tornará a matéria mais cativante e despertará em você maior interesse pelo estudo e, acima de tudo, satisfação ao perceber que a Contabilidade de Custos também é fácil.

Veja, então, como o custo é fácil.

Bene gosta de fazer doce de abóbora. Vamos acompanhá-la na cozinha:

RECEITA
DOCE DE ABÓBORA

Ingredientes:

- 8 kg de abóbora
- 1,5 kg de açúcar
- 150 g de coco ralado
- 6 g de cravo-da-índia
- 3 xícaras de água

Modo de fazer:

Numa panela grande, coloque a abóbora descascada e picada em pequenos pedaços para cozinhar. Vá adicionando as três xícaras de água compassadamente e mexendo de vez em quando até secar. Depois, coloque o açúcar e o cravo-da-índia, mexa bem e apure por aproximadamente 50 minutos. Então, acrescente o coco ralado e deixe no fogo por mais 25 minutos, mexendo sempre.

Tempo de preparo:

Duas horas e meia, sendo uma hora e quinze minutos de cozimento e uma hora e quinze minutos de apuração.

Rendimento:

Aproximadamente cinco quilos de doce.

Após quatro horas de trabalho (incluindo tempo de preparo, compra dos ingredientes, cozimento, apuração e embalagem), o doce de abóbora ficou pronto.

Com oito quilos de abóbora, foram feitos cinco quilos de doce.

Perguntamos: Qual é o custo desse doce?

Quando você vai a uma confeitaria e compra um doce, o custo do doce que você comprou é o preço que pagou por ele.

Entretanto, para Bene, como dona de casa, conhecer o custo do doce que fez, ela precisa, inicialmente, somar todos os valores que gastou na compra dos ingredientes.

Suponhamos os seguintes valores pagos pelos ingredientes:

8 kg de abóbora	$ 10,40
1,5 kg de açúcar	$ 2,25
150 g de coco ralado	$ 3,25
6 g de cravo-da-índia	$ 0,51
Total	$ 16,41

Pronto!

Bene gastou $ 16,41 na compra dos ingredientes. Entretanto, essa soma corresponde apenas a uma parte do Custo de Fabricação.

Ocorre que para fabricar o doce de abóbora, além dos ingredientes, Bene usou: cozinha, gás, energia elétrica, fogão, mesa, panela, colher, faca, água, cinco recipientes de matéria plástica (capacidade de um quilo cada) e quatro horas de trabalho.

Todos esses elementos que contribuíram para que Bene fizesse o doce de abóbora, também devem integrar o Custo de Fabricação.

Observe que, na fabricação do doce de abóbora, concorreram três elementos:

- **materiais**: são os objetos utilizados no processo de fabricação, podendo ou não entrar na composição do produto. No exemplo em questão, compreendem todos os ingredientes que foram aplicados, bem como os cinco recipientes utilizados para acondicionar o produto acabado. Vamos assumir que o custo desses recipientes corresponda a $ 1,00 por unidade;
- **mão de obra:** é o trabalho do pessoal que fabrica os produtos. No exemplo em questão, compreende as 4 horas trabalhadas por Bene;
- **gastos gerais de fabricação**: correspondem aos demais gastos que interferem na fabricação, os quais, pela própria natureza, não se enquadram como materiais ou mão de obra. No exemplo em questão, envolvem os gastos com aluguel, gás, energia elétrica e com a depreciação dos móveis e utensílios (fogão, mesa, panela, colher e faca).

Portanto, a soma dos valores gastos com materiais, mão de obra e gastos gerais de fabricação é que representará o Custo de Fabricação dos cinco quilos do doce de abóbora.

É preciso considerar ainda que, entre os três elementos que compõem o custo dos produtos, alguns concorrem de forma direta na fabricação e outros de forma indireta. Os elementos cujas quantidades e valores são facilmente identificáveis em relação ao produto fabricado, são considerados custos diretos. A atribuição desses custos aos produtos é feita sem nenhuma dificuldade.

Por outro lado, aqueles elementos cujas quantidades e valores não possam ser facilmente identificados em relação aos produtos fabricados, são considerados custos indiretos. A atribuição desses custos aos produtos não é tão simples. Para calculá-los é preciso adotar critérios que podem ser estimados ou até mesmo arbitrados.

Na fabricação do doce de abóbora, concorreram de forma direta, os ingredientes (abóbora, açúcar, coco ralado e cravo-da-índia, bem como os recipientes para embalagem) e a mão de obra (trabalho de Bene); concorreram de forma indireta, o aluguel, o gás, a energia elétrica e a depreciação dos móveis e dos utensílios.

A atribuição dos gastos incorridos na fabricação ao custo dos produtos, seria simples se durante um período fechado, como por exemplo, durante um mês, a empresa tivesse fabricado apenas um tipo de produto, tendo o processo de fabricação iniciado no primeiro dia do mês e concluído no último dia do mesmo mês. Neste caso, bastaria somar todos os gastos incorridos durante o mês para se conhecer o Custo de Fabricação daquele produto.

No entanto, nem sempre as empresas industriais fabricam um só tipo de produto e nem sempre o processo de fabricação inicia e termina coincidindo com o primeiro e último dia do mês. Além disso, as empresas podem fabricar produtos tendo características diferentes, com aplicação de materiais variando em quantidade e tipo, além de necessitar de um número maior ou menor de horas de trabalho para sua fabricação.

Desta forma, ao se atribuir custos aos produtos, é preciso considerar que os três elementos componentes do custo, poderão concorrer de forma direta ou indireta no processo de fabricação.

Normalmente, os materiais e a mão de obra concorrem de forma direta, enquanto, os gastos gerais de fabricação concorrem de forma indireta. Embora deva ser lembrado sempre que os três elementos poderão ter parte direta e parte indireta.

No exemplo em questão, vamos assumir os seguintes valores para os gastos gerais de fabricação:

- aluguel mensal da casa de Bene: $ 660,00;
- gasto com consumo de energia elétrica durante o mês: $ 110,00;
- preço de um botijão de gás de 13 quilos: $ 26,00;
- depreciação dos móveis e utensílios: embora Bene não seja uma empresa, para fechar o raciocínio, vamos assumir que a quota de depreciação anual do fogão, mesa e demais utensílios seja de $ 116,16.

Entretanto, esses custos indiretos não poderão ser atribuídos integralmente ao Custo de Fabricação dos cinco quilos de doce de abóbora, uma vez que referem-se a gastos de um mês e o doce foi fabricado em apenas quatro horas de trabalho.

Desta forma é que, os custos indiretos não sendo facilmente identificados em relação a cada produto fabricado, a sua atribuição ao custo desse ou daquele produto requer a aplicação de cálculos criteriosos.

Podemos concluir então que, em relação aos produtos fabricados, o custo pode ser dividido em duas partes:

1ª) Custos Diretos: aqueles que podem ser identificados facilmente em relação ao produto fabricado;

2ª) Custos Indiretos: aqueles que não podem ser facilmente identificados em relação a cada produto fabricado, motivo pelo qual a sua determinação está condicionada ao cumprimento de regras, bem como, a realização de cálculos mais detalhados.

É lógico que, ao comer o doce de abóbora, você não estará comendo gás, nem energia elétrica. Entretanto, esses elementos contribuíram para que a fabricação fosse possível e, por isso, integram o Custo de Fabricação.

Os Custos Indiretos de Fabricação são assim denominados, porque não correspondem a gastos realizados especificamente para esse ou aquele produto. Na empresa industrial, eles beneficiam toda a produção de um período. O gasto com aluguel, quando a empresa não possui prédio próprio, por exemplo, é indispensável para que ela possa operar. Porém, como esse gasto não está ligado diretamente a este ou àquele produto, ele deverá ser proporcionalmente distribuído entre todos os produtos fabricados pela empresa, durante o mês. Essa distribuição deve ser feita por critérios que, como já dissemos, serão estimados ou arbitrados conforme cada caso em particular.

A distribuição proporcional que se faz para atribuir aos produtos o valor dos Custos Indiretos de Fabricação (aluguel, energia elétrica etc.), tecnicamente denomina-se rateio.

Convém ressaltar que o rateio pode ser utilizado também para atribuir alguns custos diretos aos produtos.

Veja os cálculos para o rateio dos Custos Indiretos ao Custo de Fabricação dos cinco quilos de doce de abóbora.

Aluguel

Bases de rateio: área ocupada e horas trabalhadas.

Estamos assumindo que o aluguel mensal seja de $ 660,00 e que a área ocupada pela cozinha em relação ao imóvel total corresponda a 10%.

Teremos: 10% de $ 660,00 = $ 66,00.

Esse valor encontrado de $ 66,00 corresponde ao aluguel mensal somente da cozinha.

Levando em conta que a fabricação do doce de abóbora demorou quatro horas (meio dia de trabalho – considerando um turno diário de oito horas) e, ainda que no mês temos 22 dias úteis, descontando sábados e domingos, faremos:

$$\frac{\$\ 66{,}00}{22\ \text{dias}} = \$\ 3{,}00\ \text{por dia}$$

Para meio dia de trabalho, o valor do aluguel será de $ 1,50.

Gás

Base de rateio: horas trabalhadas.

Suponhamos que, por um botijão de gás de 13 quilos, tenha sido paga a importância de $ 26,00 e que (hipoteticamente) para consumir todo o gás contido no botijão, seja necessário que uma boca do fogão fique ligada durante 130 horas. Logo, para cada hora de gás consumido gasta-se $ 0,20. Se, para fazer o doce de abóbora, uma boca do fogão ficou acesa durante duas horas e meia, o custo do gás consumido é dado por: 2,5 horas × $ 0,20 = $ 0,50.

Energia elétrica

Bases de rateio: área de iluminação e horas trabalhadas.

Existem vários critérios que podem ser adotados para o rateio do custo com energia elétrica, por exemplo, em relação ao número de aparelhos existentes em cada cômodo da casa, como refrigerador, forno micro-ondas, televisores, rádio, lava-roupas etc; com base nos bicos de luz existentes em cada cômodo, na área de iluminação do imóvel etc. No entanto, por razão de simplificação, vamos considerar apenas que a energia seja utilizada para iluminação do imóvel. Também por razão de simplificação, vamos assumir que a cozinha ocupe 10% de toda a área que recebe iluminação na casa.

Considerando que o gasto com energia elétrica do mês tenha sido de $ 110,00, faremos: 10% de $110,00 = $ 11,00 por mês:

$$\frac{\$\ 11{,}00}{22\ \text{dias úteis}} = \$\ 0{,}50\ \text{por dia}$$

Meio dia será igual a $ 0,25.

Depreciação de móveis e utensílios

Base de rateio: horas trabalhadas.

A depreciação você já estudou em *Contabilidade Básica, Comercial* ou em *Contabilidade Intermediária*, lembra-se? Por meio da depreciação é possível incluir como despesa ou custo de um período, parte do valor gasto na aquisição dos bens de uso.

No exemplo, temos os seguintes bens de uso: fogão, mesa, panela, colher e faca.

Os bens de pequeno valor, no nosso exemplo com a panela, a colher e a faca, normalmente não estão sujeitos a depreciação, uma vez que devem ser considerados como despesa no período em que são adquiridos.

Como nosso propósito não é estudar profundamente a depreciação, vamos considerar que a quota mensal de depreciação dos móveis e dos utensílios utilizados na cozinha de Bene seja de \$ 9,68.

Considerando que esses bens sejam utilizados durante um turno diário de oito horas, durante 22 dias por mês, faremos:

$$\frac{\$\ 9{,}68}{22\text{ dias}} = \$\ 0{,}44 \text{ por dia}$$

Meio dia de depreciação será igual a \$ 0,22.

OBSERVAÇÕES:

- Conforme você pode observar, adotamos o número de horas utilizadas na fabricação do doce de abóbora, como base de rateio comum para os Custos Indiretos.
- O critério das horas trabalhadas é um dos muitos que existem para ratear Custos Indiretos aos produtos. Cada empresa, de acordo com a característica do seu processo de produção, deve optar pelo critério que melhor se ajuste à sua realidade.
- Outro aspecto importante a ser considerado no momento de se definir os critérios para se atribuir Custos Indiretos aos produtos é a relação custo-benefício. Você observou que, para ratear os Custos Indiretos, há necessidade de efetuar cálculos que, em alguns casos, podem apresentar resultados inexatos. Assim, há situações em que o uso de determinado critério para cálculo, devido ao pequeno valor que o custo representa em relação ao custo total do produto, fica tão oneroso para a empresa, que é preferível buscar outras formas mais racionais para atribuir certos Custos Indiretos aos produtos. No nosso exemplo, a água entrou na fabricação em quantidade tão pequena que nem a consideramos. Na cozinha, Bene certamente incorreu em outros gastos, com o uso de pano de prato, toalha de papel, detergente etc., que pelo inexpressivo valor também não foram considerados.

Para completar o Custo de Fabricação dos cinco quilos de doce de abóbora, falta efetuar os cálculos para determinar o valor da mão de obra direta (trabalho de Bene). Veja a seguir.

Mão de Obra

Base para rateio: horas trabalhadas.

A **mão de obra direta** é aquela identificada em relação a cada produto fabricado. No setor de produção das empresas há um ou mais empregados incumbidos de fazer essas anotações, para facilitar a distribuição do gasto com mão de obra direta para cada produto.

Vamos considerar para Bene o salário mensal de uma confeiteira, no valor de $ 880,00.

Faremos:

$$\frac{\$\ 880{,}00}{22 \text{ dias úteis}} = \$\ 40{,}0 \text{ por dia}$$

Meio dia de trabalho corresponde a $ 20,00.

Veja, finalmente o cálculo do Custo de Fabricação dos cinco quilos de doce de abóbora:

CUSTOS DIRETOS	
Materiais:	
8 kg de abóbora	$ 10,40
1,5 kg de açúcar	$ 2,25
150 g de coco ralado	$ 3,25
6 g de cravo-da-índia	$ 0,51
5 recipientes para embalagem	$ 5,00
Total dos materiais	$ 21,41
Mão de Obra Direta	
Salário de Bene	$ 20,00
Total dos Custos Diretos	$ 41,41
CUSTOS INDIRETOS	
Gastos Gerais de Fabricação	
Aluguel	$ 1,50
Gás	$ 0,50
Energia elétrica	$ 0,25
Depreciação	$ 0,22
Total dos Custos Indiretos	$ 2,47
CUSTO TOTAL	$ 43,88

Agora sim, podemos afirmar que o Custo de Fabricação dos cinco quilos de doce de abóbora foi igual a $ 43,88.

Até aqui você ficou sabendo que o custo corresponde à soma dos gastos necessários para a fabricação de um produto.

Ficou sabendo, também, que o custo é composto por três elementos: Materiais, Mão de Obra e Gastos Gerais de Fabricação; e que esses três elementos poderão conter parte direta e parte indireta.

O nosso propósito nessa introdução ao estudo do custo industrial, foi apresentar em linhas gerais os componentes básicos do Custo, para que você tenha uma ideia do que iremos tratar neste livro.

Suponhamos, agora, que Bene tenha decidido ampliar a sua produção, desejando fazer, além do doce de abóbora, outros tipos de doces, inclusive bolos, para comercializar. Para isso, ela construiu uma cozinha maior, comprou fogões mais adequados e muitos outros utensílios; contratou empregados, atribuindo-lhes funções de comprar ingredientes, produzir e vender seus produtos, sempre sob sua supervisão.

Bene já está produzindo dez variedades de doces e cinco de bolos; aceita encomendas para aniversários, casamentos etc.

A esta altura dos acontecimentos você deve estar indagando:

— Como Bene faz para conhecer o custo de cada produto?

— Se ela utiliza a mesma cozinha, os mesmos fogões e demais utensílios para fabricar vários doces e bolos, que critério ela usa para ratear os Custos Indiretos de Fabricação, como aluguel, gás, energia elétrica etc. para cada produto?

— Existe uma maneira de padronizar o custo de alguns produtos, para facilitar os cálculos visando a fixação dos preços de venda?

— É obrigatório calcular o custo de cada produto ou pode-se apurar o custo global da produção de um mês ou um ano?

Certamente, você já percebeu que quanto mais simples for o processo de fabricação, menos engenhosos serão os cálculos para se chegar aos custos dos produtos fabricados.

Na medida que a indústria diversifica sua produção e cresce, surge a necessidade de se estabelecer outros critérios e, de se detalhar cada vez mais os seus controles.

Portanto, respostas para todas essas indagações, bem como para outras que poderão surgir ao longo dos seus estudos, você encontrará nas seções e capítulos seguintes do presente livro.

Contudo, conforme já dissemos, cada empresa, dependendo do seu porte, dos tipos de produtos que fabrica e dos interesses de seus proprietários, poderá adotar critérios mais ou menos sofisticados para controle e apuração dos custos de fabricação dos seus produtos.

No momento, é suficiente saber que o Custo de Fabricação de um produto, seja um simples cabo de vassoura ou um sofisticado foguete aeroespacial, sempre será igual à soma dos gastos com Materiais, Mão de Obra e Gastos Gerais de Fabricação.

NOTAS:

- Terminologia – conforme enfocamos em nosso livro *Contabilidade Básica* (Série em Foco), a *Contabilidade de Custos* também possui terminologia própria. São palavras, termos ou expressões técnicas comumente usadas para identificar objetos, elementos, gastos etc., no dia a dia da empresa industrial. Dessa forma, para que esses termos técnicos sejam facilmente compreendidos por você, sem que lhe causem dificuldades nos estudos, é preciso analisá-los e entender os seus significados, sob o ponto de vista da Contabilidade de Custos. Não se preocupe, pois esses termos serão devidamente analisados e explicados com muita clareza, na medida que forem surgindo no texto. Até aqui, algumas dessas palavras ou termos já apareceram e foram explicados, embora de maneira sucinta: Materiais, Mão de Obra, Gastos Gerais de Fabricação, Custos Diretos, Custos Indiretos, rateio e bases de rateio. Lembra-se?
- Comparando a *Contabilidade de Custos* com a *Contabilidade Básica*, o que você aprenderá de novo neste livro, corresponde aos procedimentos relativos à apuração e contabilização do Custo de Fabricação, pois os demais procedimentos que ocorrem numa empresa industrial, como compras, vendas, pagamentos e recebimentos, são semelhantes aos verificados nos outros tipos de empresas.

Atividades Teóricas 1

1. Responda:

1.1 Rosa faz salgadinhos para aniversários, casamentos etc.

a) Tecnicamente, como se denominam os ingredientes que Rosa utiliza para fazer salgadinhos?

b) Tecnicamente, como se denominam os gastos que Rosa tem com o trabalho do pessoal que a ajuda na fabricação?

c) Tecnicamente, como se denominam os demais gastos que Rosa tem para fabricar os salgadinhos, como a energia elétrica e o aluguel?

1.2 Quantos e quais são os elementos que compõem o Custo de Fabricação?

1.3 O que são Gastos Gerais de Fabricação? Cite quatro exemplos.

1.4 O que você entende por Custos Diretos?

1.5 O que são Custos Indiretos?

1.6 Em que circunstância a carga total dos custos incorridos durante um mês deve ser atribuída totalmente a um só produto?

1.7 Tendo em vista que os Custos Indiretos não são facilmente identificados em relação a cada produto, como eles serão atribuídos aos produtos?

1.8 Uma empresa industrial adquiriu uma máquina para utilizar no processo de produção, tendo pago por ela, em dinheiro, $ 200.000,00.
O valor gasto na compra dessa máquina integrará o custo dos produtos fabricados?
Se a resposta for positiva, explique como isso é possível.

2. Indique se a afirmativa é falsa ou verdadeira:

2.1 O Custo de Fabricação pode ser apurado pela seguinte fórmula: CF = Materiais + Mão de Obra + Gastos Gerais de Fabricação.

2.2 Os materiais e a mão de obra normalmente correspondem a Custos Diretos, enquanto que os Gastos Gerais de Fabricação normalmente são indiretos, embora deva-se considerar que os três elementos poderão conter parte direta e parte indireta.

2.3 Os Custos Indiretos de Fabricação são assim denominados porque não correspondem a gastos realizados especificamente para esse ou aquele produto.

2.4 Os gastos necessários para a fabricação de um produto, denominam-se Gastos Gerais de Fabricação.

3. Escolha a alternativa correta:

3.1 Em relação aos Materiais, a Mão de Obra e aos Gastos Gerais de Fabricação, podemos afirmar que:

a) Todos integram o Custo de Fabricação.
b) Todos serão considerados sempre como Custos Diretos uma vez que integram o produto.
c) Os materiais e a mão de obra poderão ser diretos, enquanto que os Gastos Gerais de Fabricação somente corresponderão Custos Indiretos.
d) Todos poderão possuir parte direta e parte indireta.
e) As alternativas "b" e "c" estão erradas.

3.2 A distribuição proporcional que se faz para atribuir os Custos Indiretos aos produtos denomina-se:

a) Rateio.
b) Custo Direto.

c) Custo Indireto.
d) Mão de Obra Aplicada.
e) Custo de Fabricação ou de Produção do período.

3.3 O critério adotado para rateio dos Custos Indiretos aos produtos:
a) Pode variar conforme a realidade de cada empresa.
b) Poderá ser estimado ou arbitrado pelo governo.
c) Uma vez adotado pela empresa para rateio dos Custos Indiretos para um determinado produto, deverá ser adotado para os demais.
d) Poderá ser maleável, quando o custo com materiais e mão de obra direta atingirem 70% do custo total.
e) n.d.a.

3.4 O custo de fabricação é composto por três elementos: materiais, mão de obra e Gastos Gerais de Fabricação.
O Custo de Fabricação pode ser dividido em duas partes: Custos Diretos e Custos Indiretos.
Em relação aos dois parágrafos, podemos afirmar que:
a) Ambos estão corretos.
b) Se conflitam.
c) Somente o segundo está correto.
d) Ambos estão corretos, porém, para melhor esclarecer, podemos incluir no início do segundo parágrafo a expressão: "Em relação aos produtos fabricados..."
e) n.d.a.

3.5 O salário pago ao pessoal que trabalha diretamente na produção, manipulando os materiais, classifica-se como:
a) Materiais, porque o pessoal manipula os materiais.
b) Gastos Gerais de Fabricação se, porventura, o total gasto não possa ser identificado com os produtos fabricados.
c) Serviços de terceiros e, por esse motivo, no grupo dos GGF.
d) Somente a alternativa "b" está errada.
e) n.d.a.

3.6 Cristina fez um delicioso bolo de laranjas. Gastou $ 15,00 na compra dos ingredientes.
Considerando que: somente 60% dos ingredientes foram aplicados na produção; que os gastos gerais corresponderam a 50% do custo dos ingredientes aplicados e que a mão de obra foi igual a 100% do custo dos ingredientes adquiridos, podemos afirmar que o Custo de Fabricação do bolo de laranjas foi igual a:
a) $ 15,00
b) $ 46,50
c) $ 31,50
d) $ 43,50
e) $ 28,50

Atividade Prática 1

Ajude dona Teresa a calcular o Custo de Fabricação do bolo de aniversário.

No supermercado, ela gastou (valores hipotéticos):

- $ 3,50 por 5 kg de farinha de trigo (usou 2 kg);
- $ 3,00 por 5 kg de açúcar (usou 1 kg);
- $ 3,60 por 3 dúzias de ovos (usou uma dúzia);
- $ 0,80 por 100 g de fermento;
- $ 1,20 por 500 g de manteiga (usou 250 g);
- $ 5,40 por 3 latas de leite condensado;
- $ 4,80 por 3 caixas de chantilly;
- $ 0,80 por 1 litro de leite;
- $ 2,00 por uma caixa de morangos.

Dona Teresa trabalhou durante três horas para fazer o bolo (considere um salário de $ 15,00 pelas três horas de trabalho). Os demais gastos necessários para a fabricação foram:

- energia elétrica – $ 0,60 (correspondente às três horas de trabalho);
- gás – $ 0,50 (correspondente ao consumo para assar o bolo);
- aluguel – $ 5,00 (correspondendo ao valor proporcional já calculado, pelo tempo de uso da cozinha).

Calcular:

a) Custo dos Materiais Aplicados;
b) Custo da Mão de Obra Aplicada;
c) Custo dos Gastos Gerais de Fabricação;
d) Custos Diretos;
e) Custos Indiretos;
f) Custo Total de Fabricação.

1.2 Conceito de Contabilidade de Custos

A **Contabilidade de Custos** ou **Contabilidade Industrial** é um ramo da Contabilidade aplicado às empresas industriais.

Quando falamos em Custo Industrial, estamos nos referindo aos procedimentos contábeis e extracontábeis necessários para se conhecer o quanto custou para a empresa industrial a fabricação dos seus produtos, por meio do processo industrial.

A movimentação do Patrimônio das empresas industriais, com exceção da área de produção, assemelha-se à movimentação do Patrimônio dos demais tipos de empresas. Por esse motivo, para se controlar a movimentação do Patrimônio das empresas industriais aplicam-se as Normas Contábeis, também utilizadas para os outros tipos de empresas. Porém, o que torna a Contabilidade de Custos diferente dos demais ramos da Contabilidade, são os procedimentos praticados na área de produção da empresa industrial, os quais exigem a aplicação de critérios específicos para se apurar o Custo de Fabricação.

1.3 Campo de aplicação da Contabilidade de Custos

O campo de aplicação da Contabilidade de Custos abrange o Patrimônio das empresas industriais.

Empresa industrial é aquela cuja atividade preponderante se concentra na transformação de matéria-prima em produtos.

Sabemos que são vários os tipos de empresas, diferindo umas das outras pelas suas atividades características. Pelo tipo da empresa apresentado a seguir, você consegue facilmente imaginar o que ela faz. Veja: existem empresas comerciais, agrícolas, extrativas, industriais, transportadoras, bancárias e uma infinidade de outras que prestam serviços.

O que diferencia as empresas industriais dos demais tipos de empresas são as atividades operacionais de produção, que se caracterizam pela transformação de matérias-primas em produtos industrializados. Essa atividade de transformação denomina-se produção industrial ou processo de fabricação. Entretanto, não é apenas a transformação que determina a produção industrial; ela pode ocorrer em função da transformação, do beneficiamento, da montagem de peças e da restauração.

- Indústrias de transformação: a transformação das matérias-primas pode ocorrer por processo mecânico, térmico ou químico. Exemplos: indústrias de móveis de madeira (a partir da madeira, fabricam mesas, dormitórios, cadeiras etc.), indústrias siderúrgicas (transformam minérios de ferro em lingotes), indústrias petrolíferas (a partir do petróleo, produzem gasolina, óleo, gás, parafina etc.).
- Indústrias de beneficiamento: a atividade industrial de beneficiamento é a operação que visa modificar, aperfeiçoar e até mesmo dar uma melhor aparência ao produto sem que haja transformação. Exemplo: empresas beneficiadoras de arroz (apenas retiram as cascas e impurezas). Existem indústrias que se especializam no beneficiamento de peças para outras indústrias, isto é, recebem peças inacabadas e as aperfeiçoam por meio de polimentos, limagens, cromagens etc.
- Indústrias de montagem de peças: o produto final desse tipo de indústria resulta da montagem de peças, produzidas normalmente pelas indústrias de transformação. Exemplos: indústrias automobilísticas, de rádios, de aparelhos de televisão, de relógios etc.

- Indústrias de restauração ou recondicionamento: são aquelas cuja atividade se concentra na recuperação de produtos usados ou mesmo deteriorados. Exemplos: indústrias que retificam motores, recauchutadoras de pneus etc.

Considerando a natureza dos produtos que fabricam, você poderá encontrar inúmeros tipos de indústrias; veja alguns deles:

- Indústrias de produtos metalúrgicos
  - ferro e aço
  - produtos metalúrgicos não ferrosos
  - estruturas metálicas
  - utensílios domésticos
- Indústrias de produtos mecânicos
  - motores de combustão interna
  - rolamentos
  - câmaras e balcões frigoríficos
  - exaustores, aspiradores e ventiladores industriais
  - máquinas, aparelhos industriais
- Indústrias de material elétrico e de comunicações
  - motores, geradores e transformadores
  - lâmpadas e pilhas elétricas
- Indústrias de objetos de madeira
  - mesas, cadeiras, bancos, guarda-roupas, escrivaninhas, estantes etc.
- Indústrias de móveis de aço
- Indústrias de alimentos e congelados
- Indústrias automobilísticas
- Indústrias de papéis e derivados
- Indústrias de vidro
- Indústrias de materiais plásticos
- Indústrias farmacêuticas
- Indústrias de cimento
- Indústrias têxteis

Atividades Teóricas 2

1. Responda:

1.1 Qual é o campo de aplicação da Contabilidade de Custos?

1.2 Cite duas empresas industriais, cujos produtos finais resultam do processo industrial de transformação.

1.3 Cite duas empresas industriais, cujos produtos resultam do processo industrial denominado beneficiamento.

2. Indique se a afirmativa é falsa ou verdadeira:

2.1 A Contabilidade de Custos ou Contabilidade Industrial é um ramo da Contabilidade aplicado às empresas industriais.

2.2 Quando falamos em Custo Industrial, estamos nos referindo aos procedimentos contábeis e extracontábeis, necessários para se conhecer o quanto custou para a empresa industrial o montante das mercadorias adquiridas e vendidas no período.

2.3 A movimentação do Patrimônio das empresas industriais, com exceção da área de produção, é diferente da movimentação do patrimônio dos demais tipos de empresas.

2.4 O campo de aplicação da Contabilidade de Custos abrange o Patrimônio das empresas industriais.

3. Escolha a alternativa correta:

3.1 A principal característica das empresas industriais é:

a) Compra e venda de matérias-primas.
b) Compra, venda e prestação de serviços.
c) Compra, armazenagem e venda de mercadorias.
d) Transformação de matérias-primas em novos bens.

3.2 Os produtos fabricados pelas indústrias automobilísticas resultam do processo industrial denominado:

a) Transformação.
b) Beneficiamento.
c) Montagem de peças.
d) Recondicionamento.

3.3 Os produtos fabricados pelas indústrias recauchutadoras de pneus resultam do processo industrial denominado:

a) Transformação.
b) Beneficiamento.
c) Montagem de peças.
d) Recondicionamento.

CAPÍTULO 2

CONCEITO DE CUSTOS

2.1 Custos, despesas e investimentos

2.1.1 Introdução

Antes de estudarmos os mecanismos utilizados para a contabilização do Custo Industrial, é necessário conhecer alguns conceitos básicos, que facilitarão o entendimento da matéria.

Neste capítulo, explicaremos os significados dos principais termos, palavras e expressões técnicas utilizados na Contabilidade de Custos, sem esgotá-los, evidentemente, pois sempre que novos termos surgirem nos demais capítulos, eles também serão explicados.

A palavra custo possui significado muito abrangente. Veja alguns exemplos: em uma empresa comercial, pode ser utilizada para representar o custo das compras de mercadorias, o custo das mercadorias disponíveis para venda, o custo das mercadorias vendidas etc.; em uma empresa de prestação de serviços, pode ser utilizada para representar o custo dos materiais adquiridos para aplicação na prestação de serviços, o custo dos serviços prestados etc.; em uma empresa industrial, pode ser utilizada para representar o custo das compras de matérias-primas, o custo das matérias-primas disponíveis, o custo das matérias-primas aplicadas no processo de fabricação, o custo direto de fabricação, o custo indireto de fabricação, o custo da produção acabada no período, o custo dos produtos vendidos etc.

Assim, você precisa ter consciência de que poderá encontrar conceitos distintos de custo. Procure analisar esses conceitos de acordo com o enfoque que estiver sendo dado a cada caso em particular. Isso facilitará o seu raciocínio tornando os estudos mais agradáveis.

Como o objeto dos nossos estudos no presente livro é a empresa industrial e, mais precisamente, a função de produção desse tipo de empresa, nosso enfoque estará sempre voltado ao custo de fabricação, embora outros aspectos importantes também sejam tratados.

Não restam dúvidas de que um dos obstáculos enfrentados pelos estudantes de custos, está em saber diferenciar um gasto quando ele representa despesa e quando ele representa custo.

Essas duas palavras (despesa e custo), embora, quando utilizadas pela Contabilidade de Custos, tecnicamente representem coisas diferentes, quando utilizadas na nossa linguagem comum ou integrando terminologias de outras profissões, em certos casos, podem representar coisas semelhantes.

Todas as vezes que a empresa industrial pretende obter bens, seja para uso, troca, transformação ou consumo, ou ainda utilizar algum tipo de serviço, ela efetua gastos. Esses gastos podem ser efetuados à vista ou a prazo.

Quando, por exemplo, no momento da obtenção do bem ocorre o respectivo pagamento, dizemos que o gasto foi pago à vista, pois houve desembolso de numerário no momento da sua consumação. Se, no entanto, no momento da compra não ocorre pagamento, o qual deverá ser feito posteriormente, dizemos que o gasto ocorreu para ser pago a prazo, pois não houve desembolso de numerário no momento da compra.

O desembolso, que se caracteriza pela entrega do numerário, pode ocorrer antes (pagamento antecipado), no momento (pagamento à vista) ou depois (pagamento a prazo) da consumação do gasto. Entretanto, ele não interfere na classificação do gasto em investimento, custo ou despesa.

Os gastos que se destinam à obtenção de bens de uso da empresa (computadores, móveis, máquinas, ferramentas, veículos etc.) ou a aplicações de caráter permanente (compra de ações de outras empresas, de imóveis, de ouro etc.) são considerados investimentos.

Consideram-se ainda investimentos os gastos com a obtenção dos bens destinados à troca (mercadorias), à transformação (matérias-primas, materiais secundários, materiais auxiliares e materiais de embalagem) ou consumo (materiais de expediente, higiene e limpeza), enquanto esses bens ainda não forem trocados, transformados ou consumidos.

Quando os gastos são efetuados para a obtenção de bens e serviços que são aplicados diretamente na produção de outros bens, esses gastos correspondem a custos.

Quando os bens, que serão aplicados no processo de fabricação, são adquiridos em grandes quantidades, no momento da compra serão estocados e, por esse motivo, classificados como investimentos. Esses bens somente deixarão de ser investimentos para serem classificados como custos, a partir do momento em que forem retirados dos estoques e inseridos no processo de fabricação.

Quando os gastos são efetuados para obtenção de bens ou serviços aplicados na área administrativa ou comercial, visando direta ou indiretamente a obtenção de receitas, esses gastos correspondem a despesas.

Quando ocorrerem gastos na compra de bens de consumo em grandes quantidades, os quais serão inicialmente estocados (ativados) para serem consumidos no futuro, nas áreas administrativa ou comercial, esses gastos serão inicialmente classificados como investimentos. Quando esses bens são retirados dos estoques para serem consumidos nas áreas administrativa ou comercial da empresa, eles passam da fase de investimento para serem classificados como despesas.

2.1.2 Diferença entre custo e despesa

Para que você possa diferenciar, de forma cristalina, custo de despesa em uma empresa industrial, pense assim: "a despesa vai para o resultado, enquanto que o custo vai para o produto"; "a despesa não será recuperada, enquanto que o custo será recuperado por ocasião da venda do produto".

Veja melhor: a despesa, quando incorrida e paga à vista, provoca diminuição no Ativo, pela saída do dinheiro; quando reconhecida como incorrida, porém a ser paga no período seguinte, gera aumento no Passivo pelo compromisso assumido. Em ambos os casos, ela exerce função negativa no Patrimônio, diminuindo o Ativo e aumentando o Passivo. Em contrapartida, essas situações provocam diminuição no Patrimônio Líquido em decorrência da redução do lucro.

Por outro lado, o custo, ao integrar o valor do produto fabricado, será totalmente recuperado pela empresa por ocasião da venda do respectivo produto.

Veja finalmente que, para fixar o preço de venda de um produto, o empresário leva em conta os custos de fabricação dos produtos que incorrem na área de produção, as despesas administrativas, comerciais e financeiras que incorrem nas áreas administrativa e comercial, além da margem de lucro desejada.

PARA MEMORIZAR:

- o custo integra o produto; vai para o estoque e aumenta o AC;
- a despesa reduz o lucro; vai para o resultado e reduz o PL.

2.1.3 Resumo

- Gasto: desembolso à vista ou a prazo para obtenção de bens ou serviços, independentemente da destinação que esses bens ou serviços possam ter na empresa;
- Investimentos: compreendem basicamente os gastos com a aquisição dos bens de uso e dos bens que serão inicialmente mantidos em estoque, para que futuramente sejam negociados, integrados ao processo de produção ou consumidos;
- Custo: compreende a soma dos gastos com bens e serviços aplicados ou consumidos na fabricação de outros bens;
- Despesa: compreende os gastos decorrentes do consumo de bens e da utilização de serviços das áreas administrativa, comercial e financeira, que direta ou indiretamente visam a obtenção de receitas;
- Desembolso: entrega de numerário antes, no momento ou depois da ocorrência dos gastos;
- Gasto com parte despesa e parte custo: compreende os gastos que beneficiam ao mesmo tempo, tanto a área de produção, quanto as áreas administrativa e comercial. Neste caso, há necessidade de segregar a parcela que será classificada como despesas da parcela que será classificada como custos.

2.2 Custo de Fabricação

2.2.1 Conceito

Custo de Fabricação ou **Custo Industrial** compreende a soma dos gastos com bens e serviços aplicados ou consumidos na fabricação de outros bens.

2.2.2 Elementos

São três os elementos componentes do Custo de Fabricação:

- Materiais;
- Mão de Obra; e
- Gastos Gerais de Fabricação.

Materiais

Materiais são os objetos utilizados no processo de fabricação, podendo ou não entrar na composição do produto.

Podem ser classificados como segue:

a. matéria-prima: é a substância bruta principal e indispensável na fabricação de um produto. Entra na composição do produto de maneira preponderante em relação aos demais materiais. Em uma indústria de móveis de madeira, a matéria-prima é a madeira; em uma indústria de confecções é o tecido; em uma indústria de massas alimentícias é a farinha;

b. materiais secundários: são os materiais aplicados na fabricação, em menores quantidades que a matéria-prima. Eles entram na composição dos produtos, juntamente com a matéria-prima, complementando-a ou até mesmo dando o acabamento necessário ao produto. Os materiais secundários para uma indústria de móveis de madeira são pregos, cola, verniz, dobradiças, fechos etc.; para uma indústria de confecções são os aviamentos (botões, zíperes, linha etc.); para uma indústria de massas alimentícias são ovos, manteiga, fermento, açúcar, sal etc.;

c. materiais auxiliares: são todos os materiais que, embora necessários ao processo de fabricação, não entram na composição dos produtos. Para uma indústria de móveis de madeira são lixas, estopas, pincéis, graxas etc.; para uma indústria de confecções são facas utilizadas para o corte dos tecidos, produto de limpeza de acabamento etc.; em uma indústria de massas alimentícias são manteiga utilizada para untar as assadeiras, toalhas de papel etc.;

d. materiais de embalagem: são os materiais destinados a acondicionar ou embalar os produtos, antes que eles deixem a área de produção. Os materiais de embalagem em uma indústria de móveis de madeira podem ser caixas de papelão; em uma indústria de confecções podem ser caixas de papelão ou sacos plásticos; em uma indústria de massas alimentícias podem ser também caixas de papelão, sacos plásticos etc.

Você poderá encontrar, ainda, outras denominações para grupos de materiais: materiais acessórios, material de acabamento etc. O detalhamento dependerá dos interesses da empresa ou até mesmo das características que envolvam cada processo de fabricação. No exemplo apresentado no Capítulo 1, para Bene fazer cinco quilos de doce de abóbora, aplicou os seguintes materiais: matéria-prima – abóbora; materiais secundários – açúcar, cravo-da-índia e coco ralado; material de embalagem – cinco recipientes de matéria plástica.

Mão de Obra

Mão de Obra é o esforço do homem, aplicado na fabricação dos produtos. Compreende não só os gastos com salários, mas também com os benefícios a que os empregados têm direito como cestas básicas, vale-transporte, refeição e outros. Acrescentam-se ainda à mão de obra, os encargos sociais de obrigação da empresa, como a previdência social parte patronal, FGTS, férias e décimo terceiro salário.

Gastos Gerais de Fabricação

Gastos Gerais de Fabricação compreendem os demais gastos necessários para a fabricação dos produtos, os quais pela própria natureza não se enquadram no grupo dos materiais ou no grupo da mão de obra. São os gastos com aluguéis, energia elétrica, serviços de terceiros, manutenção da fábrica, depreciação das máquinas, seguro contra roubo e incêndio, material de higiene e limpeza, óleos e lubrificantes para as máquinas, pequenas peças para reposição, telefones e comunicações etc.

Atividades Teóricas 1

1. Responda:

1.1 O que é gasto?

1.2 Quando um gasto deve ser classificado como investimento?

1.3 O que são despesas?

1.4 Quando um gasto deve ser classificado como despesa?

1.5 O que é Custo de Fabricação?

1.6 Quando um gasto deve ser classificado como custo?

1.7 Qual a diferença entre custo e despesa?

1.8 Em uma empresa industrial que abriga no mesmo imóvel alugado os departamentos de produção, administração e comercial, qual a classificação correta a ser dada ao gasto com aluguel?

1.9 Quantos e quais são os elementos componentes do Custo de Fabricação?

1.10 O que é mão de obra?

1.11 O que são Gastos Gerais de Fabricação?

2. Indique se a afirmativa é falsa ou verdadeira:

2.1 Toda despesa corresponde a gasto, porém, nem todo gasto corresponde a despesa.

2.2 Todo custo corresponde a despesa, porém nem toda despesa corresponde a custo.

2.3 Os materiais a serem aplicados no processo de fabricação, quando adquiridos em grandes quantidades, no momento em que são adquiridos devem ser considerados como investimentos.

2.4 Os gastos que representam consumo de bens ou utilização de serviços, correspondem a despesas mesmo que integrem o processo de fabricação.

2.5 O Custo Industrial se caracteriza pelo consumo de bens e/ou pela utilização de serviços que ocorrem nas áreas comercial e administrativa da empresa.

2.6 O desembolso corresponde a saída de numerário da empresa decorrente de um gasto realizado à vista, a prazo ou a realizar.

2.7 Os gastos com salários e encargos, pagos ao pessoal que trabalha no departamento de informática e presta serviços de manutenção e assistência técnica a todos computadores existentes na empresa, seja da área administrativa, comercial ou de produção, deverão ser classificados como despesa.

2.8 Os gastos com café-da-manhã servido gratuitamente a todos os empregados da empresa, sejam das áreas administrativa, comercial ou de produção, incluídos os salários e encargos do pessoal que trabalha na suposta cozinha, deverão ser classificados parte como despesas e parte como custos. O critério para se fazer essa segregação poderá ser o número de empregados que atua em cada área da empresa.

2.9 Uma das diferenças entre custo e despesa é que o custo será recuperado pela empresa, enquanto que a despesa não.

2.10 Materiais auxiliares compreendem os materiais que, embora sejam aplicados no processo de fabricação, não entram na composição do produto.

2.11 Materiais secundários são os materiais que, embora necessários ao processo de fabricação, não entram na composição dos produtos.

2.12 Matéria-prima, materiais secundários, materiais auxiliares, material de acabamento e material de embalagem, embora com fins específicos no processo de fabricação, são todos integrantes do elemento materiais que compõem o Custo de Fabricação.

3. Escolha a alternativa correta:

3.1 O desembolso à vista ou a prazo para obtenção de bens ou serviços, independentemente de sua destinação dentro da empresa, denomina-se:

a) Gasto.

b) Investimento.

c) Despesa.

d) Custo.

e) Todas estão corretas.

3.2 Os gastos decorrentes da aquisição dos bens de uso classificam-se como:

a) Gastos.

b) Investimentos.

c) Despesas.

d) Custos.

e) Todas estão corretas.

3.3 Os gastos com bens ou serviços aplicados diretamente na produção denominam-se:

a) Gastos.

b) Investimentos.

c) Despesas.

d) Custos.

e) Todas estão erradas.

3.4 Os gastos decorrentes do consumo de bens e da utilização de serviços nas áreas administrativa e comercial, que direta ou indiretamente visam a obtenção de Receitas, classificam-se como:

a) Gastos.

b) Investimentos.

c) Despesas.

d) Custos.

e) Todas estão erradas.

Atividade Prática 1

Classifique os gastos a seguir:

a) Custos (C), Despesas (D), Investimentos (I) Parte Custo e Parte Despesa (C/D) ou Outros (O);

b) Com relação ao desembolso, responda: SIM ou NÃO;

c) Somente para os gastos que corresponderem a custos, responda: Matéria-Prima (MP), Material Secundário (MS), Material Auxiliar (MA), Material de Embalagem (ME), Mão de Obra (MO) ou Gastos Gerais de Fabricação (GGF).

1.	Compra, à vista, de 1.000 m de tecidos para serem aplicados imediatamente na fabricação.
2.	Compra, à vista, de um computador.
3.	Compra, a prazo, de 1.000 m^3 de madeira, para serem estocados em uma empresa que fabrica móveis de madeira.
4.	Compra, à vista, de 50 folhas de lixa para aplicação imediata no processo de produção em uma indústria de móveis de madeira.
5.	Em uma indústria que atua no ramo de confecções, ocorreu transferência de 2.000 m de tecidos do almoxarifado para a produção. Esses tecidos foram avaliados em $ 4.000,00.
6.	Pagamento, em cheque, de conta de energia elétrica no valor de $ 800,00. O consumo refere-se somente à área comercial.

(continua)

(continuação)

7.	Pagamento, em dinheiro, de conta de energia elétrica que engloba o consumo com iluminação de toda empresa industrial, incluindo as áreas administrativa, comercial e de produção.
8.	Pagamento, em dinheiro, do aluguel da fábrica.
9.	Pagamento, em dinheiro, do aluguel do imóvel que abriga toda a empresa industrial com suas áreas de produção, administrativa, comercial e financeira.
10.	Pagamento, em dinheiro, de conta de água referente ao consumo da fábrica.
11.	Pagamento, em dinheiro, de conta de água da área administrativa.
12.	Pagamento, por meio de créditos em contas correntes bancárias, de salários e encargos do pessoal da fábrica.
13.	Pagamento, em cheque, do pró-labore do sócio-gerente que atua na área de produção. Trata-se de obrigação já apropriada no mês anterior.
14.	Pagamento, em cheque, do pró-labore do sócio-gerente que atua integralmente na área comercial. A obrigação tinha sido apropriada no mês anterior.
15.	Apropriação dos encargos sociais incidentes sobre a folha de pagamento do pessoal da fábrica.
16.	Apropriação da folha de pagamento do pessoal administrativo.
17.	Compra, a prazo, de lubrificantes e graxas para uso imediato nas máquinas da fábrica.
18.	Pagamento da NF n. 123 ao Posto Mangueira Ltda., referente à gasolina do automóvel da Administração. O consumo refere-se ao exercício anterior e a obrigação estava devidamente registrada no grupo das Contas a Pagar.
19.	Compra, a prazo, de duas toneladas de caixas de papelão para embalar produtos. O consumo está previsto para seis meses.
20.	Em uma indústria de confecções houve transferência do almoxarifado para a área de produção, de aviamentos avaliados pelo critério PEPS, por $ 2.000,00.

OBSERVAÇÃO:

- Responda a esta Atividade Prática em folha à parte anotando, após cada fato, as iniciais correspondentes à sua correta classificação.

Exemplo:

1. Compra, à vista, de 1.000 metros de tecidos para serem aplicados imediatamente na fabricação: C, SIM, MP.

2.2.3 Classificação do Custo de Fabricação

Em relação aos produtos

Em relação aos produtos fabricados, o custo pode ser direto ou indireto.

Custos Diretos compreendem os gastos com Materiais, Mão de Obra e Gastos Gerais de Fabricação aplicados diretamente na fabricação dos produtos. São assim denominados porque, além de integrarem os produtos, suas quantidades e valores podem ser facilmente identificados em relação a cada produto fabricado.

Custos Indiretos compreendem os gastos com Materiais, Mão de Obra e Gastos Gerais de Fabricação aplicados indiretamente na fabricação dos produtos. São assim denominados porque, além de não integrarem os produtos, é impossível uma segura identificação de suas quantidades e valores em relação a cada produto fabricado.

A classificação dos gastos em Custos Indiretos é dada tanto àqueles que impossibilitam uma segura e objetiva identificação em relação aos produtos fabricados, como também àqueles que, mesmo integrando os produtos (como ocorre com parte dos materiais secundários em alguns processos de fabricação), pelo pequeno valor que representam em relação ao custo total, os cálculos e controles ficam tão onerosos que é preferível tratá-los como indiretos. (Característica Qualificativa Fundamental da Informação Contábil Financeira Útil, da materialidade).

A impossibilidade de identificação desses gastos em relação aos produtos, ocorre porque os referidos gastos beneficiam a fabricação de vários produtos ao mesmo tempo.

Veja alguns exemplos:

- aluguel da fábrica: o aluguel é pago para que a empresa possa utilizar o imóvel durante um período. Essa utilização beneficia a fabricação de todos os produtos e o normal é que não seja possível identificar esse gasto com esse ou aquele produto fabricado;
- energia elétrica: a energia elétrica consumida na iluminação das dependências da fábrica, bem como aquela consumida por máquinas que não possuem medidores para permitir o controle do consumo, não poderá ser identificada em relação a cada produto fabricado;
- salários e encargos dos chefes de seção e dos supervisores da fábrica: esse pessoal trabalha dando assistência e supervisão a vários setores na área de produção. Seus trabalhos, portanto, beneficiam toda produção de um período, dificultando assim a identificação com esse ou aquele produto.

A atribuição dos Custos Indiretos aos produtos é feita por meio de critérios que podem ser estimados ou até mesmo arbitrados pela empresa.

A distribuição dos Custos Indiretos aos produtos denomina-se, conforme já dissemos, rateio, e a medida que serve de parâmetro para se efetuar essa distribuição denomina-se base de rateio.

Resumo

Os gastos com Materiais, Mão de Obra e Gastos Gerais de Fabricação podem ser classificados como Custos Diretos ou como Custos Indiretos. Serão considerados Diretos quando suas quantidades e seus valores puderem ser facilmente identificados em relação a cada produto fabricado; serão Indiretos quando não for possível essa identificação. Geralmente, a matéria-prima, a maior parte dos materiais secundários e de embalagem e quase a totalidade da mão de obra do pessoal da fábrica, são facilmente identificáveis em relação aos produtos fabricados, motivo pelo qual são classificados como Custos Diretos. Por outro lado, geralmente uma pequena parcela dos materiais secundários e do material de embalagem, o total dos materiais auxiliares, uma parte da mão de obra (chefia e supervisão) e os Gastos Gerais de Fabricação são de difícil identificação em relação aos produtos, motivo pelo qual são classificados como Custos Indiretos de Fabricação.

Se a empresa fabricar apenas um produto, é evidente que todos os gastos atribuídos à produção de um determinado período, serão apropriados a esse produto, sem maiores complicações. Nesse caso, a soma dos custos totais da produção de um mês, refere-se exclusivamente ao único produto fabricado no referido mês. Por outro lado, caso a empresa industrial fabrique vários tipos de produtos, a atribuição dos custos incorridos na fabricação deverá ser feita de forma diferente. Os Custos Diretos serão atribuídos a cada produto sem maiores complicações, enquanto que os Custos Indiretos serão atribuídos a cada produto de forma proporcional, com base nas quantidades produzidas, no tempo de trabalho necessário para a fabricação de cada um, ou com base em outro critério que deverá ser definido em cada caso em particular.

Em relação ao volume de produção

Em relação ao volume de produção, os custos podem ser Fixos ou Variáveis.

Custos Fixos são aqueles que permanecem estáveis independentemente de alterações no volume da produção. São custos necessários ao desenvolvimento do processo industrial em geral, motivo pelo qual se repetem em todos os meses do ano.

São Custos Fixos: aluguel da fábrica, água (utilizada para consumo do pessoal e limpeza da fábrica), energia elétrica (utilizada para iluminação da fábrica), salários e encargos dos mensalistas que trabalham na manutenção e limpeza da fábrica, seguro do imóvel, segurança da fábrica, telefone, depreciação normal das máquinas, salários e encargos dos supervisores da fábrica etc.

É importante salientar que os Custos Fixos podem sofrer alguma variação de um período para outro, por exemplo, com o aluguel que, em consequência de cláusulas contratuais, sofre reajustes periódicos; com os salários e encargos que podem variar em decorrência da própria legislação trabalhista etc. No entanto, mesmo estando sujeitos a variações dessa natureza, esses custos continuam sendo classificados como fixos, porque a classificação dos custos em fixos e variáveis é feita exclusivamente em relação ao volume da produção.

Há ainda situações em que alguns Custos Fixos podem sofrer pequenas variações, em decorrência de aumentos no volume da produção, como ocorre, por exemplo, com o uso de telefones, com o consumo de materiais de limpeza etc. Entretanto, esses custos não perdem a condição de fixos, uma vez que podem variar até um determinado limite da variação do volume da produção e depois permanecem estáveis novamente.

Assim, ainda que alguns Custos Fixos sofram pequenas alterações, como essas eventuais alterações não acompanham proporcionalmente os aumentos que ocorrem no volume da produção, eles não perdem a condição de fixos.

Finalmente, é importante salientar que os Custos Fixos, por não integrarem os produtos e por beneficiarem a fabricação de vários produtos ao mesmo tempo, são também denominados Custos Indiretos.

Custos Variáveis são aqueles que variam em decorrência do volume da produção. Assim, quanto mais produtos forem fabricados em um período, maiores serão os Custos Variáveis.

Veja, como exemplo, a matéria-prima. Se para fabricar uma saia é necessário 1,50 m de tecido, para se fabricar 50 saias serão necessários 75 m desse mesmo tecido. Assim, quanto maior for a quantidade fabricada, maior será o consumo de matéria-prima e, consequentemente, maior será o seu custo.

Os Custos Variáveis, por estarem vinculados ao volume produzido, são também denominados Custos Diretos.

É importante salientar que em relação ao volume de produção, entre os Custos Fixos é comum alguns possuírem uma parcela variável e, entre os Custos Variáveis, também é comum alguns possuírem uma parcela fixa. Daí as denominações de Custos Semifixos e Custos Semivariáveis.

Custos Semifixos, portanto, são os Custos Fixos que possuem uma parcela variável. Exemplo: a energia elétrica. A parcela fixa da energia elétrica é aquela que independe da produção do período, sendo utilizada geralmente para iluminação da fábrica; a parte variável é aquela aplicada diretamente na produção, variando de acordo com o volume produzido. Isso, evidentemente, só ocorre quando é possível medir a parte variável.

Custos Semivariáveis são, portanto, os Custos Variáveis que possuem uma parcela fixa. Como exemplo, a mão de obra aplicada diretamente na produção é variável em função das quantidades produzidas, ao passo que a mão de obra da supervisão da fábrica independe do volume produzido e, por isso, é classificada como fixa.

Por possuírem parcela fixa e parcela variável, esses custos são também conhecidos por Custos Mistos.

Atividades Teóricas 2

1. Responda:
   1.1 O que são Custos Diretos de Fabricação?

   1.2 O que são Custos Indiretos de Fabricação?

   1.3 Por que os Custos Indiretos são de difícil identificação em relação aos produtos fabricados?

   1.4 Como é feito o rateio dos Custos Indiretos aos produtos fabricados?

   1.5 O que são Custos Fixos?

   1.6 O gasto com aluguel do imóvel, que é classificado como Custo Fixo, pode sofrer variação? Explique.

   1.7 O que são Custos Variáveis?

   1.8 O que são Custos Semifixos?

   1.9 O que são Custos Semivariáveis?

2. Indique se a afirmativa é falsa ou verdadeira:
   2.1 Os Custos Diretos de Fabricação são aqueles que podem ser facilmente identificados em relação aos produtos fabricados.

   2.2 Os Custos Indiretos de Fabricação são assim denominados porque podem ser facilmente identificados em relação aos produtos fabricados.

   2.3 Custos Indiretos são o mesmo que Custos Fixos.

   2.4 Custos Variáveis são o mesmo que Custos Diretos.

   2.5 A distribuição dos Custos Indiretos aos produtos denomina-se rateio.

   2.6 A classificação de Custos Diretos e Indiretos aplica-se somente aos Materiais e a Mão de Obra.

   2.7 A classificação em Custos Diretos e Indiretos não se aplica aos Materiais, à Mão de Obra e aos Gastos Gerais de Fabricação.

   2.8 A classificação dos custos em Diretos ou Indiretos abrange os Materiais, a Mão de Obra e os Gastos Gerais de Fabricação.

   2.9 Normalmente, a maior parte dos Gastos Gerais de Fabricação é classificada como Custos Indiretos.

   2.10 Os Custos Diretos serão atribuídos a cada produto sem maiores complicações, enquanto que os Custos Indiretos serão atribuídos a cada produto por meio de critérios a serem definidos pela própria empresa.

3. Escolha a alternativa correta:
   3.1 Quando um determinado gasto beneficia a fabricação de vários produtos ao

mesmo tempo, esse gasto é corretamente classificado como:

a) Custo Direto.
b) Custo Indireto.
c) Custo Fixo.
d) Custo Variável.
e) As alternativas "a" e "d" estão incorretas.

3.2 Sempre que um gasto puder ser identificado facilmente em relação a cada produto fabricado, variando conforme o volume produzido, esse gasto será classificado como:

a) Custo Direto.
b) Custo Indireto.
c) Custo Fixo.
d) Custo Variável.
e) As alternativas "a" e "d" estão corretas.

3.3 A atribuição dos Custos Indiretos de Fabricação aos produtos é feita por meio de:

a) Critérios fixos.
b) Critérios indiretos.
c) Rateio por critérios estimados ou arbitrados.
d) Rateio por critérios fixados na Lei n. 6.404/76.
e) As alternativas "a" e "c", estão corretas.

Atividade Prática 2

Classifique os custos a seguir em:

a) Diretos (D) ou Indiretos (I);
b) Fixos (F) ou Variáveis (V).

1.	Material de embalagem.
2.	Energia elétrica (iluminação da fábrica).
3.	Matéria-Prima.
4.	Materiais secundários de pequeno valor.
5.	Materiais secundários de fácil identificação em relação a cada produto.
6.	Salários e encargos da supervisão da fábrica.
7.	Aluguel da fábrica.
8.	Salários e encargos do pessoal da fábrica.
9.	Salários e encargos da chefia da fábrica.

(continua)

(continuação)

10.	Depreciação das máquinas.
11.	Consumo de água pelo pessoal da fábrica.
12.	Refeições e viagens dos supervisores da fábrica.
13.	Material de limpeza usado na fábrica.
14.	Salários e encargos da segurança da fábrica.
15.	Segurança da fábrica.

2.2.4 Custo dos Produtos Vendidos

Conceito

O **Custo dos Produtos Vendidos** compreende a soma dos gastos com Materiais, Mão de Obra e Gastos Gerais de Fabricação aplicados ou consumidos na fabricação dos produtos que foram fabricados e vendidos pela empresa.

Após encerrado o processo de fabricação, os produtos acabados são transferidos da área de produção para o setor responsável pela estocagem de produtos acabados, permanecendo estocados até que sejam vendidos.

Os produtos acabados recebem como custo toda a carga dos Custos Diretos e Indiretos, incorridos durante todo o processo de fabricação dos respectivos produtos.

Os produtos que tiveram seus processos de fabricação iniciados em períodos anteriores e encerrados no período atual, receberão cargas de custos proporcionais ao processo de fabricação, em cada um dos períodos durante os quais estiveram em fabricação. Essas cargas de custos são atribuídas no final de cada período, para que os referidos produtos inacabados possam ser devidamente avaliados, para integrar os estoques finais de produtos em elaboração no término de cada um desses períodos.

Portanto, ao terem seus processos de fabricação concluídos, os custos desses produtos conterão parte dos custos incorridos em períodos anteriores, mais os custos gerados no atual período em que seus processos de fabricação foram concluídos.

É importante salientar que, entre os produtos vendidos pela empresa em um período, poderão conter somente produtos cujos processos de fabricação foram concluídos no respectivo período ou poderão conter ainda, produtos que foram acabados em períodos anteriores.

Assim, para se conhecer o Custo dos Produtos Vendidos, pode-se aplicar a seguinte fórmula:

CPV = EIPA + CPAP – EFPA

Em que:

CPV = Custo dos Produtos Vendidos

EIPA = Estoque Inicial de Produtos Acabados

CPA = Custo da Produção Acabada no Período

EFPA = Estoque Final de Produtos Acabados

Exemplo prático

Suponhamos as seguintes informações extraídas dos registros contábeis de uma empresa industrial:

- Estoque Inicial de Produtos Acabados: $ 50.000,00
- Custo da Produção Acabada no Período: $ 80.000,00
- Estoque Final de Produtos Acabados: $ 30.000,00

Neste caso, para apurar o Custo dos Produtos Vendidos, faremos:

CPV = $ 50.000,00 + $ 80.000,00 – $ 30.000,00 = $ 100.000,00

Suponhamos, ainda, que o faturamento bruto no período tenha sido de $ 150.000,00, com ICMS incluso no valor de $ 15.000,00 e IPI adicionado também no valor de $ 15.000,00, veja como ficará o resultado:

RVP = $ 150.000,00 – $ 15.000,00 – $ 100.000,00 = $ 35.000,00

Neste caso, a empresa industrial obteve um lucro bruto no valor de $ 35.000,00.

Note que, no valor faturado, não se deve incluir o valor do IPI, uma vez que não corresponde a receita de vendas. Assim, do valor faturado, subtraímos o CPV e o ICMS, para chegarmos ao lucro bruto. Lembramos que, além do ICMS, o faturamento está sujeito ainda à incidência de outros tributos, como o PIS e a COFINS, cujos tributos também deverão ser subtraídos do faturamento para se encontrar o resultado bruto.

NOTAS:

- É importante destacar que, com a Reforma Tributária de 2023, consubstanciada na Emenda Constitucional n. 132/2023, os tributos incidentes sobre vendas de bens e serviços – como o IPI, o PIS sobre Faturamento e a COFINS sobre Faturamento – serão extintos a partir de 2027, enquanto o ICMS e o ISS serão extintos a partir de 2033. Em lugar dos três primeiros tributos citados, passará a vigorar a Contribuição sobre Bens e Serviços (CBS) e o Imposto Seletivo (IS); e, em lugar do ICMS e do ISS, passará a vigorar o Imposto sobre Bens e Serviços (IBS).
- É importante destacar também que os três novos tributos – CBS, IBS e IS – serão calculados por fora e não integrarão a receita bruta de vendas de bens e serviços.

Modelo de Demonstração do Custo dos Produtos Vendidos

A Demonstração do Custo dos Produtos Vendidos, a seguir apresentada, é um relatório que constitui verdadeiro esquema técnico, que pode ser utilizado para se apurar custos em uma empresa industrial.

DEMONSTRAÇÃO DO CUSTO DOS PRODUTOS VENDIDOS

1. Estoque Inicial de Matérias-Primas		
2. (+) Compras Líquidas de Matérias-Primas*		
3. (=) CUSTO DAS MATÉRIAS-PRIMAS DISPONÍVEIS (1 + 2)		
4. (–) Custo das Matérias-Primas não Aplicadas na Produção		
4.1 Estoque Final de Matérias-Primas		
4.2 Custo das Vendas de Matérias-Primas		
4.3 Subprodutos Acumulados no Período		
4.4 Outros		
5. (=) CUSTO DAS MATÉRIAS-PRIMAS APLICADAS (3 – 4)		
6. (+) Mão de Obra Direta		
7. (=) CUSTO PRIMÁRIO (5+6)		
8. (+) Outros Custos Diretos		
8.1 Materiais Secundários		
8.2 Materiais de Embalagem		
8.3 Outros Materiais		
8.4 Gastos Gerais de Fabricação Diretos		
9. (=) CUSTOS DIRETOS DE FABRICAÇÃO (7 + 8)		

(continua)

* Corresponde ao valor pago ao fornecedor, influenciado pelos fatos que alteram os valores das compras, como Compras Anuladas, Abatimentos sobre Compras, Descontos Incondicionais Obtidos, fretes e Seguros sobre Compras, tributos não recuperáveis, juros embutidos nas compras a prazo etc.

(continuação)

10. (+) Custos Indiretos de Fabricação		
10.1 Materiais Indiretos		
10.2 Mão de Obra Indireta		
10.3 Gastos Gerais de Fabricação Indiretos		
11. (=) CUSTO DE PRODUÇÃO DO PERÍODO (9 + 10)		
12. (+) Estoque Inicial de Produtos em Elaboração		
13. (=) CUSTO DE PRODUÇÃO (11 + 12)		
14. (–) Estoque Final de Produtos em Elaboração		
15. (=) CUSTO DA PRODUÇÃO ACABADA NO PERÍODO (13 – 14)		
16. (+) Estoque Inicial de Produtos Acabados		
17. (=) CUSTO DOS PRODUTOS DISPONÍVEIS PARA VENDA (15 + 16)		
18. (–) Estoque Final de Produtos Acabados		
19. (=) CUSTO DOS PRODUTOS VENDIDOS (17 – 18)		

OBSERVAÇÃO:

- Para se apurar o custo dos outros materiais diretos aplicados no processo de fabricação (itens 8.1 a 8.3), bem como o Custo dos Materiais Indiretos Aplicados (item 10.1), deve-se observar, para cada material, os mesmos procedimentos apresentados no caso das Matérias-Primas (itens 1 a 5 da DCPV em questão).

Expressões técnicas utilizadas na DCPV

- Custo das Matérias-Primas Disponíveis (item 3 da DCPV): compreende o total das matérias-primas que a empresa teve a sua disposição durante o período, para aplicar na produção. É fácil compreender que esse montante, corresponde a soma das matérias-primas que estavam estocadas no início do período (Estoque Inicial de Matérias-Primas) com as compras efetuadas durante o mesmo período. É importante salientar que como custo das compras de matérias-primas efetuadas no período, deve ser considerado o custo das compras líquidas de matérias-primas, que corresponde ao montante das compras, influenciado pelos fatos que alteram os valores das compras, como os descontos incondicionais e os abatimentos obtidos, os fretes e seguros que devem ser acrescidos, as compras anuladas, bem como os tributos incidentes sobre as compras.

Fórmula: CMPD = EIMP + CLMP

- Custo das Matérias-Primas Aplicadas (item 5 da DCPV): compreende o Custo das Matérias-Primas Disponíveis, diminuído da somatória dos seguintes valores: custo do estoque final de matérias-primas; custo das vendas de matérias-primas; valor dos subprodutos acumulados durante o período (parte do custo dos subprodutos derivada de sobras de matérias-primas) e outros eventos, que venham a reduzir o custo das matérias-primas disponíveis, como por exemplo, as baixas por perecimento, sinistro, furtos etc.

Fórmula: CMPA = CMPD – EF – V – SP – O

- Custo Primário (item 7 da DCPV): compreende os gastos com Matérias-Primas Aplicadas mais os gastos com Mão de Obra Direta.

OBSERVAÇÃO:

- Custo Primário não é o mesmo que Custo Direto. No Custo Direto, além da Matéria-Prima e da Mão de Obra direta que integram o Custo Primário, compreendem, também os demais custos diretos com materiais secundários, materiais de embalagem e possíveis Gastos Gerais de Fabricação Diretos.

Fórmula: CP = MP + MOD

- Custo de Transformação: embora esse título não esteja evidenciado na DCPV, compreende a soma dos gastos com mão de obra (direta e indireta) e com os Gastos Gerais de Fabricação (diretos e indiretos), aplicados na transformação dos materiais em produtos. No total desse custo, não se incluem os gastos com materiais, pois deve ser considerado somente o esforço despendido pela empresa na transformação da matéria-prima em produtos.

Fórmula: CT = MOT + GGFT

- Custo de Produção do Período ou Custo de Fabricação do Período (item 11 da DCPV): compreende a soma dos custos incorridos na produção do período dentro da fábrica.

Para se obter esse custo, basta somar os valores gastos com Materiais Diretos e Indiretos, com Mão de Obra Direta e Indireta e com os Gastos Gerais de Fabricação Diretos e Indiretos aplicados na produção do período, sem considerar o valor do Estoque Inicial dos Produtos em Elaboração.

Fórmula: CPP = Materiais + MO + GGF

- Custo de Produção (item 13 da DCPV): compreende o Custo de Produção do Período mais o Estoque Inicial de Produtos em Elaboração.

Fórmula: CP = EIPE + CPP

- Custo da Produção Acabada no Período (item 15 da DCPV): compreende o Custo de Produção menos o Estoque Final de Produtos em Elaboração.

Fórmula: CPA = CP – EFPE

Este custo poderá ser obtido também com a aplicação da seguinte fórmula:

CPA = EIPE + CP – EFPE

OBSERVAÇÃO:

- Esse custo pode conter, inclusive, custos de períodos anteriores, pois pode haver unidades que foram acabadas no exercício atual, porém iniciadas no exercício anterior, as quais compunham o estoque inicial de produtos em elaboração. Não fazem parte da produção acabada os produtos que foram iniciados no presente período, mas que serão acabados em períodos futuros, os quais integram o Estoque Final de Produtos em Elaboração.

- Custo dos Produtos Disponíveis para Venda (item 17): compreende o total dos custos dos produtos que a empresa teve a sua disposição, para vender durante o período. É fácil de entender que esse custo corresponde ao Custo dos Produtos Acabados que estavam em estoque, no início do período adicionado ao Custo da Produção Acabada no presente período.

Fórmula: CPDV = EIPA + CPA

Fórmula simplificada para apuração do custo de produção do período

Por razões de simplificação, empresas industriais de pequeno e médio porte, costumam considerar como Materiais Diretos, somente a Matéria-Prima Aplicada, sendo todos os demais materiais considerados indiretos, ainda que possam ser facilmente identificados em relação aos produtos. Pelas mesmas razões, essas empresas costumam considerar, também, todos os Gastos Gerais de Fabricação como sendo Indiretos.

Nesse caso, o Custo de Produção do Período pode ser obtido pela seguinte fórmula:

CPP = MP + MOD + CIF

Em que:

CPP = Custo de Produção do Período

MP = Matéria-Prima

MOD = Mão de Obra Direta

CIF = Custos Indiretos de Fabricação, compreendendo, neste caso, todos os Materiais Diretos e Indiretos, exceto a Matéria-Prima, a Mão de Obra Indireta e os Gastos Gerais de Fabricação Diretos e Indiretos.

Atividades Teóricas 3

1. Responda:
   - 1.1 O que é Custo dos Produtos Vendidos?
   - 1.2 Apresente a fórmula do Custo das Matérias-Primas Disponíveis.
   - 1.3 Apresente a fórmula do Custo das Matérias-Primas Aplicadas.
   - 1.4 Apresente a fórmula do Custo Primário.

1.5 Apresente a fórmula do Custo de Transformação.

1.6 Apresente a fórmula do Custo de Produção do Período.

1.7 Apresente a fórmula do Custo de Produção.

1.8 Apresente a fórmula do Custo da Produção Acabada no Período.

1.9 Apresente a fórmula do Custo dos Produtos Disponíveis para Venda.

2. Indique se a afirmativa é falsa ou verdadeira:

2.1 No Custo Primário não são considerados os custos com os Gastos Gerais de Fabricação.

2.2 Custo Primário é o mesmo que Custo de Transformação.

2.3 Custo de Produção do Período é a soma dos custos incorridos na produção do período dentro da fábrica.

2.4 O Custo da Produção Acabada no Período pode incluir custo de produtos iniciados em períodos anteriores e acabados no período atual.

2.5 Há empresas que, por razões econômicas preferem apurar o Custo de Fabricação do Período, considerando como diretos somente a Matéria-Prima e a Mão de Obra Direta.

3. Escolha a alternativa correta:

3.1 O resultado obtido pela soma do custo do Estoque Inicial de Matérias-primas com o custo das Compras Líquidas de Matérias-Primas, efetuadas no período denomina-se:

a) Custo das Matérias-Primas Disponíveis.
b) Custo das Matérias-Primas Aplicadas.
c) Custo Primário.
d) Custo Direto de Fabricação.
e) A alternativa "a" está errada.

3.2 O Custo das Matérias-Primas Disponíveis, diminuído do custo do Estoque Final de Matérias-Primas denomina-se:

a) Matérias-Primas Disponíveis.
b) Custo das Matérias-Primas Aplicadas.
c) Custo Primário.
d) Custo Direto de Fabricação.
e) As alternativas "a" e "c" estão corretas.

3.3 A soma dos gastos com Matérias-Primas e Mão de Obra Direta Aplicada na fabricação, denomina-se:

a) Custo Primário.
b) Custo de Transformação.
c) Custo de Produção ou de Fabricação.
d) Custo dos Produtos Vendidos.
e) n.d.a.

Atividades Práticas 3

Para resolver as duas Atividades Práticas a seguir, observe o seguinte roteiro:

- Providencie cópias da Demonstração do Custo dos Produtos Vendidos, apresentada na Seção Modelo de Demonstração do Custo dos Produtos Vendidos do presente capítulo;
- Transcreva nas Demonstrações todos os valores apresentados nos enunciados das Práticas em questão;
- Calcule os itens que não foram fornecidos. O item 3 da Prática 1, por exemplo, será obtido pela soma dos itens 1 e 2;
- Após completar os Demonstrativos, você encontrará respostas para todas as questões formuladas;
- Para resolver a Prática 2, após transcrever no Demonstrativo todos os dados fornecidos, você deverá calcular as incógnitas na ordem inversa, isto é, comece a resolução de baixo para cima, invertendo os sinais. Exemplo: para se obter o item 17, basta somar o item 19 com o item 18 e assim sucessivamente. Neste caso, para se conhecer o item 19, como no problema foram informados o valor das Vendas e o valor do Lucro Bruto, basta subtrair das Vendas o Lucro Bruto para obter o Custo dos Produtos Vendidos.

PRÁTICA 1

Eventos ocorridos na Indústria Silveiras S.A.:

1. Saldos em 31/12/X4:

Estoque de Matérias-Primas 1.800
Estoque de Materiais Secundários 450
Estoque de Materiais de Embalagens ...230
Estoque de Produtos Acabados 800
Estoque de Produtos em Elaboração 300

2. Ocorrências em X5:

2.1 Compras efetuadas:

Matérias-Primas 6.000
Materiais Secundários 2.000
Materiais de Embalagem...................700
Materiais de Limpeza (Indiretos)....300
Materiais de Expediente (Indiretos) 100

2.2 Mão de Obra aplicada na produção do período:

Mão de Obra Direta........................2.500
Mão de Obra Indireta 1.700

2.3 Gastos Gerais de Fabricação aplicados no período:

Energia Elétrica 1.100
Água..400
Aluguel da Fábrica 1.200
Depreciação 200
Serviços de Terceiros..........................600
Total 3.500

3. Estoques Finais em 31/12/X5

Estoque de Matérias-Primas 2.100

Estoque de Materiais Secundários 750

Estoque de Materiais de Embalagem.... 350

Estoque de Produtos Acabados 4.000

Estoque de Produtos em Elaboração 900

Após elaborar a DCPV, responda:

a) Qual foi o valor do Custo Primário?

b) Qual foi o valor dos Custos Diretos de Fabricação?

c) Qual foi o valor dos Custos Indiretos de Fabricação?

d) Qual foi o valor do Custo de Produção do Período?

e) Qual foi o valor do Custo da Produção Acabada no período?

f) Qual foi o valor do Custo dos Produtos Vendidos?

g) Sabendo-se que o valor das Vendas de Produtos foi de $ 20.000,00, qual foi o Lucro Bruto apurado?

PRÁTICA 2

Em 31 de maio, a empresa Industrial Moreira César S.A. apresentou o seguinte movimento em relação ao mês:

ESTOQUES	INICIAL ..... FINAL
Matérias-Primas	900 950
Produtos em Elaboração	300 250
Produtos Acabados	1.200 400

CUSTOS INCORRIDOS NO MÊS

Mão de Obra Direta 860

Custos Indiretos de Fabricação 1.250

VENDAS REALIZADAS NO MÊS:

Vendas de Produtos 9.610

LUCRO BRUTO:

Lucro nas Vendas de Produtos 5.000

Com base nos dados apresentados, elabore a DCPV e escolha a alternativa correta nas questões abaixo:

1. O Custo dos Produtos Vendidos foi de:

a) $ 4.060,00. b) $ 4.610,00.

c) $ 9.610,00. d) $ 2.510,00.

2. O valor das compras de Matérias-Primas foi de:

a) $ 900,00. b) $ 950,00.

c) $ 2.400,00. d) $ 4.200,00.

3. O Custo da Produção Acabada no Período foi de:

a) $ 3.810,00. b) $ 4.060,00.

c) $ 6.210,00. d) $ 5.010,00.

2.2.5 Custo dos Serviços Prestados

Custo dos Serviços Prestados é uma expressão em uso nas empresas que prestam serviços.

Os serviços a terceiros podem ser prestados, tanto por pessoas físicas (profissionais autônomos) como pedreiros, encanadores, eletricistas, advogados, engenheiros civis, jardineiros etc, ou por empresas que exclusivamente operam nesse ramo de atividades ou, ainda, por empresas que possuindo uma atividade principal, também prestam serviços como ocorre com empresas comerciais e industriais.

Entre as empresas comerciais que também prestam serviços, podemos citar aquelas que atuam no comércio de veículos e autopeças. As revendedoras de veículos, além da atividade comercial de revenda de veículos e autopeças, também prestam serviços de revisão e manutenção nos veículos de seus clientes.

Há uma infinidade de empresas industriais que, além da atividade preponderante de transformação de matérias-primas em produtos, também prestam serviços a seus clientes executando montagem, cromagem, niquilagem, beneficiamentos de peças, usinagem etc.

Em geral, entende-se por custo da prestação de um serviço, o valor do salário e encargos do trabalhador que executou uma tarefa. Entretanto, ao prestar algum serviço a terceiros, o prestador dos serviços, seja ele pessoa física ou empresa, incorrerá em outros gastos que podem variar conforme a natureza dos serviços a serem prestados.

Assim, o custo com a prestação de serviços, além da mão de obra, poderá envolver outros gastos com o uso de máquinas, ferramentas e equipamentos, com o consumo de materiais auxiliares e de limpeza, de energia elétrica, combustíveis etc.

Quando uma empresa contrata serviços de um profissional autônomo, ou de outra empresa, para a empresa beneficiária do serviço, o custo do serviço corresponderá ao valor pago ao prestador do serviço. Entretanto, ao prestador do serviço, seja ele um profissional autônomo, seja uma empresa, no valor recebido pelo serviço prestado, estará embutido o custo necessário para que a tarefa seja realizada e mais uma margem de lucro.

O custo dos serviços prestados pelas empresas prestadoras de serviços a outras empresas, poderá ser composto pelos mesmos elementos que compõem o custo de fabricação, em uma empresa industrial, ou seja, Materiais, Mão de Obra e Gastos Gerais de Fabricação.

É evidente que nas empresas industriais, pelas próprias características que envolvem o processo de fabricação, normalmente o custo com mão de obra é inferior ao custo com materiais aplicados. Em uma indústria que atua no ramo de confecções, por exemplo, o custo com a matéria-prima e materiais secundários pode atingir até 80% ou 90% do Custo Total de Fabricação. Já nas empresas de prestação de serviços, o gasto preponderante quase sempre é a mão de obra.

Diante do exposto, podemos concluir que em uma empresa de prestação de serviços, os critérios a serem adotados para se calcular o Custo dos Serviços Prestados, são semelhantes aos critérios adotados para se apurar o Custo de Fabricação, em uma empresa industrial.

A empresa de prestação de serviços certamente não conterá em seu Ativo, estoques de "Serviços Acabados", no entanto, poderá manter em estoque os materiais que serão consumidos ou aplicados na prestação dos serviços. Da mesma forma, essas empresas incorrerão em gastos com a depreciação de veículos, computadores e máquinas, ferramentas e equipamentos necessários a prestação dos serviços.

Finalmente, convém salientar que nas empresas que prestam vários tipos de serviços, poder-se-á apurar o custo de cada um dos serviços prestados. Neste caso, da mesma forma que ocorre nas empresas industriais, ocorrerão custos diretos e indiretos em relação a cada serviço prestado. Os critérios para atribuição dos custos indiretos a cada serviço prestado, são semelhantes aos aplicados para rateio dos custos indiretos nas empresas industriais.

2.3 Sistemas de Custeio

Existem vários sistemas que podem ser utilizados para o custeamento dos produtos: uns com fins específicos de alocar aos produtos os Custos Indiretos como ocorre, por exemplo, com o Sistema de Custeio Departamental e com o Sistema de Custeio ABC (serão estudados nos Capítulos 9 e 10 do presente livro); outros com fins específicos de promover a composição do Custo Total de Fabricação dos produtos, como ocorre, por exemplo, com os sistemas de custeio direto, por absorção e RKW.

Para facilitar o seu entendimento no estágio dos estudos em que se encontra, no presente capítulo, diferenciamos custos de despesas dizendo que: "a despesa vai para o resultado, enquanto que o custo vai para o produto". Pois bem, os gastos que correspondem a custos ou a despesas integrarão o Custo de Fabricação ou o resultado do exercício, conforme seja o sistema de custeio adotado. Veja:

a. Sistema de Custeio Direto ou Variável

Esse sistema contempla como Custo de Fabricação, somente os Custos Diretos ou Variáveis. Nesse caso, os Custos Indiretos integram o resultado juntamente com as despesas. Por contemplar apenas parte dos custos incorridos na fabricação, esse sistema não é aceito pelo fisco para direcionar a contabilização dos custos incorridos aos produtos. A inclusão da carga de Custos Indiretos juntamente com as despesas, onera o resultado. Nos períodos em que a empresa industrial vender toda a produção iniciada e concluída no mesmo período, o resultado não será afetado; entretanto, quando parte da produção for ativada, a adoção desse sistema implicará em estoques e lucro líquido subavaliados.

Portanto, a adoção do sistema de custeio direto fica restrita apenas a fins gerenciais. Neste caso, o custo de produção do período poderá ser obtido no item 9 da Demonstração do Custo dos Produtos Vendidos, apresentada na Seção Modelo de Demonstração do Custo dos Produtos Vendidos do presente capítulo.

b. Sistema de Custeio por Absorção

Esse sistema de custeio contempla como Custo de Fabricação, todos os custos incorridos no processo de fabricação do período, sejam eles diretos ou indiretos. Nesse caso, somente as despesas integrarão o resultado do exercício.

Adotando-se esse sistema, o custo de produção do período poderá ser obtido no item 11 da Demonstração do Custo dos Produtos Vendidos, apresentada na Seção Modelo de Demonstração do Custo dos Produtos Vendidos do presente capítulo.

c. Sistema de custeio RKW

O sistema de custeio RKW (Reichskuratorium fur Wirtschaftlichtkeit), criado por um órgão governamental da Alemanha, contempla como custo dos produtos todos os custos e as despesas incorridas no período.

No Brasil, contabilmente é inviável a adoção desse sistema, uma vez que fere tanto as técnicas contábeis, especificamente em relação ao regime de competência, como também se incompatibiliza com a legislação tributária.

Exemplo prático

Considere as seguintes informações extraídas do controle interno de uma empresa industrial, relativas ao mês de fevereiro de X1:

- Foram iniciadas e concluídas durante o mês, a fabricação de 100 unidades do produto A;
- Matéria-Prima, Mão de Obra Direta e outros Custos Diretos importaram em $ 20.000,00;
- Os Custos Indiretos de fabricação importaram em $ 5.000,00;
- As despesas incorridas no período importaram em $ 7.000,00.

Considerando que não havia estoque inicial de produtos em elaboração, e também de produtos acabados e que não ocorreram vendas, nem outras receitas no período, veja como ficará o custo e o resultado em cada sistema apresentado:

a. Custeio Direto:

Custo de Fabricação

Custos Diretos 20.000

= Custo de fabricação do período 20.000

Resultado

Custos Indiretos 5.000

\+ Despesas 7.000

= Prejuízo do período 12.000

b. Sistema de Custeio por Absorção:

Custo de Fabricação

Custos Diretos 20.000

\+ Custos Indiretos 5.000

= Custo Total 25.000

Resultado

Despesas 7.000

= Prejuízo 7.000

c. Sistema de Custeio RKW:

Custo de Fabricação

Custos Diretos 20.000

\+ Custos Indiretos 5.000

\+ Despesas 7.000

= Custo de fabricação do período 32.000

Resultado

(Sem movimento)

CAPÍTULO 3

PLANO DE CONTAS PRÓPRIO PARA EMPRESAS INDUSTRIAIS

3.1 Esclarecimento importante sobre a Reforma Tributária de 2023

A Reforma Tributária promovida pela Emenda Constitucional n. 132, promulgada pelo Congresso Nacional em 20 de dezembro de 2023, substituiu seis tributos incidentes sobre o consumo de bens e serviços por um tributo que, internacionalmente, é conhecido por IVA – Imposto sobre o Valor Agregado (adicionado).

Os tributos a serem substituídos pelo IVA são: quatro de competência da União (IPI, PIS, COFINS e IOF-Seguros); um de competência dos Estados (ICMS) e um de competência dos Municípios (ISS).

No Brasil, o IVA é composto por dois tributos:

- CBS – Contribuição sobre Bens e Serviços, de competência federal; e
- IBS – Imposto sobre Bens e Serviços, de competência compartilhada entre Estados, Distrito Federal e Municípios.

A Reforma Tributária criou também o Imposto Seletivo (IS), de competência federal, destinado a desestimular o consumo de bens e serviços considerados prejudiciais à saúde ou ao meio ambiente. Esse tributo substituirá parte do que era tributado pelo IPI.

A Reforma previu dois períodos de transição: um geral, de sete anos, que alcançará toda a sociedade brasileira; e outro específico para os entes federativos, de 50 anos, imperceptível para a sociedade.

A transição para a sociedade será iniciada em 2026 e concluída em 2033, ano em que os atuais tributos sobre o consumo estarão extintos e o novo modelo plenamente em vigor.

Em 2026, se iniciará a cobrança da CBS pela alíquota de 0,9%, e do IBS pela alíquota de 0,1%.

Em 2027, se iniciará a cobrança da CBS pela alíquota cheia e haverá a extinção do PIS, do IOF-Seguros e da COFINS, sendo esta última na parte relativa ao faturamento. Nesse mesmo ano, as alíquotas do IPI serão reduzidas a zero, exceto para os produtos manufaturados na Zona Franca de Manaus; e será instituído o Imposto Seletivo.

De 2029 a 2032, haverá a transição do ICMS e do ISS para o IBS, com a redução gradual das alíquotas do ICMS e do ISS e o aumento progressivo da alíquota do IBS, de acordo com os percentuais a seguir: 10% em 2029; 20% em 2030; 30% em 2031; 40% em 2032.

Em 2033, o ICMS e o ISS serão extintos e o novo modelo entrará em vigor integralmente.

É importante salientar que, durante os 7 anos de transição, a sociedade brasileira conviverá com a manutenção, a inclusão e a exclusão de alguns dos nove tributos incidentes sobre o consumo de bens e serviços, ou seja, com os seis atuais mais os três novos.

Mantivemos neste livro cinco dos seis tributos porque, conforme vimos, o IPI, o PIS sobre Faturamento e a COFINS sobre Faturamento vigorarão até o fim de 2026 e o ICMS e o ISS, até o fim de 2032.

É importante esclarecer, ainda, que os três novos tributos – o IBS, a CBS e o IS –, a exemplo do IPI, são tributos cobrados por fora, isto é, não integram as receitas brutas de vendas de bens e serviços, motivo pelo qual, nos planos de contas das empresas em geral, para registrar esses três novos tributos, figurarão somente contas patrimoniais representativas de direitos e de obrigações, uma vez que, não estando embutidos no valor dos bens e serviços, seus valores não serão contabilizados em contas redutoras das receitas brutas das vendas de bens e serviços. Esse procedimento é diferente do adotado para contabilização do PIS sobre Faturamento (não cumulativo), da COFINS sobre Faturamento (não cumulativa), do ICMS e do ISS – tributos que serão extintos –, os quais, por estarem inclusos nos montantes das receitas brutas das vendas de bens e serviços, precisavam ser contabilizados em contas redutoras de tais receitas brutas.

As contas patrimoniais de direitos e de obrigações a serem utilizadas para o registro do IBS e da CBS podem ser: IBS a Recuperar, IBS a Recolher, CBS a Recuperar e CBS a Recolher.

O IS, por ser um tributo monofásico (incide uma única vez sobre o bem), não gera direito a crédito e pode ser contabilizado por meio da conta IS a Recolher.

3.2 Conceito

O **Plano de Contas** é um conjunto de contas, diretrizes e normas que disciplina as tarefas do setor de contabilidade, objetivando a uniformização dos registros contábeis.

Constitui ferramenta indispensável no desenvolvimento do processo contábil, sendo que cada empresa deve elaborar o seu Plano de Contas, tendo em vista as suas particularidades, observando-se as disciplinas contidas na Lei n. 6.404/1976, a legislação específica do ramo de atividade exercido pela empresa, bem como as normas brasileiras de contabilidade aprovadas pelo Conselho Federal de Contabilidade (CFC).

É importante salientar que as instituições financeiras, dentre elas os estabelecimentos bancários, estão sujeitas à adoção do Plano de Contas específico das Instituições do Sistema Financeiro Nacional (Cosif). Da mesma forma, as companhias que atuam no ramo de seguros, estão sujeitas a adoção do Plano de Contas específico aprovado pela Superintendência de Seguros Privados (SUSEP).

Um Plano de Contas ideal deve conter pelo menos as seguintes partes: Elenco de Contas, Manual de Contas e Modelos Padronizados de Demonstrações Contábeis.

Tendo em vista que o nosso propósito, no presente livro, é apresentar um Elenco de Contas próprio para ser aplicado nas empresas industriais, deixaremos de comentar as partes que integram o Plano de Contas, as quais foram objeto de estudos em outros livros de nossa autoria como *Contabilidade Básica*, *Contabilidade Comercial* e *Contabilidade Geral*, todos da Série em Foco.

3.3 Elenco de Contas

QUADRO I – CONTAS PATRIMONIAIS

1. ATIVO
1.1 ATIVO CIRCULANTE[1]
1.1.1 DISPONIBILIDADES
1.1.1.01 Caixa Geral
1.1.1.01.1 Matriz
1.1.1.01.1.001 Caixa
1.1.1.01.1.002 Fundo Fixo de Caixa[2]
1.1.1.01.2 Fábrica
1.1.1.01.2.001 Caixa

(continua)

[1] O Ativo Circulante é composto por contas representativas dos bens e dos direitos, que estão em frequente circulação no patrimônio. Representam valores já realizados (transformados em dinheiro) ou que serão realizados até o término do exercício social seguinte ao do Balanço, em que as contas estiverem sendo apresentadas.

[2] Corresponde a determinada quantia de dinheiro, entregue a um empregado da empresa que se incumbirá de realizar pequenos gastos. Essa conta, permanecerá sempre com seu saldo original, salvo quando ocorrer aumento ou diminuição do limite do fundo. Os comprovantes dos gastos efetuados pelo responsável pelo Fundo Fixo de Caixa são periodicamente apresentados ao Caixa Geral, no qual são contabilizados e o saldo original é reconstituído mediante cheque nominal a favor do responsável pelo fundo.

(continuação)

1.1.1.01.2.002 Fundo Fixo de Caixa

1.1.1.01.3 Loja 1 Serviços

1.1.1.01.3.001 Caixa

1.1.1.01.3.002 Fundo Fixo de Caixa

1.1.1.01.4 Loja 2 Varejo

1.1.1.01.4.001 Caixa

1.1.1.01.4.002 Fundo Fixo de Caixa

1.1.1.02 Bancos conta Movimento

1.1.1.02.1 Matriz

1.1.1.02.1.001 Banco Urupês S.A.

1.1.1.02.2 Fábrica

1.1.1.02.2.001 Banco Urupês S.A.

1.1.1.02.3 Loja 1 Serviços

1.1.1.02.3.001 Banco Urupês S.A.

1.1.1.02.4 Loja 2 Varejo

1.1.1.02.4.001 Banco Urupês S.A.

1.1.1.03 Numerário em Trânsito[3]

1.1.1.03.1.999 Matriz

1.1.1.03.2.999 Fábrica

1.1.1.03.3.999 Loja 1 Serviços

1.1.1.03.4.999 Loja 2 Varejo

1.1.1.04 Aplicações financeiras de liquidez imediata

1.1.1.04.1 Matriz

1.1.1.04.1.001 Banco Urupês S.A.

1.1.1.04.2 Fábrica

1.1.1.04.2.001 Banco Urupês S.A.

1.1.1.04.3 Loja 1 Serviços

1.1.1.04.3.001 Banco Urupês S.A.

1.1.1.04.4 Loja 2 Varejo

(continua)

[3] Compreendem as disponibilidades que, embora de propriedade da empresa, até a data do Balanço não integraram o saldo de caixa ou de bancos. Trata-se de casos esporádicos, que normalmente representam valores transferidos de filiais para a matriz e vice-versa, por meio de ordens de pagamento ou cheques. Não confundir com cheques emitidos e contabilizados pela empresa, porém não compensados pelo beneficiário, casos que merecem destaque nas conciliações bancárias. Conciliações bancárias são procedimentos comuns adotados para equalizar o saldo contábil constante na conta do livro Razão com o constante do extrato da conta movimento fornecido pelo banco.

(continuação)

1.1.1.04.4.001 Banco Urupês S.A.[4]

1.1.2 CLIENTES

1.1.2.01 Duplicatas a Receber de Terceiros

1.1.2.01.1.001 Cliente A

1.1.2.02 Duplicatas a Receber de Pessoas Ligadas

1.1.2.02.1.001 Controlada A

1.1.2.03.1.999 (–) Perdas estimadas em créditos de liquidação duvidosa

1.1.2.04 (–) Faturamento para Entrega Futura[5]

1.1.2.04.1.001 (–) ....

1.1.2.05 Cartões de Crédito a Receber

1.1.2.05.1.001 Administradora X

1.1.2.06 (–) Ajuste a Valor Presente (Juros Ativos a Vencer)[6]

1.1.2.06.1.001 (–) ...

1.1.2.07 (–) Perdas estimadas

1.1.2.07.1.001 (–) ...

1.1.3 OUTROS CRÉDITOS

1.1.3.01 Adiantamentos a Empregados

1.1.3.01.1.001 Adiantamento de Décimo Terceiro Salário

1.1.3.01.1.002 Salários

1.1.3.02 Adiantamentos a Fornecedores

1.1.3.02.1.001 Fornecedor A

1.1.3.03 Aluguéis Ativos a Receber

1.1.3.03.1.001 Locatário A

1.1.3.04 Arrendamentos Ativos a Receber

1.1.3.04.1.001 Arrendatário A

1.1.3.05 (–) Receitas sobre Arrendamentos a Apropriar

1.1.3.05.1.001 (–) Arrendatário A

(continua)

---

[4] Para evitar informações em demasia, a partir daqui deixaremos de apresentar as linhas com as subcontas representativas dos estabelecimentos da entidade (Matriz, Fábrica, Loja 1 e Loja 2). Portanto, logo em seguida à linha que contém a conta principal com 5 dígitos, apresentaremos as contas com 9 dígitos, ficando subentendida a existência da subconta correspondente. Pelas mesmas razões, atribuiremos a classificação de todas as contas com 9 dígitos para o estabelecimento Matriz. Na vida prática, você fará os ajustes necessários para que os registros contábeis em cada conta, seja atribuído ao estabelecimento correspondente.

[5] Destina-se a ajustar o saldo da conta Duplicatas a Receber, em decorrência de vendas faturadas cujas mercadorias ainda não foram entregues aos clientes.

[6] Os elementos do Ativo e do Passivo, decorrentes de operações de longo prazo, serão ajustados a valor presente, sendo os demais ajustados quando houver efeito relevante. (Incisos VIII do artigo 183 e III do artigo 184 da Lei n. 6.404/1976.)

(continuação)

1.1.3.06 Bancos conta Especial[7]

1.1.3.06.1.001 Banco do Brasil S.A.

1.1.3.07 Bancos conta Vinculada[8]

1.1.3.07.1.001 Banco Urupês S.A.

1.1.3.08 Cheques em Cobrança

1.1.3.08.1.001 Banco Urupês S.A.

1.1.3.09 Dividendos a Receber

1.1.3.09.1.001 Sociedade A

1.1.3.10 Dividendos Propostos a Receber

1.1.3.10.1.001 Sociedade A

1.1.3.11 Empréstimos a Empregados

1.1.3.11.1.001 Empregado A

1.1.3.12 Juros sobre o Capital Próprio a Receber

1.1.3.12.1.001 Sociedade A

1.1.3.13 Títulos a Receber

1.1.3.13.1.001 Devedor A

1.1.3.14 (–) Ajuste a Valor Presente (Juros Ativos a Vencer)

1.1.3.14.1.001 (–) ...

1.1.3.15 (–) Perdas estimadas

1.1.3.15.1.001 (–) ...

1.1.4 TRIBUTOS A RECUPERAR (OU A COMPENSAR)

1.1.4.01 Contribuições a Recuperar

1.1.4.01.1.001 CBS a Recuperar (em vigor a partir de 2026)

1.1.4.01.1.002 COFINS sobre Faturamento a Recuperar (extinta a partir de 2027)

1.1.4.01.1.003 CSSL por Estimativa a Recuperar

1.1.4.01.1.004 PIS sobre Faturamento a Recuperar (extinta a partir de 2027)

1.1.4.02 Impostos a Recuperar

1.1.4.02.1.001 IBS a Recuperar (em vigor a partir de 2026)

1.1.4.02.1.002 ICMS a Recuperar (extinta a partir de 2033)

1.1.4.02.1.003 IPI a Recuperar (extinta a partir de 2027)

1.1.4.02.1.004 IRR Fonte a Recuperar

1.1.4.02.1.005 IR por Estimativa a Recuperar

1.1.4.02.1.006 IS a Recuperar (em vigor a partir de 2027)

(continua)

---

[7] Conta para uso exclusivo na constituição de sociedades anônimas.

[8] Correspondem a valores da empresa, bloqueados em estabelecimentos bancários, com liberação condicionada ao cumprimento de obrigações ou à obtenção de créditos. São comuns os depósitos vinculados para pagamento de importações, liquidação de empréstimos etc. Nos casos de vinculação para pagamento de obrigações, pode-se classificar a respectiva conta como redutora da conta que registra a respectiva obrigação, no Passivo Circulante ou no Passivo Exigível a Longo Prazo. Decidindo-se em manter no Ativo a parte referente ao cumprimento de obrigações a longo prazo, ela deve figurar no Ativo Realizável a Longo Prazo.

(continuação)

1.1.5 INVESTIMENTOS TEMPORÁRIOS A CURTO PRAZO

1.1.5.01 Aplicações financeiras em Fundos de Investimento de Renda Variável (Pós-fixada)

1.1.5.01.1.001 Banco Urupês S.A.

1.1.5.02 Aplicações financeiras de Renda Fixa (Prefixada)

1.1.5.02.1.001 Banco Urupês S.A.

1.1.5.03 Investimentos Temporários em Ouro

1.1.5.03.1.001 Banco Urupês S.A.

1.1.5.04 Ações de outras empresas

1.1.5.04.1.001 Sociedade A

1.1.5.05 Debêntures

1.1.5.05.1.100 Companhia X

1.1.5.05.1.101 Valor nominal

1.1.5.05.1.102 (–) Deságio a Apropriar

1.1.5.06 Outros títulos e valores mobiliários

1.1.5.06.1.001 Entidade A

1.1.5.07 (–) Perdas estimadas

1.1.5.07.1.001 (–) ...

1.1.6 ESTOQUES

1.1.6.01 Estoques de Mercadorias, Produtos e Insumos

1.1.6.01.1.001 Estoque de Mercadorias

1.1.6.01.1.002 Estoque de Produtos Acabados

1.1.6.01.1.003 Estoque de Produtos em Elaboração

1.1.6.01.1.004 Estoque de Matérias-primas

1.1.6.01.1.005 Estoque de Materiais Secundários

1.1.6.01.1.006 Estoque de Materiais Auxiliares

1.1.6.01.1.007 Estoque de Materiais de Acondicionamento e Embalagem

1.1.6.01.1.008 Estoque de Subprodutos

1.1.6.02 Estoques de Materiais de Consumo

1.1.6.02.1.001 Estoque de Materiais de Escritório (Expediente)

1.1.6.02.1.002 Estoque de Materiais de Informática

1.1.6.02.1.003 Estoque de Materiais de Higiene e Limpeza

1.1.6.02.1.004 Estoque de Materiais de Manutenção

1.1.6.03 (–) Perdas estimadas em Estoques

1.1.6.03.1.001 (–) Perdas estimadas por Redução ao Valor Realizável Líquido[9]

(continua)

[9] Conta redutora do grupo de estoques. Representa perdas reconhecidas, quando o valor recuperável (valor de mercado, valor justo ou valor realizável líquido) de itens de estoques for inferior ao custo de aquisição ou transformação. (Inciso II do artigo 183 da Lei n. 6.404/1976 e item 9 da NBC TG 16 fundamentada no CPC 16).

(continuação)

1.1.7 DESPESAS DO EXERCÍCIO SEGUINTE[10]

1.1.7.01 Despesas pagas antecipadamente

1.1.7.01.1.001 Aluguéis Passivos a Vencer (ou a Apropriar)

1.1.7.01.1.002 Arrendamentos Passivos a Vencer (ou a Apropriar)

1.1.7.01.1.003 Assinaturas e Anuidades a Vencer (ou a Apropriar)

1.1.7.01.1.004 Comissões e prêmios a Vencer (ou a Apropriar)

1.1.7.01.1.005 Despesas financeiras a Vencer (ou a Apropriar)

1.1.7.01.1.006 Juros Passivos a Vencer (ou a Apropriar)

1.1.7.01.1.007 Prêmios de seguros a Vencer (ou a Apropriar)

1.1.7.01.1.008 Propagandas e publicidades a Vencer (ou a Apropriar)

1.2 ATIVO NÃO CIRCULANTE[11]

1.2.1 ATIVO REALIZÁVEL A LONGO PRAZO[12]

1.2.1.10 Clientes

1.2.1.11 Duplicatas a Receber de Terceiros

1.2.1.11.1.001 Cliente A

1.2.1.12 Duplicatas a Receber de Pessoas Ligadas

1.2.1.12.1.001 Controlada A

1.2.1.13.1.999 (–) Perdas estimadas em Créditos de Liquidação Duvidosa

1.2.1.14 (–) Faturamento para Entrega Futura[13]

1.2.1.14.1.001 (–) ...

1.2.1.15 (–) Ajuste a Valor Presente (Juros Ativos a Vencer)[14]

1.2.1.15.1.001 (–) ...

(continua)

---

[10] Despesas pagas no presente exercício e que serão apropriadas ao resultado do exercício seguinte. Segundo o regime de competência, as despesas somente integrarão o resultado, no período da ocorrência dos seus respectivos fatos geradores.

[11] O Ativo Não Circulante é o oposto do Ativo Circulante. Enquanto no Ativo Circulante são classificadas contas, que representam bens e direitos que estão em circulação constante na empresa, isto é, que giram em prazo inferior a um ano, no Ativo Não Circulante, são classificadas contas representativas de bens e direitos, com pequena ou nenhuma circulação.

[12] Classificam-se no Ativo Realizável a Longo Prazo, as contas que representam bens e direitos que se realizam após o término do exercício social seguinte ao exercício do Balanço, em que as contas estiverem sendo apresentadas. Na entidade, cujo ciclo operacional tiver duração maior que o exercício social, a classificação no circulante ou longo prazo terá, por base o prazo desse ciclo (parágrafo único do artigo 179 da Lei n. 6.404/1976). Com exceção das Disponibilidades, poderão figurar neste grupo, todas as demais contas representativas das aplicações de recursos em Bens e Direitos, inclusive das despesas pagas antecipadamente que constarem do Ativo Circulante, desde que tenham o prazo de realização superior a 12 meses.

[13] Ver nota 5.

[14] Ver nota 6.

(continuação)

1.2.1.20 Outros Créditos

1.2.1.21 Arrendamentos Ativos a Receber

1.2.1.21.1.001 Arrendatário A

1.2.1.21.1.002 (–) Receitas sobre Arrendamentos a Apropriar

1.2.1.22 Bancos conta Vinculada

1.2.1.22.1.001 Banco Urupês S.A.

1.2.1.23 Títulos a Receber

1.2.1.23.1.001 Devedor A

1.2.1.24 (–) Perdas estimadas

1.2.1.24.1.001 (–) ...

1.2.1.25 (–) Ajuste a Valor Presente (Juros Ativos a Vencer)

1.2.1.25.1.001 (–) ...

1.2.1.30 Tributos a Recuperar (ou a Compensar)

1.2.1.31 Impostos a Recuperar

1.2.1.31.1.001 IBS a Recuperar (em vigor a partir de 2026)

1.2.1.31.1.002 ICMS a Recuperar (extinta a partir de 2033)

1.2.1.31.1.003 IPI a Recuperar (extinta a partir de 2027)

1.2.1.31.1.004 IS a Recuperar (em vigor a partir de 2027)

1.2.1.32 Contribuições a Recuperar

1.2.1.32.1.001 CBS a Recuperar (em vigor a partir de 2026)

1.2.1.32.1.002 COFINS sobre Faturamento a Recuperar (extinta a partir de 2027)

1.2.1.33 Tributos Diferidos a Recuperar[15]

1.2.1.33.1.001 IR Diferido a Recuperar

1.2.1.33.1.002 CSLL Diferida a Recuperar

1.2.1.34 (–) Ajuste a Valor Presente

1.2.1.34.1.001 (–) ...

1.2.1.40 Investimentos temporários a Longo Prazo

1.2.1.41 Aplicações financeiras em Fundos de Investimento de Renda Variável (Pós-fixada)

1.2.1.41.1.001 Banco Urupês S.A.

1.2.1.42 Aplicações financeiras de Renda Fixa (Pré-fixada)

1.2.1.42.1.001 Banco Urupês S.A.

1.2.1.43 Investimentos temporários em Ouro

1.2.1.43.1.001 Banco Urupês S.A.

1.2.1.44 Ações de outras empresas

(continua)

[15] Subgrupo de contas apropriado para o registro do IR e da CSLL, recolhidos sobre o lucro líquido em decorrência de adições lançadas no ELALUR, por exigência fiscal. Esse subgrupo pode figurar também no Ativo Circulante, quando o prazo previsto para a reversão da adição, for inferior a 12 meses da data do Balanço. Trata-se de Ativo Fiscal Diferido (valor do tributo sobre o lucro recuperável em períodos futuros) (Assunto disciplinado pela NBC TG 32, fundamentada no CPC 32).

(continuação)

1.2.1.44.1.001 Sociedade A

1.2.1.45 Debêntures

1.2.1.45.1.100 Companhia X

1.2.1.45.1.101 Valor Nominal

1.2.1.45.1.102 (–) Deságio a Apropriar

1.2.1.46 Depósitos por Incentivos Fiscais Compulsórios e Valores Restituíveis

1.2.1.46.1.100 Depósitos por Incentivos Fiscais

1.2.1.46.1.101 FINOR

1.2.1.46.1.102 FINAM

1.2.1.46.1.103 FUNRES

1.2.1.46.1.200 Depósitos Judiciais

1.2.1.46.1.201 Entidade A

1.2.1.46.1.300 Empréstimos Compulsórios

1.2.1.46.1.301 Entidade A

1.2.1.47 Outros Títulos e Valores Mobiliários

1.2.1.47.1.001 Entidade A

1.2.1.48 (–) Ajuste a Valor Presente

1.2.1.48.1.001 (–) ...

1.2.1.49 (–) Perdas estimadas

1.2.1.49.1.001 (–) ...

1.2.1.50 Estoques

1.2.1.51 Estoques de Longa Maturação

1.2.1.51.1.001 ...

1.2.1.52 (–) Perdas estimadas em Estoques

1.2.1.52.1.001 (–) Perdas estimadas por Redução ao Valor Realizável Líquido

1.2.1.60 Despesas de Exercícios Futuros

1.2.1.61 Despesas pagas antecipadamente

1.2.1.61.1.001 Prêmios de seguro a Vencer (ou a Apropriar)

1.2.1.70 Créditos com pessoas ligadas

1.2.1.71 Transações Não Usuais

1.2.1.71.1.001 Controlada A

1.2.1.71.1.002 Diretores

1.2.1.71.1.003 Acionistas

1.2.2 INVESTIMENTOS[16]

(continua)

[16] Classificam-se como Investimentos, as contas representativas das Participações permanentes no Capital de outras sociedades como em controladas, coligadas ou outras. Essas Participações geram rendimentos para a empresa, quase sempre, em forma de dividendos. Classificam-se ainda como

(continuação)

1.2.2.10 Avaliados pelo Método da Equivalência Patrimonial

1.2.2.11 Participações em Controladas

1.2.2.11.1.100 Controlada A

1.2.2.11.1.101 Valor Patrimonial Líquido

1.2.2.11.1.102 Mais Valia

1.2.2.11.1.103 Ágio por Expectativa de Rentabilidade

1.2.2.11.1.104 (–) Perdas estimadas

1.2.2.12 Participações em Controladas em Conjunto *(Joint Venture)*

1.2.2.12.1.100 Sociedade A

1.2.2.13 Participações em Coligadas

1.2.2.13.1.100 Coligada A

1.2.2.14 Participações em sociedades do grupo

1.2.2.14.1.100 Sociedade A

1.2.2.20 Avaliados pelo Método do Valor Justo

1.2.2.21 Participações no Capital de outras sociedades

1.2.2.21.1.001 Participação na Companhia A

1.2.2.21.1.002 (–) Perdas prováveis na realização de Investimentos[17]

1.2.2.22 Participações em Fundos de Investimentos Incentivados

1.2.2.22.1.001 FINOR

1.2.2.22.1.002 (–) Perdas prováveis na realização de Investimentos

1.2.2.30 Avaliados pelo Método do Custo de Aquisição

1.2.2.31 Participações no Capital de outras sociedades

1.2.2.31.1.001 Participação na Companhia A

1.2.2.31.1.002 (–) Perdas prováveis na realização de Investimentos

1.2.2.40 Propriedades para Investimento[18]

1.2.2.40.1.001 Terrenos

1.2.2.40.1.002 Edifícios

1.2.2.41 (–) Depreciações Acumuladas

(continua)

investimentos, as contas representativas dos Direitos de qualquer natureza, não classificáveis no Ativo Circulante ou no Realizável a Longo Prazo e que não se destinem à manutenção da atividade principal da empresa, como por exemplo, os investimentos em obras de arte, ou ainda em bens que gerem receitas para a empresa, independentemente das suas atividades operacionais (Imóveis de Renda, aplicações em ouro etc.).

[17] Inciso III do artigo 183 da Lei n. 6.404/1976.

[18] Segundo o item 5 da NBC TG 28, Propriedade para Investimento é a propriedade (terreno ou edifício – ou parte de edifício – ou ambos) mantida (pelo proprietário ou pelo arrendatário como ativo de direito de uso) para auferir aluguel ou para valorização do capital ou para ambas, e não para (alterada pela Revisão NBC 01):

a) uso na produção ou fornecimento de bens ou serviços ou para finalidades administrativas; ou

b) venda no curso ordinário do negócio.

(continuação)

1.2.2.41.1.001 (–) Depreciação Acumulada de Edifícios

1.2.2.42 (–) Perdas por Redução ao Valor Recuperável

1.2.2.42.1.001 (–) Perdas por Redução ao Valor Recuperável de Terrenos

1.2.2.50 Outros investimentos

1.2.2.50.1.001 Antiguidades

1.2.2.50.1.002 Investimentos Permanentes em Ouro

1.2.2.50.1.003 Obras de Arte

1.2.2.51 (–) Perdas estimadas

1.2.2.51.1.001 (–) Perdas por Redução ao Valor Recuperável

1.2.3 IMOBILIZADO[19]

1.2.3.01 Operacional corpóreo (Tangível)

1.2.3.01.1.001 Bibliotecas

1.2.3.01.1.002 Benfeitorias em propriedades de terceiros

1.2.3.01.1.003 Computadores e periféricos

1.2.3.01.1.004 Ferramentas

1.2.3.01.1.005 Imóveis

1.2.3.01.1.006 Instalações

1.2.3.01.1.007 Máquinas e equipamentos industriais

1.2.3.01.1.008 Móveis e utensílios

1.2.3.01.1.009 Peças e acessórios de reposição (Almoxarifado)[20]

1.2.3.01.1.010 Veículos

1.2.3.02 Operacional recursos naturais

1.2.3.02.1.001 Jazidas

1.2.3.02.1.002 Florestamento e reflorestamento

1.2.3.03 Imobilizado objeto de Arrendamento Mercantil

1.2.3.03.1.001 Veículos

1.2.3.04 Imobilizado em Andamento

1.2.3.04.1.001 Aquisições de Imóveis em Andamento

1.2.3.04.1.002 Construções em Andamento

1.2.3.04.1.003 Importações em Andamento

1.2.3.04.1.004 Adiantamentos a Fornecedores (Inversões Fixas)[21]

1.2.3.05 (–) Depreciações Acumuladas

1.2.3.05.1.001 (–) Depreciação Acumulada de Bibliotecas

(continua)

[19] Nesse grupo são classificadas as contas representativas dos recursos aplicados em bens corpóreos, destinados à manutenção das atividades da companhia ou da empresa, ou exercidos com essa finalidade, inclusive os decorrentes de operações que transfiram à companhia os benefícios, riscos e controle desses bens, como é o caso daquele objeto de arrendamento mercantil.

[20] Peças para reposição em bens do Ativo Imobilizado. Quando essas peças forem aplicadas, os seus custos integrarão os custos dos respectivos bens.

[21] Adiantamentos para aquisição de bens de uso.

(continuação)

1.2.3.06 (–) Exaustões Acumuladas

1.2.3.06.1.001 (–) Exaustão Acumulada de Jazidas

1.2.3.07 (–) Perdas por Redução ao Valor Recuperável

1.2.3.07.1.001 (–) Perdas por Redução ao Valor Recuperável de bibliotecas

1.2.4 INTANGÍVEL[22]

1.2.4.01 Operacional Incorpóreo (Imaterial)

1.2.4.01.1.001 Direitos Autorais

1.2.4.01.1.002 Direitos de uso de marcas e patentes

1.2.4.01.1.003 Direitos sobre filmes cinematográficos

1.2.4.01.1.004 Franquias

1.2.4.01.1.005 Fundo de Comércio *(Goodwil)*

1.2.4.01.1.006 Listas de Clientes

1.2.4.01.1.007 Sistemas Aplicativos - *Software*[23]

1.2.4.01.1.008 Ativos Intangíveis em Desenvolvimento

1.2.4.02 (–) Amortizações Acumuladas

1.2.4.02.1.001 (–) Amortização Acumulada de Direitos Autorais

1.2.4.03 (–) Perdas por Redução ao Valor Recuperável

1.2.4.03.1.001 (–) Perdas por Redução ao Valor Recuperável de Direitos Autorais

2. PASSIVO

2.1 PASSIVO CIRCULANTE[24]

2.1.1 OBRIGAÇÕES A FORNECEDORES

2.1.1.01 Duplicatas a Pagar a Terceiros – Nacionais

2.1.1.01.1.001 Fornecedor A

2.1.1.02 Duplicatas a Pagar a Terceiros – Estrangeiros

2.1.1.02.1.001 Fornecedor A

(continua)

---

[22] Neste grupo, são classificadas as contas representativas dos recursos aplicados em bens imateriais. São direitos que têm por objeto bens incorpóreos, destinados à manutenção das atividades da empresa ou exercidos com essa finalidade.

[23] Alguns ativos intangíveis podem estar contidos em elementos que possuem substância física, como um disco (como no caso de *software*), documentação jurídica (no caso de licença ou patente) ou em um filme. Para saber se um ativo que contém elementos intangíveis e tangíveis, deve ser tratado como Ativo Imobilizado de acordo com a NBC TG 27 – Ativo Imobilizado ou como Ativo Intangível, nos termos da presente Norma, a entidade avalia qual elemento é mais significativo. Por exemplo, um *software* de uma máquina-ferramenta, controlada por computador que não funciona sem esse *software* específico é parte integrante do referido equipamento, devendo ser tratado como Ativo Imobilizado. O mesmo se aplica ao sistema operacional de um computador. Quando o *software* não é parte integrante do respectivo *hardware*, ele deve ser tratado como Ativo Intangível. (Item 4 da NBC TG 04).

[24] Classificam-se no Passivo Circulante as contas, que representam obrigações, cujos vencimentos ocorram durante o exercício social subsequente ao do Balanço, no qual as contas estiverem sendo classificadas.

(continuação)

2.1.1.03 Duplicatas a Pagar a Pessoas Ligadas

2.1.1.03.1.001 Controlada A

2.1.1.03.1.002 Coligada A

2.1.1.04 (–) Ajuste a Valor Presente (Juros Passivos a Vencer)

2.1.1.04.1.001 (–) ...

2.1.2 EMPRÉSTIMOS E FINANCIAMENTOS

2.1.2.01 Bancos conta Caução

2.1.2.01.1.001 Banco Urupês S.A.

2.1.2.02 Bancos conta Empréstimos

2.1.2.02.1.001 Banco Urupês S.A.

2.1.2.03 Comissões a Pagar

2.1.2.03.1.001 Credor A

2.1.2.04 Duplicatas Descontadas

2.1.2.04.1.001 Banco Urupês S/A

2.1.2.05 Promissórias a Pagar

2.1.2.05.1.001 Credor A

2.1.2.06 Juros Passivos a Pagar

2.1.2.06.1.001 Credor A

2.1.2.07 (–) Encargos Financeiros a Vencer (ou a Apropriar)[25]

2.1.2.07.1.001 (–) ...

2.1.2.08 Debêntures a Pagar

2.1.2.08.1.100 Debêntures Conversíveis em Ações

2.1.2.08.1.101 Debenturista A

2.1.2.08.1.200 Debêntures Não Conversíveis

2.1.2.08.1.201 Debenturista A

2.1.2.08.1.300 (–) Comissões Passivas a Apropriar

2.1.2.08.1.301 (–) ...

2.1.2.08.1.400 (–) Deságios a Apropriar

2.1.2.08.1.401 (–) ...

2.1.2.09 (–) Ajuste a Valor Presente (Juros Passivos a Vencer)

2.1.2.09.1.001 (–) ...

2.1.3 OBRIGAÇÕES TRIBUTÁRIAS

2.1.3.01 Impostos a Recolher

2.1.3.01.1.001 IBS a Recolher (em vigor a partir de 2026)

2.1.3.01.1.002 ICMS a Recolher (extinta a partir de 2033)

2.1.3.01.1.003 Impostos e Taxas a Recolher

(continua)

[25] Trata-se de despesas pagas antecipadamente, *pro rata tempore* (proporcional ao número de dias do empréstimo ou do financiamento tomado).

(continuação)

2.1.3.01.1.004 IPI a Recolher (extinta a partir de 2027)

2.1.3.01.1.005 IR a Recolher

2.1.3.01.1.006 IRR Fonte a Recolher

2.1.3.01.1.007 IR por Estimativa a Recolher

2.1.3.01.1.008 (–) IR a Compensar

2.1.3.01.1.009 ISS a Recolher (extinta a partir de 2033)

2.1.3.01.1.010 IS a Recolher (em vigor a partir de 2027)

2.1.3.02 Contribuições a Recolher

2.1.3.02.1.001 CBS a Recolher (em vigor a partir de 2026)

2.1.3.02.1.002 COFINS sobre Faturamento a Recolher (extinta a partir de 2027)

2.1.3.02.1.003 CSLL a Recolher

2.1.3.02.1.004 CSLL por Estimativa a Recolher

2.1.3.02.1.005 (–) CSLL a Compensar

2.1.3.02.1.006 PIS sobre Faturamento a Recolher (extinta a partir de 2027)

2.1.4 OBRIGAÇÕES TRABALHISTAS E PREVIDENCIÁRIAS

2.1.4.01 Obrigações Trabalhistas

2.1.4.01.1.001 Comissões a Pagar[26]

2.1.4.01.1.002 Décimo Terceiro Salário a Pagar

2.1.4.01.1.003 Férias a Pagar

2.1.4.01.1.004 Gratificações a Pagar

2.1.4.01.1.005 Honorários a Pagar[27]

2.1.4.01.1.006 Salários a Pagar

2.1.4.02 Obrigações Previdenciárias

2.1.4.02.1.001 Contribuição(ões) Previdênciária(s) sobre Décimo Terceiro Salário a Recolher

2.1.4.02.1.002 Contribuição(ões) Previdenciária(s) sobre Férias a Recolher

2.1.4.02.1.003 Contribuição(ões) Previdenciária(s) sobre Salários a Recolher

2.1.4.02.1.004 Contribuição(ões) Sindical(is) a Recolher

2.1.4.02.1.005 FGTS sobre Décimo Terceiro Salário a Recolher

2.1.4.02.1.006 FGTS sobre Férias a Recolher

2.1.4.02.1.007 FGTS sobre Salários a Recolher

2.1.5 OUTRAS OBRIGAÇÕES

2.1.5.01 Adiantamentos Recebidos de Clientes

2.1.5.01.1.001 Cliente A

(continua)

[26] As comissões devidas aos vendedores normalmente são pagas em duas etapas: uma parte na ocasião das vendas e outra parte por ocasião do recebimento das duplicatas, quando se tratar de vendas a prazo. No momento da venda, o registro contábil é feito debitando-se a conta "Comissões sobre Vendas" (Despesa com Vendas) e creditando-se a conta "Comissões a Pagar".

[27] Também intitulado por alguns contabilistas como Pró-labore a Pagar.

(continuação)

2.1.5.02 Aluguéis Passivos a Pagar

2.1.5.02.1.001 Locador A

2.1.5.03 Arrendamentos Passivos a Pagar

2.1.5.03.1.001 Arrendador A

2.1.5.04 (–) Ajuste a Valor Presente (Juros Passivos a Vencer)

2.1.5.04.1.001 (–) Arrendador A

2.1.5.05 Contas a Pagar

2.1.5.05.1.001 Energia Elétrica a Pagar

2.1.5.06 Juros sobre o Capital próprio a Pagar[28]

2.1.5.06.1.001 Acionista A

2.1.6 PARTICIPAÇÕES E DESTINAÇÕES DO LUCRO LÍQUIDO

2.1.6.01 Dividendos

2.1.6.01.1.001 Dividendos a Pagar

2.1.6.01.1.002 Dividendos Propostos a Pagar

2.1.6.02 Juros sobre o Capital Próprio

2.1.6.02.1.001 Juros sobre o Capital Próprio a Pagar

2.1.6.03 Participações

2.1.6.03.1.001 Participações de Debêntures a Pagar

2.1.6.03.1.002 Participações de Empregados a Pagar

2.1.6.03.1.003 Participações de Administradores a Pagar

2.1.6.03.1.004 Participações de Partes Beneficiárias a Pagar

2.1.6.03.1.005 Participações de Instituições ou Fundos de Assistência ou Previdência de Empregados a Pagar

2.1.7 PROVISÕES[29]

2.1.7.01 Provisão para Benefícios a Empregados

2.1.7.01.1.001 ...

2.1.7.02 Provisão para Desmontagem de Equipamentos

2.1.7.02.1.001 ...

2.1.7.03 Provisão para Garantias

2.1.7.03.1.001 Provisão para Garantias de Produtos

2.1.7.04 Provisão por Danos Ambientais

(continua)

[28] Incluímos a conta JUROS SOBRE O CAPITAL PRÓPRIO A PAGAR no subgrupo OUTRAS OBRIGAÇÕES, para atender a disciplina da legislação tributária, e incluímos a mesma conta no subgrupo PARTICIPAÇÕES E DESTINAÇÕES DO RESULTADO, para atender o contido na Interpretação Técnica ICPC 08 - R1- (itens 10 e 11) do CPC, aprovada pela Deliberação CVM n. 683/2012.

[29] O termo "Provisão" somente deve ser utilizado na intitulação de contas representativas de Passivos de prazo ou valor incertos. (NBC TG 25)

(continuação)

2.1.7.04.1.001 ...

2.1.7.05 (–) Ajuste a Valor Presente

2.1.7.05.1.001 (–) ...

2.2 PASSIVO NÃO CIRCULANTE[30]

2.2.1 PASSIVO EXIGÍVEL A LONGO PRAZO[31]

2.2.1.10 Obrigações a Fornecedores

2.2.1.11 Duplicatas a Pagar a Terceiros – Nacionais

2.2.1.11.1.001 Fornecedor A

2.2.1.12 Duplicatas a Pagar a Terceiros – Estrangeiros

2.2.1.12.1.001 Fornecedor A

2.2.1.13 Duplicatas a Pagar a Pessoas Ligadas

2.2.1.13.1.001 Controlada A

2.2.1.13.1.002 Coligada A

2.2.1.14 (–) Ajuste a Valor Presente (Juros Passivos a Vencer)

2.2.1.14.1.001 (–) ...

2.2.1.20 Empréstimos e Financiamentos

2.2.1.21 Bancos conta Caução

2.2.1.21.1.001 Banco Urupês S.A.

2.2.1.22 Bancos conta Empréstimos

2.2.1.22.1.001 Banco Urupês S.A.

2.2.1.23 Promissórias a Pagar

2.2.1.23.1.001 Credor A

2.2.1.24 (–) Encargos Financeiros a Vencer (ou a Apropriar)

2.2.1.24.1.001 Entidade A

2.2.1.25 Debêntures a Pagar

2.2.1.25.1.100 Debêntures Conversíveis em Ações

2.2.1.25.1.101 Debenturista A

2.2.1.25.1.200 Debêntures Não Conversíveis

2.2.1.25.1.201 Debenturista A

2.2.1.25.1.202 (–) Comissões Passivas a Apropriar

(continua)

[30] O Passivo Não Circulante é o oposto do Passivo Circulante. Enquanto no Passivo Circulante são classificadas as contas representativas de obrigações vencíveis a curto prazo, no Passivo Não Circulante são classificadas as contas representativas das obrigações de longo prazo (obrigações de pagar), inclusive aquelas representativas das receitas recebidas antecipadamente (obrigações de fazer).

[31] Classificam-se no Passivo Exigível a Longo Prazo as contas que representam obrigações, cujos vencimentos ocorram após o término do exercício social subsequente ao do Balanço, na qual as contas estiverem sendo apresentadas. Na companhia, cujo ciclo operacional tiver duração maior que o exercício social, a classificação no circulante ou longo prazo, terá por base o prazo desse ciclo (parágrafo único do artigo 179 da Lei n. 6.404/1976).

(continuação)

2.2.1.25.1.203 (–) ...

2.2.1.25.1.204 (–) Deságio a Apropriar

2.2.1.25.1.205 (–) ...

2.2.1.26 (–) Ajuste a Valor Presente

2.2.1.26.1.001 (–) ...

2.2.1.30 Obrigações Tributárias

2.2.1.31 Contribuições a Recolher

2.2.1.31.1.001 CBS a Recolher (em vigor a partir de 2026)

2.2.1.31.1.002 COFINS a Recolher (extinta a partir de 2027)

2.2.1.31.1.003 CSLL a Recolher (em vigor a partir de 2026)

2.2.1.32 Impostos a Recolher

2.2.1.32.1.001 IBS a Recolher (em vigor a partir de 2026)

2.2.1.32.1.002 ICMS a Recolher (extinta a partir de 2033)

2.2.1.32.1.003 IR a Recolher

2.2.1.32.1.004 IS a Recolher (em vigor a partir de 2027)

2.2.1.33 Tributos Diferidos a Recolher[32]

2.2.1.33.1.001 IR Diferido a Recolher

2.2.1.33.1.002 CSLL Diferida a Recolher

2.2.1.34 (–) Ajuste a Valor Presente

2.2.1.34.1.001 (–) ...

2.2.1.40 Outras Obrigações

2.2.1.41 Arrendamentos Passivos

2.2.1.41.1.100 Arrendamentos Passivos a Pagar

2.2.1.41.1.101 Arrendador A

2.2.1.41.1.200 (–) Encargos Financeiros sobre Arrendamentos a Pagar

2.2.1.41.1.201 (–) ...

2.2.1.42 Títulos a Pagar

2.2.1.42.1.001 Credor A

2.2.1.43 (–) Ajuste a Valor Presente (Juros Passivos a Vencer)

2.2.1.43.1.001 (–) ...

2.2.1.50 Obrigações a Pessoas Ligadas

2.2.1.51 Transações Não Usuais

2.2.1.51.1.001 Controlada A

2.2.1.51.1.002 Coligada A

(continua)

[32] Subgrupo de contas apropriado para o registro do IR e da CSLL, devidos sobre o lucro líquido em decorrência de exclusões lançadas no ELALUR, por exigência fiscal. Esse subgrupo pode figurar também no Passivo Circulante, quando o prazo previsto para a reversão da exclusão for inferior a 12 meses da data do Balanço. Trata-se de Passivo fiscal diferido (valor do tributo sobre o lucro devido em período futuro relacionado às diferenças temporárias tributáveis), (assunto disciplinado pela NBC TG 32, fundamentada no CPC 32).

(continuação)

2.2.1.52 (–) Ajuste a Valor Presente (Juros Passivos a Vencer)

2.2.1.52.1.001 (–) ...

2.2.1.60 Provisões

2.2.1.60.01 Provisão para Benefícios a Empregados

2.2.1.60.01.1.001 ...

2.2.1.60.02 Provisão para Desmontagem de Equipamentos

2.2.1.60.02.1.001 ...

2.2.1.60.03 Provisão para Garantias

2.2.1.60.03.1.001 Provisão para Garantias de Produtos

2.2.1.60.04 Provisão por Danos Ambientais

2.2.1.60.04.1.001 ...

2.2.2 RECEITAS DIFERIDAS[33]

2.2.2.01 Receitas Recebidas Antecipadamente

2.2.2.01.1.001 Aluguéis Ativos a Vencer (ou a Apropriar)

2.2.2.01.1.002 Arrendamentos Ativos a Vencer (ou a Apropriar)

2.2.2.02 (–) Custos/Despesas ou Encargos Vinculados às Receitas

2.2.2.02.1.001 (–) ...

2.3 **PATRIMÔNIO LÍQUIDO**

2.3.1 CAPITAL SOCIAL

2.3.1.01.1.999 Capital Subscrito

2.3.1.02.1.999 (–) Capital a Realizar

2.3.2 RESERVAS

2.3.2.01 Reservas de Capital

2.3.2.01.1.001 Reserva de Ágio na Emissão de Ações/Cotas

2.3.2.01.1.002 Reserva de Alienação de Partes Beneficiárias

2.3.2.01.1.003 Reserva de Alienação de Bônus de Subscrição

2.3.2.01.1.004 (–) Ações em Tesouraria[34]

2.3.2.02 Reservas de Lucros

2.3.2.02.1.001 Reserva Legal

2.3.2.02.1.002 Reservas Estatutárias

(continua)

[33] A Lei n. 6.404/1976, em seu artigo 299-B, estabelece que as contas representativas das receitas recebidas antecipadamente, devem ser classificadas no Passivo Não Circulante, deduzidas dos custos e despesas a elas correspondentes.

[34] Correspondem a ações representativas do capital da própria empresa, adquiridas por ela mesma. Segundo estabelece o § 5º do artigo 182 da Lei n. 6.404/1976, as Ações em Tesouraria deverão ser destacadas no Balanço, como dedução da conta do Patrimônio Líquido, que registrar a origem dos recursos aplicados na sua aquisição. Por esse motivo, posicionamos a conta Ações em Tesouraria em dois lugares no Patrimônio Líquido. Na vida prática, havendo dificuldade de identificação da origem do recurso, conforme estabelece o preceito legal citado, o contabilista deve escolher o melhor posicionamento em cada caso particular.

(continuação)

2.3.2.02.1.003 Reservas para Contingências

2.3.2.02.1.004 Reservas para Incentivos Fiscais

2.3.2.02.1.005 Reservas de Lucros a Realizar

2.3.2.02.1.006 Reservas de Lucros para Expansão

2.3.2.02.1.007 Reserva Especial para Dividendo Obrigatório não Distribuído

2.3.2.02.1.008 (–) Ações em Tesouraria

2.3.3 (+ou–) AJUSTES DE AVALIAÇÃO PATRIMONIAL

2.3.3.01 Ajustes de Elementos do Ativo

2.3.3.01.1.001 ...

2.3.3.02 (–) Ajustes de Elementos do Passivo

2.3.3.02.1.001 (–) ...

2.3.4 (+ou–) LUCROS OU PREJUÍZOS ACUMULADOS[35]

2.3.4.01.1.999 Lucros Acumulados

2.3.4.02.1.999 (–) Prejuízos Acumulados

QUADRO II – CONTAS DE RESULTADO

3. DESPESAS E CUSTOS

3.1 DESPESAS OPERACIONAIS

3.1.1 DESPESAS COM VENDAS

3.1.1.01 Pessoal

3.1.1.01.1.001 Assistência Médica e Social

3.1.1.01.1.002 Aviso Prévio e Indenizações

3.1.1.01.1.003 Contribuição(ões) de Previdência

3.1.1.01.1.004 FGTS

3.1.1.01.1.005 Décimo Terceiro Salário

3.1.1.01.1.006 Férias

3.1.1.01.1.007 Lanches e Refeições

3.1.1.01.1.008 Prêmios e Gratificações

3.1.1.01.1.009 Pró-labore

3.1.1.01.1.010 Salários

3.1.1.01.1.011 Seguro de Vida em Grupo

3.1.1.01.1.012 Seguros de Acidente de Trabalho

3.1.1.01.1.013 Vale-refeição

(continua)

[35] Com o advento da Lei n. 11.638/2007, as entidades constituídas sob a forma jurídica de sociedade por ações, ficaram obrigadas a dar destinação total aos lucros apurados em cada exercício social. Deste modo, ficou vedado a esse tipo de entidade, a manutenção de saldo credor na conta Lucros ou Prejuízos Acumulados (ou na subconta Lucros Acumulados), nos Balanços de final de exercício social. Contudo, esse procedimento não se aplica às demais sociedades e entidades de forma geral, as quais poderão manter em seus Balanços saldo credor na conta Lucros ou Prejuízos Acumulados, para futuras destinações. (Ver itens 48 a 50 do Comunicado Técnico CTG 2000 aprovado pela Resolução CFC n. 1159/2009.)

(continuação)

3.1.1.01.1.014 Vale-transporte

3.1.1.01.1.015 Outros Encargos

3.1.1.02 Comissões

3.1.1.02.1.001 Comissões sobre Vendas

3.1.1.03 Propaganda e Publicidade

3.1.1.03.1.001 Amostras Grátis

3.1.1.03.1.002 Pesquisas de Mercado

3.1.1.03.1.003 Brindes e Presentes

3.1.1.03.1.004 Veiculações Diversas na Mídia

3.1.1.04 Despesas com Viagens e Estadas

3.1.1.04.1.001 Condução e Transporte

3.1.1.04.1.002 Hospedagem

3.1.1.04.1.003 Lanches e Refeições

3.1.1.04.1.004 Viagens Terrestres

3.1.1.05 Despesas com Entregas

3.1.1.05.1.001 Despesas com Arrendamentos Passivos

3.1.1.05.1.002 Combustíveis

3.1.1.05.1.003 Fretes e Carretos

3.1.1.05.1.004 Manutenção de Veículos

3.1.1.06 Ocupação

3.1.1.06.1.001 Água e Esgoto

3.1.1.06.1.002 Aluguéis Passivos

3.1.1.06.1.003 Amortização

3.1.1.06.1.004 Comunicação (Telefones fixo e móvel, Internet etc.)

3.1.1.06.1.005 Conservação Predial

3.1.1.06.1.006 Depreciação

3.1.1.06.1.007 Energia Elétrica

3.1.1.06.1.008 Manutenção em Elevadores

3.1.1.06.1.009 Manutenção e Reparos

3.1.1.07 Gerais

3.1.1.07.1.001 Despesas Postais

3.1.1.07.1.002 Materiais de Consumo

3.1.1.07.1.003 Material de Escritório (Expediente)

3.1.1.07.1.004 Material de Informática

3.1.1.07.1.005 Material de Higiene e Limpeza

3.1.1.07.1.006 Perdas com Clientes

3.1.1.07.1.007 Prêmios de Seguro

3.1.1.07.1.008 Revistas e Publicações

3.1.1.07.1.009 Despesas Eventuais

3.1.1.08 Serviços de Terceiros

(continua)

(continuação)

3.1.1.08.1.001 Assistência Técnica em Processamento de Dados

3.1.1.08.1.002 Recrutamento e Seleção

3.1.1.08.1.003 Segurança

3.1.1.08.1.004 Treinamento de Pessoal

3.1.1.08.1.005 Outros Serviços de Terceiros

3.1.1.09 Tributárias

3.1.1.09.1.001 Imposto Predial e Territorial Urbano (IPTU)

3.1.1.09.1.002 Imposto sobre Veículos Automotores (IPVA)

3.1.1.09.1.003 Imposto Territorial Rural (ITR)

3.1.1.09.1.004 Impostos e Taxas Diversas

3.1.1.10 Despesas com Perdas Estimadas

3.1.1.10.1.001 Despesas com Perdas Estimadas em Créditos de Liquidação Duvidosa

3.1.1.10.1.002 Despesas com Perdas Estimadas por Redução ao Valor Realizável Líquido

3.1.1.10.1.003 Despesas com Perdas Prováveis na Realização de Investimentos

3.1.1.10.1.004 Despesas com Provisões para Benefícios a Empregados

3.1.2 DESPESAS FINANCEIRAS

3.1.2.01 Derivadas de Transações Comerciais

3.1.2.01.1.001 Ajuste a Valor Presente (Compras de Bens ou Serviços)

3.1.2.01.1.002 Descontos Concedidos

3.1.2.01.1.003 Encargos Financeiros sobre Arrendamentos Passivos

3.1.2.02 Derivadas de Transações Financeiras

3.1.2.02.1.001 Despesas Bancárias

3.1.2.02.1.002 Juros Passivos

3.1.2.03 Tributárias

3.1.2.03.1.001 Impostos sobre Operações Financeiras

3.1.2.04 Variações Monetárias

3.1.2.04.1.001 Variação Cambial Passiva

3.1.2.04.1.002 Variação Monetária Passiva

3.1.2.05 Outras

3.1.2.05.1.001 Juros sobre o Capital Próprio

3.1.3 DESPESAS ADMINISTRATIVAS

3.1.3.01 Pessoal

3.1.3.01.1.001 Assistência Médica e Social

3.1.3.01.1.002 Aviso Prévio e Indenizações

3.1.3.01.1.003 Contribuição(ões) de Previdência

3.1.3.01.1.004 FGTS

3.1.3.01.1.005 Décimo Terceiro Salário

3.1.3.01.1.006 Férias

3.1.3.01.1.007 Lanches e Refeições

3.1.3.01.1.008 Prêmios e Gratificações

(continua)

(continuação)

3.1.3.01.1.009 Pró-labore[36]

3.1.3.01.1.010 Salários

3.1.3.01.1.011 Seguro de Vida em Grupo

3.1.3.01.1.012 Seguros de Acidente de Trabalho

3.1.3.01.1.013 Vale-refeição

3.1.3.01.1.014 Vale-transporte

3.1.3.01.1.015 Outros Encargos

3.1.3.02 Honorários[37]

3.1.3.02.1.001 Honorários da Diretoria

3.1.3.02.1.002 Honorários do Conselho de Administração

3.1.3.02.1.003 Honorários do Conselho Fiscal

3.1.3.03 Despesas com Viagens e Estadas

3.1.3.03.1.001 Condução e Transporte

3.1.3.03.1.002 Hospedagem

3.1.3.03.1.003 Lanches e Refeições

3.1.3.03.1.004 Viagens Terrestres

3.1.3.04 Ocupação

3.1.3.04.1.001 Água e Esgoto

3.1.3.04.1.002 Aluguéis Passivos

3.1.3.04.1.003 Amortização

3.1.3.04.1.004 Comunicação (Telefones fixo e móvel, Internet etc.)

3.1.3.04.1.005 Conservação Predial

3.1.3.04.1.006 Depreciação

3.1.3.04.1.007 Energia Elétrica

3.1.3.04.1.008 Manutenção em Elevadores

3.1.3.04.1.009 Manutenção e Reparos

3.1.3.05 Gerais

3.1.3.05.1.001 Despesas com Arrendamentos Passivos

3.1.3.05.1.002 Combustíveis

3.1.3.05.1.003 Copa e Cozinha

3.1.3.05.1.004 Despesas Legais e Judiciais

3.1.3.05.1.005 Despesas Postais

3.1.3.05.1.006 Doações Diversas

3.1.3.05.1.007 Fretes e Carretos

(continua)

[36] Pró-labore ou Honorários é a remuneração paga a sócios, diretores, administradores ou a titulares de empresas individuais, considerados não trabalhadores da empresa, pelos serviços por eles prestados à empresa. Sobre essa remuneração, a empresa tem ainda encargos com a Previdência Social (20%) e opcionalmente com o FGTS (8%).

[37] Idem comentário da nota 36.

(continuação)

3.1.3.05.1.008 Manutenção de Veículos

3.1.3.05.1.009 Materiais de Consumo

3.1.3.05.1.010 Material de Escritório (Expediente)

3.1.3.05.1.011 Material de Informática

3.1.3.05.1.012 Material de Higiene e Limpeza

3.1.3.05.1.013 Prêmios de Seguro

3.1.3.05.1.014 Revistas e Publicações

3.1.3.05.1.015 Despesas Eventuais

3.1.3.06 Serviços de Terceiros

3.1.3.06.1.001 Assistência Técnica em Processamento de Dados

3.1.3.06.1.002 Auditoria

3.1.3.06.1.003 Consultoria Contábil e Fiscal

3.1.3.06.1.004 Recrutamento e Seleção

3.1.3.06.1.005 Segurança

3.1.3.06.1.006 Treinamento de Pessoal

3.1.3.06.1.007 Outros Serviços de Terceiros

3.1.3.07 Tributárias

3.1.3.07.1.001 Contribuição(ões) Sindical(is) – empresa

3.1.3.07.1.002 Impostos e Taxas Diversas

3.1.3.07.1.003 Imposto Predial e Territorial Urbano (IPTU)

3.1.3.07.1.004 Imposto sobre Veículos Automotores (IPVA)

3.1.3.07.1.005 Imposto Territorial Rural (ITR)

3.1.3.08 Despesas com Perdas Estimadas

3.1.3.08.1.001 Despesas com Perdas Estimadas na Realização de Investimentos

3.1.3.08.1.002 Despesas com Perdas Estimadas por Redução ao Valor Realizável Líquido

3.1.3.08.1.003 Despesas com Provisões para Benefícios a Empregados

3.1.4 OUTRAS DESPESAS OPERACIONAIS

3.1.4.01 Gerais

3.1.4.01.1.001 Despesas de Organização

3.1.4.01.1.002 Insubsistências Ativas

3.1.4.01.1.003 Multas de Trânsito

3.1.4.01.1.004 Multas Fiscais

3.1.4.01.1.005 Perdas Estimadas em Estoques

3.1.4.01.1.006 Perdas ou Quebras de Estoques

3.1.4.01.1.007 Perdas por Divergências de Estoques

3.1.4.01.1.008 Superveniências Passivas

3.1.4.01.1.010 Despesas Eventuais

3.1.4.02 Tributárias

(continua)

(continuação)

3.1.4.02.1.001 COFINS Demais Receitas[38]

3.1.4.02.1.002 PIS/PASEP Demais Receitas[39]

3.1.4.03 Despesas de Participações Societárias

3.1.4.03.1.001 Despesas de Participações Societárias Avaliadas pelo MEP

3.1.4.03.1.002 Amortização de Ágios

3.1.4.03.1.003 Despesas de Participações Societárias Avaliadas pelo MC

3.1.4.04 Despesas com Custos não Alocados à Produção

3.1.4.04.1.001 Custos Indiretos não Alocados[40]

3.2 OUTRAS DESPESAS[41]

3.2.1 PERDAS DE CAPITAL NO ATIVO NÃO CIRCULANTE

3.2.1.01 Perdas de Capital nos Investimentos

3.2.1.01.1.001 Perdas na Baixa de Investimentos Avaliados pelo MEP

3.2.1.01.1.002 Perdas na Baixa de Investimentos Avaliados pelo Valor Justo

3.2.1.01.1.003 Perdas na Baixa de Investimentos Avaliados pelo MC

3.2.1.02 Perdas de Capital no Imobilizado

3.2.1.02.1.001 Perdas na Baixa de Bens do Imobilizado

3.2.1.03 Perdas de Capital no Intangível

3.2.1.03.1.001 Perdas na Baixa de Bens do Intangível

3.2.1.04 Perdas Estimadas

3.2.1.04.1.001 Despesas com Perdas Estimadas na Realização de Investimentos[42]

3.3 CUSTOS

3.3.1 CUSTO DAS COMPRAS DE MATERIAIS[43]

(continua)

---

[38] Considerar, aqui, as parcelas da COFINS incidentes sobre demais receitas, uma vez que as parcelas referentes ao faturamento (Receita Bruta de Vendas de Mercadorias, de Produtos e Receita Bruta da Prestação de Serviços), figurarão no grupo da Receita Bruta. É importante destacar que a COFINS e o PIS-PASEP, sobre as demais receitas, é devida somente pelas pessoas jurídicas, sujeitas à tributação pelo regime de incidência não cumulativa (Lei n. 11.941/2009).

[39] Valem os mesmos comentários da nota 38.

[40] Conta destinada ao registro da parcela dos custos indiretos fixos, reconhecida como despesa nos termos do item 13 da NBC TG 16 (ou do item 13.9 da Seção 13 da NBC TG 1.000).

[41] É importante salientar, que a nova redação dada ao inciso IV do artigo 187 da Lei n. 6.404/1976 pela Lei n. 11.941/09, substituiu na Demonstração do Resultado do Exercício, a denominação "Despesas Não Operacionais" por "Outras Despesas".

[42] Inciso III do artigo 183 da Lei n. 6.404/1976.

[43] Nos registros das compras de qualquer material, deve-se também considerar, o sistema de controle de estoques e apuração de resultados, adotado pela entidade (inventário periódico ou permanente), bem como a inclusão ou não, nos estoques, dos tributos incidentes, conforme estabelecer a legislação pertinente. Lembramos que há tributos recuperáveis, os quais não integram o custo das compras, e há tributos não recuperáveis, que integram o custo das compras. É importante ressaltar, ainda, que os materiais de consumo, como aqueles utilizados no expediente regular das empresas, normalmente compõem-se de muitos itens, incluindo valores inexpressivos, sendo perfeitamente aceitável a apuração do consumo por diferenças, entre os valores lançados a débito da respectiva

(continuação)

3.3.1.10 Custos das Compras de Mercadorias[44]

3.3.1.11 Mercado Interno

3.3.1.11.1.001 Compras de Mercadorias

3.3.1.11.1.002 Fretes e Seguros sobre Compras

3.3.1.11.1.003 (–) Abatimentos sobre Compras

3.3.1.11.1.004 (–) Compras Anuladas ou Devoluções de Compras

3.3.1.11.1.005 (–) Descontos Incondicionais Obtidos

3.3.1.12 Mercado Externo

3.3.1.12.1.001 Compras de Mercadorias

3.3.1.12.1.002 Fretes e Seguros sobre Compras

3.3.1.12.1.003 Aluguéis de Contêineres

3.3.1.12.1.004 Imposto sobre Importação (II) – não recuperável

3.3.1.12.1.005 ICMS sobre Importação – não recuperável (extinta a partir de 2033)

3.3.1.12.1.006 IPI sobre Importação – não recuperável (extinta a partir de 2027)

3.3.1.12.1.007 Taxas Aduaneiras

3.3.1.12.1.008 (–) Abatimentos sobre Compras

3.3.1.12.1.009 (–) Compras Anuladas ou Devoluções de Compras

3.3.1.12.1.010 (–) Descontos Incondicionais Obtidos

3.3.1.20 Custo das Compras de Matérias-Primas
(Classificação semelhante à do subgrupo 3.3.1.10)

3.3.1.30 Custo das Compras de Materiais Secundários
(Classificação semelhante à do subgrupo 3.3.1.10)

3.3.1.40 Custo das Compras de Materiais Auxiliares
(Classificação semelhante à do subgrupo 3.3.1.10)

3.3.1.50 Custo das Compras de Materiais de Acondicionamento e Embalagem
(Classificação semelhante à do subgrupo 3.3.1.10)

3.3.1.60 Custo das Compras de Materiais de Escritório (Expediente)
(Classificação semelhante à do subgrupo 3.3.1.10)

3.3.1.70 Custo das Compras de Materiais de Informática
(Classificação semelhante à do subgrupo 3.3.1.10)

3.3.1.80 Custo das Compras de Materiais de Higiene e Limpeza
(Classificação semelhante à do subgrupo 3.3.1.10)

(continua)

conta de estoque e o estoque final, apurado por meio de levantamento físico (Característica Qualitativa Fundamental da Informação Contábil-Financeira Útil, da materialidade).

[44] Quando a empresa adotar o sistema de inventário permanente para o registro e controle das operações com mercadorias, as contas desse subgrupo não serão utilizadas, uma vez que, nesse caso, os Débitos e os Créditos, referentes ao custo de aquisição das mercadorias serão lançados diretamente na conta que registra o respectivo estoque. Haverá necessidade de controle extracontábil para possibilitar o acompanhamento das compras à vista e a prazo, tanto no mercado interno como no externo. Observar ainda a exclusão dos impostos recuperáveis.

(continuação)

3.3.1.90 Custo das Compras de Materiais de Manutenção

(Classificação semelhante à do subgrupo 3.3.1.10)

3.3.2 CUSTOS DIRETOS DE FABRICAÇÃO

3.3.2.01 Materiais Diretos

3.3.2.01.1.001 Matéria-prima

3.3.2.01.1.002 Materiais Secundários

3.3.2.01.1.003 Materiais Auxiliares

3.3.2.01.1.004 Materiais de Acondicionamento e Embalagem

3.3.2.02 Mão de Obra Direta

3.3.2.02.1.001 Assistência Médica e Social

3.3.2.02.1.002 Aviso Prévio e Indenizações

3.3.2.02.1.003 Contribuição(ões) de Previdência

3.3.2.02.1.004 FGTS

3.3.2.02.1.005 Décimo Terceiro Salário

3.3.2.02.1.006 Férias

3.3.2.02.1.007 Lanches e Refeições

3.3.2.02.1.008 Prêmios e Gratificações

3.3.2.02.1.009 Salários

3.3.2.02.1.010 Seguro de Acidentes do Trabalho

3.3.2.02.1.011 Seguro de Vida em Grupo

3.3.2.02.1.012 Vale-refeição

3.3.2.02.1.013 Vale-transporte

3.3.2.02.1.014 Outros Encargos

3.3.2.03 Gastos Gerais de Fabricação Diretos

3.3.2.03.1.001 Combustíveis e Lubrificantes

3.3.2.03.1.002 Energia Elétrica

3.3.2.03.1.003 Oficinas Externas

3.3.2.03.1.004 Serviços de Terceiros

3.3.2.03.1.005 Outros Gastos Gerais de Fabricação

3.3.3 CUSTOS INDIRETOS DE FABRICAÇÃO (CIFs)

3.3.3.01 Materiais Indiretos

3.3.3.01.1.001 Materiais Secundários

3.3.3.01.1.002 Materiais Auxiliares

3.3.3.01.1.003 Materiais de Acondicionamento e Embalagem

3.3.3.01.1.004 Materiais de Escritório (Expediente)

3.3.3.01.1.005 Materiais de Informática

3.3.3.01.1.006 Materiais de Higiene e Limpeza

3.3.3.01.1.007 Materiais de Manutenção

3.3.3.02 Mão de Obra Indireta

3.3.3.02.1.001 Assistência Médica e Social

(continua)

(continuação)

3.3.3.02.1.002 Aviso Prévio e Indenizações

3.3.3.02.1.003 Contribuição(ões) de Previdência

3.3.3.02.1.004 FGTS

3.3.3.02.1.005 Décimo Terceiro Salário

3.3.3.02.1.006 Férias

3.3.3.02.1.007 Honorários (Pró-labore)

3.3.3.02.1.008 Lanches e Refeições

3.3.3.02.1.009 Prêmios e Gratificações

3.3.3.02.1.010 Salários

3.3.3.02.1.011 Seguro de Acidentes do Trabalho

3.3.3.02.1.012 Seguro de Vida em Grupo

3.3.3.02.1.013 Vale-refeição

3.3.3.02.1.014 Vale-transporte

3.3.3.02.1.015 Outros Encargos

3.3.3.03 Gastos gerais de Fabricação Indiretos

3.3.3.03.1.001 Água e Esgoto

3.3.3.03.1.002 Aluguéis e Arrendamentos

3.3.3.03.1.003 Amortização

3.3.3.03.1.004 Combustíveis

3.3.3.03.1.005 Comunicações

3.3.3.03.1.006 Conservação Predial

3.3.3.03.1.007 Depreciação

3.3.3.03.1.008 Energia Elétrica

3.3.3.03.1.009 Impostos e Taxas

3.3.3.03.1.010 Manutenção em Elevadores

3.3.3.03.1.011 Manutenção e Reparos – Produção

3.3.3.03.1.012 Roupas Especiais

3.3.3.03.1.013 Segurança

3.3.3.03.1.014 Serviços de Terceiros

3.3.3.03.1.015 Comunicação (Telefones fixo e móvel, Internet etc.)

3.3.3.03.1.016 Transporte

3.3.3.03.1.017 Outros Gastos Gerais de Fabricação

3.3.3.04.1.999 CIF[45]

(continua)

[45] Quando o programa utilizado no processamento eletrônico de dados, não permitir automaticamente os cálculos e rateio de cada conta representativa do custo indireto de fabricação para o custo em formação de cada produto, pode-se optar, por razões práticas, em transferir os saldos de todas as contas dos subgrupos 3.3.3.01 a 3.3.3.03 para a conta única 3.3.3.04.1.999 CIF. Agindo dessa forma, os cálculos para rateio e os lançamentos de transferência, serão feitos com base no saldo de

(continuação)

3.3.3.04.2.999 CIFs Estimados[46]

3.3.3.04.3.999 Variação de CIF

3.3.4 CUSTO EM FORMAÇÃO

3.3.4.01 Produto A

3.3.4.01.1.001 Materiais

3.3.4.01.1.002 Mão de Obra

3.3.4.01.1.003 Gastos Gerais de Fabricação

3.3.4.02 Produto B

3.3.4.02.1.001 Materiais

3.3.4.02.1.002 Mão de Obra

3.3.4.02.1.003 Gastos Gerais de Fabricação

3.4 CUSTO DA PRESTAÇÃO DE SERVIÇOS

3.4.1 CUSTOS DIRETOS DA PRESTAÇÃO DE SERVIÇOS

3.4.1.01 Materiais Diretos

3.4.1.01.1.001 Materiais Diversos Aplicados na Prestação de Serviços

3.4.1.02 Mão de Obra Direta

3.4.1.02.1.001 Assistência Médica e Social

3.4.1.02.1.002 Aviso Prévio e Indenizações

3.4.1.02.1.003 Contribuição(ões) de Previdência

3.4.1.02.1.004 FGTS

3.4.1.02.1.005 Décimo Terceiro Salário

3.4.1.02.1.006 Férias

3.4.1.02.1.007 Lanches e Refeições

3.4.1.02.1.008 Prêmios e Gratificações

3.4.1.02.1.009 Salários

3.4.1.02.1.010 Seguro de Acidentes do Trabalho

3.4.1.02.1.011 Seguro de Vida em Grupo

3.4.1.02.1.012 Vale-refeição

3.4.1.02.1.013 Vale-transporte

3.4.1.02.1.014 Outros Encargos

3.4.1.03 Gastos Gerais Diretos

3.4.1.03.1.001 Combustíveis e Lubrificantes

(continua)

uma só conta, facilitando assim os registros contábeis. Lembramos, no entanto, que esse procedimento é apenas uma sugestão, e que a sua adoção dependerá de cada caso particular.

[46] Conta própria para contabilização dos custos indiretos de fabricação estimados. É utilizada nos casos em que a empresa precisa apurar custos de produtos, cujos processos de fabricação são encerrados ao longo do mês, antes mesmo de se conhecer o montante dos custos indiretos incorridos no respectivo mês.

(continuação)

3.4.1.03.1.002 Energia Elétrica

3.4.1.03.1.003 Serviços de Terceiros

3.4.1.03.1.004 Outros

3.4.2 CUSTOS INDIRETOS DA PRESTAÇÃO DE SERVIÇOS

3.4.2.01 Materiais Indiretos

3.4.2.01.1.001 Materiais Diversos Aplicados na Prestação de Serviços

3.4.2.02 Mão de Obra Indireta

3.4.2.02.1.001 Assistência Médica e Social

3.4.2.02.1.002 Aviso Prévio e Indenizações

3.4.2.02.1.003 Contribuição(ões) de Previdência

3.4.2.02.1.004 FGTS

3.4.2.02.1.005 Décimo Terceiro Salário

3.4.2.02.1.006 Férias

3.4.2.02.1.007 Honorários (Pró-labore)

3.4.2.02.1.008 Lanches e Refeições

3.4.2.02.1.009 Prêmios e Gratificações

3.4.2.02.1.010 Salários

3.4.2.02.1.011 Seguro de Acidentes do Trabalho

3.4.2.02.1.012 Seguro de Vida em Grupo

3.4.2.02.1.013 Vale-refeição

3.4.2.02.1.014 Vale-transporte

3.4.2.02.1.015 Outros Encargos

3.4.2.03 Gastos Gerais Indiretos

3.4.2.03.1.001 Água e Esgoto

3.4.2.03.1.002 Aluguéis e Arrendamentos

3.4.2.03.1.003 Amortização

3.4.2.03.1.004 Combustíveis

3.4.2.03.1.005 Comunicações (Telefones fixo e móvel, Internet etc.)

3.4.2.03.1.006 Depreciação

3.4.2.03.1.007 Energia Elétrica

3.4.2.03.1.008 Impostos e Taxas

3.4.2.03.1.009 Manutenção e Reparo

3.4.2.03.1.010 Refeitório

3.4.2.03.1.011 Roupas Especiais

3.4.2.03.1.012 Serviços de Terceiros

3.4.2.03.1.013 Outros

3.4.3 CUSTO EM FORMAÇÃO

(continua)

(continuação)

3.4.3.01 Ordem de Serviço A

3.4.3.01.1.001 Materiais

3.4.3.01.1.002 Mão de Obra

3.4.3.01.1.003 Gastos Gerais

3.4.3.02 Ordem de Serviço B

3.4.3.02.1.001 Materiais

3.4.3.02.1.002 Mão de Obra

3.4.3.02.1.003 Gastos Gerais

4. RECEITAS

4.1 RECEITAS OPERACIONAIS

4.1.1 RECEITA BRUTA DE VENDAS DE MERCADORIAS

4.1.1.01 Mercado Interno

4.1.1.01.1.001 Vendas de Mercadorias

4.1.1.01.1.002 (–) Abatimentos sobre Vendas

4.1.1.01.1.003 (–) Vendas Anuladas (ou Devoluções de Vendas)

4.1.1.01.1.004 (–) Descontos Incondicionais Concedidos

4.1.1.01.1.005 (–) ICMS sobre Vendas (extinta a partir de 2033)

4.1.1.01.1.006 (–) IPI sobre Vendas[47]

4.1.1.01.1.007 (–) PIS/PASEP sobre Faturamento[48]

4.1.1.01.1.008 (–) COFINS sobre Faturamento[49]

4.1.1.02 Mercado Externo

4.1.1.02.1.001 Vendas de Mercadorias

4.1.1.02.1.002 (–) Abatimentos sobre Vendas

4.1.1.02.1.003 (–) Vendas Anuladas (ou Devoluções de Vendas)

4.1.1.02.1.004 (–) Descontos Incondicionais Concedidos

4.1.1.02.1.005 (–) ICMS sobre Vendas (extinta a partir de 2033)

4.1.1.02.1.006 (–) IPI sobre Vendas (extinta a partir de 2027)

4.1.1.02.1.007 (–) Imposto sobre Exportação (IE)

(continua)

[47] Esta conta aparecerá somente na contabilidade das empresas que adotarem o critério de contabilizar o valor total da Nota Fiscal (produtos + IPI), como venda bruta. A orientação do Fisco é que a receita bruta de vendas seja contabilizada, líquida do IPI. É importante destacar que o IPI será extinto a partir de 2027.

[48] Considerar, aqui, somente o PIS/PASEP incidentes sobre o faturamento, uma vez que as parcelas referentes às demais receitas figurarão no grupo das Outras Despesas, Operacionais, subgrupo Tributárias. É importante destacar que o PIS sobre Faturamento será extinto a partir de 2027.

[49] Valem os mesmos comentários da nota 48. É importante destacar que a COFINS sobre Faturamento será extinta a partir de 2027.

(continuação)

4.1.1.02.1.008 (–) PIS/PASEP sobre Faturamento (extinta a partir de 2027)

4.1.1.02.1.009 (–) COFINS sobre Faturamento (extinta a partir de 2027)

4.1.1.02.1.010 Taxas Aduaneiras

4.1.2 RECEITA BRUTA DE VENDA DE PRODUTOS

(Subgrupos e contas semelhantes aos do grupo 4.1.1, feitas as devidas adaptações relativas à natureza da operação e aos tributos incidentes)

4.1.3 RECEITA BRUTA DA PRESTAÇÃO DE SERVIÇOS

4.1.3.01 Mercado Interno

4.1.3.01.1.001 Receitas de Serviços

4.1.3.01.1.002 (–) Descontos Incondicionais Concedidos

4.1.3.01.1.003 (–) Impostos sobre Serviços (ISS) (extinta a partir de 2033)

4.1.3.01.1.004 (–) ICMS sobre Receitas de Serviços[50]

4.1.3.01.1.005 (–) PIS/Faturamento sobre Receitas de Serviços (extinta a partir de 2027)

4.1.3.01.1.006 (–) COFINS sobre Receitas de Serviços (extinta a partir de 2027)

4.1.4 RECEITAS FINANCEIRAS

4.1.4.01 Derivadas de Transações Comerciais

4.1.4.01.1.001 Ajuste a Valor Presente (Vendas de bens ou serviços)

4.1.4.01.1.002 Descontos Obtidos

4.1.4.01.1.003 Receitas Financeiras sobre Arrendamentos Ativos

4.1.4.02 Derivadas de Transações Financeiras

4.1.4.02.1.001 Juros Ativos

4.1.4.02.1.002 Rendimentos sobre Investimentos Temporários

4.1.4.03 Variações Monetárias

4.1.4.03.1.001 Variação Cambial Ativa

4.1.4.03.1.002 Variação Monetária Ativa

4.1.4.04 Outras

4.1.4.04.1.001 Juros sobre o Capital Próprio

4.1.5 OUTRAS RECEITAS OPERACIONAIS

4.1.5.01 Gerais

4.1.5.01.1.001 Aluguéis Ativos

4.1.5.01.1.002 Arrendamentos Ativos

4.1.5.01.1.003 Insubsistências Passivas

4.1.5.01.1.004 Receitas com Perdas Recuperadas

(continua)

---

[50] Lembramos que o ICMS é um imposto que incide não só sobre operações relativas à circulação de mercadorias, mas também sobre prestações de alguns serviços como: transporte interestadual e intermunicipal; comunicação e fornecimento de energia elétrica. É importante destacar que o ICMS será extinto a partir de 2033.

(continuação)

4.1.5.01.1.005 Receitas com ICMS sobre *Leasing*[51]

4.1.5.01.1.006 Superveniências Ativas

4.1.5.01.1.007 Receitas Eventuais

4.1.5.02 Receitas com Reversões de Perdas Estimadas e Provisões

4.1.5.02.1.001 Receitas com Reversão de Perdas Estimadas em Créditos de Liquidação Duvidosa

4.1.5.02.1.002 Receitas com Reversão de Provisão para Benefícios a Empregados

4.1.5.02.1.003 Receitas com Reversão de Provisão para Garantias de Produtos

4.1.5.03 Receitas de Participações Societárias

4.1.5.03.1.001 Dividendos Recebidos – Equivalência Patrimonial

4.1.5.03.1.002 Ganhos por Compra Vantajosa

4.1.5.03.1.003 Dividendos Recebidos – Método do Valor Justo

4.1.5.03.1.004 Dividendos Recebidos – Método do Custo

4.2 OUTRAS RECEITAS[52]

4.2.1 GANHOS DE CAPITAL NO ATIVO NÃO CIRCULANTE

4.2.1.01 Ganhos de Capital nos Investimentos

4.2.1.01.1.001 Ganhos na Baixa de Investimentos Avaliados pelo MEP

4.2.1.01.1.002 Ganhos na Baixa de Investimentos Avaliados pelo Valor Justo

4.2.1.01.1.003 Ganhos na Baixa de Investimentos Avaliados pelo MC

4.2.1.02 Ganhos de Capital no Imobilizado

4.2.1.02.1.001 Ganhos na Baixa de Bens do Imobilizado

4.2.1.03 Ganhos de Capital no Intangível

4.2.1.03.1.001 Ganhos na Baixa de Bens do Intangível

4.2.1.04 Reversão de Perdas Estimadas

4.2.1.04.1.001 Reversão de Perdas Prováveis na Realização de Investimentos

5. APURAÇÃO DE RESULTADOS

5.1 RESULTADO OPERACIONAL BRUTO

5.1.1 CUSTO DAS MERCADORIAS, DOS PRODUTOS E DOS SERVIÇOS

5.1.1.01 Custo das Mercadorias

5.1.1.01.1.001 Custo das Mercadorias Vendidas (CMV)

5.1.1.02 Custo dos Produtos

5.1.1.02.1.001 Custo de Produção do Período (CPP)

(continua)

[51] Receita sujeita a previsão em dispositivo da legislação do ICMS. Lembramos que o ICMS será extinto a partir de 2033.

[52] É importante salientar que a nova redação dada ao inciso IV do artigo 187 da Lei n. 6.404/1976 pela Lei n. 11.941/09, substituiu na Demonstração do Resultado do Exercício, a denominação "Receitas Não Operacionais" por "Outras Receitas". Outras receitas representam os valores que sejam oriundos, principalmente, de baixas por alienação de ativos não correntes, tais como resultados na venda de imobilizado, de investimentos etc. (Item 9 do PRONUNCIAMENTO TÉCNICO CPC 09/2008).

(continuação)

5.1.1.02.1.002 Custo de Produção (CP)

5.1.1.02.1.003 Custo da Produção Acabada no Período (CPAP)

5.1.1.02.1.004 Custo dos Produtos Disponíveis para Venda (CPDV)

5.1.1.02.1.005 Custo dos Produtos Vendidos (CPV)

5.1.1.03 Custo dos Serviços

5.1.1.03.1.001 Custo dos Serviços Prestados (CSP)

5.1.2 RESULTADO DE MERCADORIAS, PRODUTOS E SERVIÇOS

5.1.2.01 Resultado da Conta Mercadorias (RCM)

5.1.2.01.1.001 Lucro sobre Vendas de Mercadorias

5.1.2.01.1.002 (–) Prejuízo sobre Vendas de Mercadorias

5.1.2.02 Resultado da Venda de Produtos (RVP)

5.1.2.02.1.001 Lucro sobre Vendas de Produtos

5.1.2.02.1.002 (–) Prejuízo sobre Vendas de Produtos

5.1.2.03 Resultado da Prestação de Serviços (RPS)

5.1.2.03.1.001 Lucro sobre Prestação de Serviços

5.1.2.03.1.002 (–) Prejuízo sobre Prestação de Serviços

5.2 OUTROS RESULTADOS

5.2.1 RESULTADO NA BAIXA DE BENS DO ATIVO NÃO CIRCULANTE

5.2.1.01 Ganhos ou Perdas de Capital na Baixa de Investimentos

5.2.1.01.1.001 Ganhos na Baixa de Investimentos

5.2.1.01.1.002 (–) Perdas na Baixa de Investimentos

5.2.1.02 Ganhos ou Perdas de Capital na Baixa de Imobilizações

5.2.1.02.1.001 Ganhos na Baixa de Imobilizações

5.2.1.02.1.002 (–) Perdas na Baixa de Imobilizações

5.2.1.03 Ganhos ou Perdas de Capital na Baixa de Intangíveis

5.2.1.03.1.001 Ganhos na Baixa de Intangíveis

5.2.1.03.1.002 (–) Perdas na Baixa de Intangíveis

5.3 RESULTADO LÍQUIDO

5.3.1 RESULTADO LÍQUIDO DO EXERCÍCIO

5.3.1.01.1 Resultado do Exercício

5.3.1.01.1.001 Lucro Líquido do Exercício

5.3.1.01.1.002 (–) Prejuízo do Exercício

QUADRO III – CONTAS EXTRAPATRIMONIAIS

6. CONTAS DE COMPENSAÇÃO

6.1 CONTAS DE COMPENSAÇÃO DO ATIVO

6.1.1 CONTRATOS E EMPENHOS

6.1.1.01 Arrendamento Mercantil Contratado

(continua)

(continuação)

6.1.1.01.1.001 Companhia Jambo de Arrendamento Mercantil[53]

6.1.1.02 Compras Contratadas

6.1.1.03 Seguros Contratados

6.1.1.04 Serviços Contratados

6.1.2 RISCOS E ÔNUS PATRIMONIAIS

6.1.2.01 Alienação Fiduciária

6.1.2.02 Fianças a Favor de Terceiros

6.1.2.03 Imóveis Hipotecados

6.1.2.04 Títulos Avalizados

6.1.2.05 Títulos Endossados

6.1.3 VALORES EM PODER DE TERCEIROS

6.1.3.01 Bens Cedidos em Comodato

6.1.3.02 Bens Penhorados

6.1.3.03 Cheques em Cobrança

6.1.3.04 Duplicatas em Caução Bancária

6.1.3.05 Duplicatas em Cobrança Bancária

6.1.3.06 Duplicatas em Cobrança Judicial

6.1.3.07 Duplicatas em Cobrança por Representantes

6.1.3.08 Produtos Remetidos em Consignação

6.1.3.09 Produtos Remetidos para Conserto

6.1.3.10 Produtos Remetidos para Demonstração

6.1.3.11 Produtos Remetidos para Industrialização

6.1.3.12 Produtos Remetidos para Vendas Fora do Estabelecimento

6.1.4 VALORES DE TERCEIROS

6.1.4.01 Ações Caucionadas

6.1.4.02 Ações em Caução

6.1.4.03 Bens Recebidos em Comodato

6.1.4.04 Bens sob Alienação Fiduciária

6.1.4.05 Bens sob Hipoteca

6.1.4.06 Bens sob Penhor Mercantil

6.1.4.07 Bens sob Reserva de Domínio

6.1.4.08 Produtos Recebidos em Consignação

6.1.4.09 Produtos Recebidos para Conserto

6.1.4.10 Produtos Recebidos para Demonstração

6.1.4.11 Produtos Recebidos para Industrialização

6.1.4.12 Títulos Recebidos em Caução

(continua)

[53] Por razões práticas, deixamos de incluir subcontas nas demais contas de compensação deste elenco. Para exemplificar, fizemos constar apenas na conta 6.1.1.01 ARRENDAMENTO MERCANTIL CONTRATADO a subconta 6.1.1.01.1.001 Companhia Jambo de Arrendamento Mercantil.

(continuação)

6.2 CONTAS DE COMPENSAÇÃO DO PASSIVO

6.2.1 CONTRATOS E EMPENHOS

6.2.1.01 Contrato de Arrendamento Mercantil

6.2.1.01.1.001 Companhia Jambo de Arrendamento Mercantil

6.2.1.02 Contratos de Compras

6.2.1.03 Contratos de Seguros

6.2.1.04 Contratos de Serviços de Terceiros

6.2.2 RISCOS E ÔNUS PATRIMONIAIS

6.2.2.01 Contratos de Alienação Fiduciária

6.2.2.02 Favores de Terceiros em Fiança

6.2.2.03 Hipotecas de Imóveis

6.2.2.04 Avais de Títulos

6.2.2.05 Endossos de Títulos

6.2.3 VALORES EM PODER DE TERCEIROS

6.2.3.01 Remessas de Bens em Comodato

6.2.3.02 Penhoras de Bens

6.2.3.03 Endossos de Títulos

6.2.3.04 Endossos para Caução de Duplicatas

6.2.3.05 Endossos para Cobrança de Duplicatas

6.2.3.06 Endossos para Cobrança Judicial de Duplicatas

6.2.3.07 Endossos para Cobrança de Duplicatas por Representantes

6.2.3.08 Remessas de Produtos em Consignação

6.2.3.09 Remessas de Produtos para Conserto

6.2.3.10 Remessas de Produtos para Demonstração

6.2.3.11 Remessas de Produtos para Industrialização

6.2.3.12 Remessas de Produtos para Venda Fora do Estabelecimento

6.2.4 VALORES DE TERCEIROS

6.2.4.01 Caução da Diretoria

6.2.4.02 Caução de Ações

6.2.4.03 Recebimento de Bens em Comodato

6.2.4.04 Alienação Fiduciária de Bens

6.2.4.05 Hipotecas de Bens

6.2.4.06 Penhora Mercantil de Bens

6.2.4.07 Reserva de Domínio de Bens

6.2.4.08 Recebimento de Produtos em Consignação

6.2.4.09 Recebimento de Produtos para Conserto

6.2.4.10 Recebimento de produtos para Demonstração

6.2.4.11 Recebimento de Produtos para Industrialização

6.2.4.12 Caução de Títulos

3.4 Observações sobre o Elenco de Contas

Conforme você pode observar, o Elenco de Contas foi apresentado em três quadros: o Quadro I composto por contas patrimoniais; o Quadro II composto por contas de resultado e o Quadro III composto por contas extrapatrimoniais (compensação).

3.4.1 Quadro I – Contas patrimoniais

As contas patrimoniais, utilizadas pelas empresas industriais, são praticamente as mesmas usadas pelos demais tipos de empresas. Entretanto, merecem destaque algumas contas de estoques e algumas contas do Ativo Não Circulante, subgrupo Imobilizado que são próprias para o registro de eventos típicos das empresas industriais.

Na empresa comercial, por exemplo, uma só conta de estoque (Estoque de Mercadorias) é suficiente para o registro dos bens destinados à venda. Na empresa industrial, é preciso manter no Elenco de Contas, várias contas apropriadas para o registro dos estoques de bens, que serão aplicados no processo de fabricação, bem como para o registro dos estoques finais de produtos acabados e em elaboração, além de estoques de subprodutos e sucatas, que não são comuns nos outros tipos de empresas.

Quanto as demais contas de estoques necessárias ao registro de materiais de consumo, são comuns a todos os tipos de empresas, com raras exceções.

Pela própria característica das empresas industriais, qual seja, a de transformar matérias-primas em produtos, há necessidade de que elas invistam grandes importâncias em máquinas e equipamentos de produção. Assim, conforme já dissemos, no Elenco de Contas das empresas industriais, no subgrupo Imobilizado do Ativo Não Circulante, são comuns contas como Ferramentas, Máquinas e Equipamentos Industriais, Almoxarifado de Peças e Acessórios de Reposição etc.

A movimentação contábil dessas contas do Imobilizado, não apresenta novidade alguma em relação à movimentação das Contas do Ativo Imobilizado dos demais tipos de empresas.

Merecem destaque, ainda, as chamadas contas redutoras (retificadoras) do Ativo e do Passivo. As redutoras do Ativo são contas de natureza credora que, por força da Lei n. 6.404/1976 e da NBC TG 01 (Redução ao valor recuperável de ativos), devem figurar no Ativo, com sinal negativo, cujos valores serão deduzidos dos valores das contas com base nas quais elas foram constituídas. Da mesma forma, ocorre com as contas redutoras do Passivo, as quais são de natureza devedora.

3.4.2 Quadro II – Contas de resultado

Se você comparar as contas de resultado, apresentadas nesse Elenco de Contas próprio para empresas industriais, com as contas de resultado que constam do nosso livro *Contabilidade Intermediária,* notará que no presente Elenco existem os grupos 3.3.2 CUSTOS DIRETOS DE FABRICAÇÃO, 3.3.3 CUSTOS INDIRETOS DE FABRICAÇÃO (CIF) e 3.3.4 CUSTO EM FORMAÇÃO, cujos grupos não constam do Elenco de Contas próprio para empresas comerciais. As contas integrantes desses grupos são destinadas ao registro e apuração do custo de fabricação. Nos Capítulos 6 e 7, você encontrará esquemas que o orientarão a contabilizar o custo de fabricação, em empresas que adotem o sistema de inventário periódico ou de inventário permanente.

É importante salientar que inserimos, também, no Elenco de Contas o grupo 3.4 CUSTO DA PRESTAÇÃO DE SERVIÇOS, com contas apropriadas para a contabilização e apuração do custo da prestação de serviços.

As demais Contas de Despesas (grupos 3.1 e 3.2), com algumas exceções, são comuns aos demais tipos de empresas. É bom ressaltar que nos grupos 4 (Receitas) e 5 (Contas de Apuração de Resultados) existem contas próprias, tanto para a contabilização de receitas e para apuração de resultados nas empresas industriais, como nos demais tipos de empresas.

3.4.3 Quadro III – Contas extrapatrimoniais

Você já sabe que as contas extrapatrimoniais ou contas de compensação, são próprias para o registro de atos administrativos relevantes, ou seja, aqueles que podem provocar variações futuras no patrimônio.

A Lei n. 6.404/1976 não contempla a contabilização dos atos administrativos, ainda que relevantes, no entanto, dispõe na alínea "d" do inciso IV do § 5º do artigo 176 que os ônus reais constituídos sobre elementos do ativo, as garantias prestadas a terceiros e outras responsabilidades eventuais ou contingentes, sejam indicadas, na apresentação do Balanço, em Notas Explicativas.

Veja a disciplina contida nos itens 29 e 30 da ITG 2000, aprovada pela Resolução n. 1.330/2011 do Conselho Federal de Contabilidade:

> "Contas de compensação
>
> 29. Contas de compensação, constituem sistema próprio para controle e registro dos fatos relevantes, que resultam em assunção de direitos e obrigações da entidade, cujos efeitos materializar-se-ão no futuro e que possam se traduzir em modificações no patrimônio da entidade.

30. Exceto quando de uso mandatório por ato de órgão regulador, a escrituração das contas de compensação não é obrigatória. Nos casos em que não forem utilizadas, a entidade deve assegurar-se que possui outros mecanismos que permitam acumular as informações, que de outra maneira estariam controladas nas contas de compensação."

Atividades Teóricas 1

1. Responda:

1.1 O que é o Plano de Contas?

1.2 Plano de Contas e Elenco de Contas são a mesma coisa? Por quê?

1.3 Cite três contas de estoques específicas das empresas industriais.

1.4 Cite duas contas do Imobilizado, próprias para as empresas industriais.

2. Indique se a afirmativa é falsa ou verdadeira:

2.1 As contas extrapatrimoniais servem para o registro dos atos administrativos relevantes.

2.2 Segundo estabelece a letra "d" do inciso IV do § 5º do artigo 176 da Lei n. 6.404/1976, os ônus reais constituídos sobre elementos do Ativo, as garantias prestadas a terceiros e outras responsabilidades eventuais ou contingentes deverão ser apresentadas em Notas Explicativas.

2.3 As contas utilizadas para o registro dos estoques, em uma empresa industrial, são praticamente as mesmas utilizadas em uma empresa comercial.

2.4 As contas de custos servem para se apurar o custo da produção do período e, por esse motivo, não são consideradas contas de resultado.

2.5 Os grupos de contas apropriados para o registro do Custo Direto, do Custo Indireto e do Custo em Formação, integram o Elenco de Contas das empresas industriais.

3. Escolha a alternativa correta:

3.1 Examine a seguinte relação: Contas de Compensação, Contas de Resultado, Contas Patrimoniais, Elenco de Contas, Manual de Contas e Modelos de Demonstrações Contábeis Padronizadas. Na relação supra, constituem parte do Plano de Contas:

a) Todos os itens.
b) Nenhum dos itens.
c) Dois itens.
d) Quatro itens.
e) Três itens.

3.2 Ações em Tesouraria, Prejuízos Acumulados, Perdas Estimadas por Redução ao Valor Realizável Líquido, Perdas Estimadas em Créditos de Liquidação Duvidosa, Estoque de Matérias-primas, Estoque de Produtos em Elaboração, Custo em Formação – Produto A, Custo em Formação – Ordem de Serviço A, Compras de Matérias-primas, Amortização de Marcas e Patentes e Capital Social. Escolha a alternativa que contém a quantidade de contas conforme o grupo citado:

a) 11 Contas Patrimoniais.
b) Uma conta de Custos.
c) Duas redutoras do Ativo.
d) Duas redutoras do Passivo, duas redutoras do Ativo, duas representando estoques, três de custos, uma de despesa e uma representativa do Capital Social.
e) As alternativas "c" e "d" estão corretas.

3.3 Ao elaborar o Plano de Contas, a empresa deve observar:

a) Os seus interesses.
b) As disciplinas contidas na Lei n. 6.404/1976.
c) A legislação específica do ramo de atividade exercido pela empresa.
d) As Normas Brasileiras de Contabilidade.
e) Todas estão corretas.

Atividade Prática 1

Classifique as contas constantes do quadro a seguir, com base nos seguintes códigos:

A. Patrimonial (P), Resultado (R) ou Compensação (C);

B. Ativo (A), Passivo (P), Redutora do Ativo (RA), Redutora do Passivo (RP), Despesa (D), Custos (C), Receita (R), Compensação Ativa (CA) ou Compensação Passiva (CP);

C. Devedora (D) ou Credora (C);

D. por seus respectivos grupos, conforme o Elenco de Contas.

N.	CONTAS	A	B	C	D
1	Ações em Tesouraria				
2	Adiantamentos a Empregados (Fábrica)				
3	Adiantamentos a Fornecedores (Inversões fixas)				
4	Peças e Acessórios de Reposição (Almoxarifado)				
5	Aluguéis de Contêineres (Matérias-primas)				
6	Aluguéis Passivos (Fábrica)				
7	Arrendamentos Ativos a Receber (Fábrica)				
8	Aviso Prévio (Vendas)				

(continua)

(continuação)

N.	CONTAS	A	B	C	D
9	Bancos conta Empréstimos				
10	Combustíveis (Veículos fábrica)				
11	Contribuições de Previdência (Empregados de produção)				
12	Contribuições para o FGTS (Administração)				
13	Créditos com Pessoas Ligadas (Empréstimos)				
14	Custo de Produção do Período				
15	Debêntures Conversíveis em Ações a Pagar				
16	Depreciação (Bens da fábrica)				
17	Despesas com Perdas Estimadas por Redução ao Valor Realizável Líquido				
18	Empréstimos a Empregados (Vendas)				
19	Energia Elétrica (Fábrica)				
20	Energia Elétrica a Pagar (Fábrica)				
21	Estoque de Materiais de Informática				
22	Estoque de Produtos Acabados				
23	Estoque de Produtos em Elaboração				
24	Estoque de Subprodutos				
25	Férias (Pessoal de Produção)				

CAPÍTULO 4

MATERIAIS

4.1 Conceito

No Capítulo 2, quando estudamos os elementos componentes do Custo de Fabricação, dissemos que materiais são os objetos utilizados no processo de fabricação. Dissemos também que alguns materiais integram o produto, por exemplo, as matérias-primas e os materiais secundários, enquanto que outros são consumidos no processo de fabricação sem integrar os produtos, como ocorre com os materiais auxiliares (lixas, estopas, óleos e lubrificantes para as máquinas etc.), com os materiais de limpeza e outros.

4.2 Classificação

Conforme estudamos no Capítulo 2, em relação aos produtos fabricados, os materiais podem ser classificados em diretos e indiretos.

4.2.1 Materiais Diretos

São considerados diretos, todos os materiais aplicados no processo de fabricação e que integram os produtos fabricados, como ocorre com a matéria-prima e os materiais secundários. Devem ser classificados também como diretos os materiais de embalagem, quando aplicados nos produtos dentro da área de produção. Os materiais diretos são assim denominados porque, além de integrarem os produtos, suas quantidades e valores podem ser facilmente identificados em relação aos produtos fabricados. Assim, a atribuição dos custos desses materiais aos produtos é feita sem dificuldades.

4.2.2 Materiais Indiretos

São considerados indiretos os materiais que, embora aplicados no processo de fabricação, não integram os produtos. São exemplos de materiais indiretos: os combustíveis e lubrificantes utilizados na manutenção das máquinas e equipamentos industriais; as lixas e as estopas, na indústria de móveis de madeira; as facas utilizadas nas máquinas de corte de tecidos nas indústrias de confecções; o material de limpeza, o material de escritório e outros materiais consumidos na área de produção.

Os materiais indiretos são assim denominados, porque não integram os produtos fabricados, sendo que suas quantidades e valores não podem ser facilmente identificados, em relação a cada produto fabricado. A identificação dos materiais indiretos, em relação a cada produto, não é simples, porque eles beneficiam a fabricação de vários produtos ao mesmo tempo. Assim, a atribuição dos custos desses materiais aos produtos somente será possível por meio de rateio.

O rateio, conforme já dissemos, consiste na distribuição dos custos indiretos aos produtos. Essa distribuição é feita por critérios estimados ou arbitrados pela empresa.

Por razões práticas, alguns materiais de pequeno valor, mesmo integrando os produtos, geralmente são classificados juntamente com os materiais indiretos. Assim, a atribuição dos custos desses materiais aos produtos é feita juntamente com os custos dos materiais indiretos.

Dependendo da característica do processo de fabricação, é comum, também, por razões de simplificação, considerar como material direto somente a matéria-prima, sendo todos os demais materiais aplicados no processo de fabricação, integrando ou não os produtos, classificados como materiais indiretos. Essa decisão dependerá, evidentemente, de estudos realizados pela empresa para concluir sobre a viabilidade ou não desse procedimento. Nessas ocasiões, a relação custo-benefício deve sempre ser considerada.

Atividades Teóricas 1

1. Responda:

1.1 O que são materiais diretos?

1.2 O que são materiais indiretos?

1.3 Como deve ser feita a atribuição dos custos indiretos aos produtos?

1.4 A indústria de móveis de madeira NMR Ltda. fabricou 100 mesas de jantar de mogno, tamanho 2,20 × 1,00 m, tendo aplicado os seguintes materiais: madeira, cola, prego, parafusos, lixas e verniz. Gastou com a madeira, $ 10.000,00, e $ 30,00 com os demais materiais.

Embora seja possível conhecer a quantidade exata de pregos e parafusos utilizados em cada mesa, a empresa prefere considerar somente a madeira como material direto.

O procedimento dessa empresa está correto? Justifique.

2. Indique se a afirmativa é falsa ou verdadeira:

2.1 A matéria-prima e os materiais secundários são materiais diretos.

2.2 Os materiais auxiliares são indiretos.

2.3 Materiais diretos, são aqueles cujas quantidades e valores, podem ser facilmente identificados, em relação aos produtos fabricados.

2.4 Os materiais indiretos, são assim denominados porque suas quantidades e valores, podem ser facilmente identificados, em relação aos produtos fabricados.

3. Escolha a alternativa correta:

3.1 Tecidos, lubrificantes, facas usadas no corte de tecidos, aviamentos, produto de limpeza, de acabamento, embalagem.

Na relação supra, encontramos:

a) 3 materiais diretos e 3 materiais indiretos.

b) 1 matéria-prima, 1 material secundário, 1 material de embalagem e 3 materiais auxiliares.

c) 2 matérias-primas, 1 material secundário e 3 materiais auxiliares.

d) 2 matérias-primas, 2 materiais secundários e 2 materiais auxiliares.

e) As alternativas "c" e "d" estão erradas.

4.3 Estoques de materiais

4.3.1 Almoxarifado

Almoxarifado, é um órgão da empresa industrial, onde são armazenados os materiais que serão aplicados no processo de fabricação ou consumidos nas diversas áreas que compõem a empresa industrial.

Os responsáveis pelo almoxarifado cuidam do recebimento, estocagem, conservação, controle e distribuição dos materiais, tanto para a área de produção como para as demais áreas da empresa.

Assim, além dos materiais que serão aplicados no processo de fabricação, poderão ser encontrados no almoxarifado, outros materiais como bens de uso da empresa (móveis e utensílios, máquinas, ferramentas etc.), materiais de limpeza, materiais de expediente etc.

Os documentos que comprovam as entradas de materiais no almoxarifado, são basicamente as Notas Fiscais de compras, emitidas pelos fornecedores, e as Guias de Transferências ou documentos equivalentes, emitidos pelas diversas áreas da empresa especialmente e no retorno de materiais para o almoxarifado.

O controle de entradas, estocagens e saídas dos materiais, pode ser feito por meio de fichas de controle de estoques, fichas de prateleiras, livros etc. Porém, resultados mais satisfatórios são alcançados quando esses controles são feitos por computador, principalmente nos casos em que o almoxarifado movimenta grande variedade de materiais. Os programas para controle de estoques utilizados por computador permitem controles eficientes, ágeis e seguros envolvendo as entradas e saídas dos materiais nos estoques, com relação às quantidades e aos valores unitários e totais, além de fornecer outras informações de interesse, por exemplo, alertar sempre que os estoques atingirem níveis máximos ou mínimos etc.

Os materiais adquiridos pela empresa industrial permanecem estocados no almoxarifado até que sejam requisitados pelas seções de produção da fábrica ou por outros setores da empresa.

O documento utilizado internamente para comprovar as saídas de materiais do almoxarifado para os diversos setores da empresa industrial, denomina-se Requisição de Materiais.

É por esse documento que a Contabilidade de Custos apropria os referidos custos dos materiais requisitados aos produtos fabricados.

De acordo com o sistema de custeio utilizado, essa apropriação poderá ser feita para a seção ou departamento requisitante, para a ordem de produção etc.

Todo material que passa pelo almoxarifado deve ser contabilizado em contas de estoques, classificadas no Ativo Circulante do Balanço Patrimonial.

4.3.2 Mercadorias

Mercadorias são os objetos que as empresas compram para revender, sem transformá-los.

As empresas que compram mercadorias para revender são conhecidas por empresas comerciais. Entretanto, há empresas que atuam tanto no ramo industrial como no comercial, caso em que paralelamente a atividade de produção exerce, também, a atividade de compra e revenda de mercadorias.

O resultado apurado nas operações de compras e vendas de mercadorias, que normalmente corresponde a lucro, é obtido no confronto entre a Receita Líquida auferida na venda com o custo das respectivas mercadorias vendidas.

O custo das mercadorias vendidas corresponde ao valor pago ao fornecedor, excluídos os tributos recuperáveis e incluídos os não recuperáveis e as despesas acessórias.

4.3.3 Produtos acabados

Produtos acabados são os objetos fabricados pela empresa industrial.

Depois de concluída a última fase da produção, os produtos acabados são transferidos para o setor responsável pela estocagem de produtos acabados, onde ficam armazenados aguardando o momento da venda.

O resultado na venda de produtos é apurado pelo confronto entre a Receita Líquida de vendas e o custo dos produtos vendidos.

O custo dos produtos vendidos corresponde aos gastos incorridos na fabricação dos respectivos produtos, com materiais, mão de obra e Gastos Gerais de Fabricação.

4.3.4 Produtos em elaboração

Compreendem os produtos cujos processos de fabricação ainda não foram concluídos.

Fisicamente esses produtos não passam pelo setor responsável pela estocagem de produtos acabados, pois continuam sendo processados na área de produção da fábrica. Entretanto, no encerramento de cada período, com a finalidade de se apurar o resultado e elaborar o Balanço Patrimonial, torna-se necessário conhecer o montante do custo dos produtos que se encontram em fase de elaboração.

Dependendo das características que envolvem o processo industrial, no final de um período, poderão ser encontrados produtos em diversas fases de fabricação. Alguns poderão estar quase que 100% concluídos, enquanto que outros, na metade do processo e ainda outros, no início.

No Capítulo 5, você encontrará informações acerca dos critérios que podem ser adotados para se atribuir custos a esses produtos.

4.3.5 Matérias-primas

Você já estudou que a matéria-prima é o material indispensável na fabricação do produto.

O valor da matéria-prima que integrará o custo de fabricação dos produtos, corresponde ao preço pago ao fornecedor, diminuído ou acrescido dos seguintes valores:

a. diminuído dos tributos incidentes nas compras, que serão recuperados pela empresa por ocasião das vendas dos produtos fabricados com as respectivas matérias-primas, dos abatimentos e dos descontos incondicionais obtidos;

b. acrescido dos tributos não recuperáveis incidentes sobre as compras, das despesas acessórias com fretes e seguros, quando correrem por conta do destinatário, além de outras que possam surgir até a entrada das matérias-primas, no almoxarifado da empresa.

4.3.6 Materiais secundários

Você já estudou que os materiais secundários são aqueles que entram na composição dos produtos, juntamente com a matéria-prima, complementando-a ou até mesmo dando o acabamento necessário ao produto.

O valor dos materiais secundários, aplicados no processo de fabricação, que deverá integrar o custo de fabricação dos produtos, é apurado de forma semelhante à apuração do custo das matérias-primas.

4.3.7 Materiais auxiliares

Você já sabe que os materiais auxiliares são aqueles consumidos no processo de fabricação, porém, sem integrar os produtos.

Os gastos com esses materiais, para fins de se atribuir aos custos de fabricação, também são apurados de forma semelhante à apuração dos gastos com matérias-primas.

4.3.8 Materiais de acondicionamento e embalagem

Os materiais de acondicionamento e embalagem, compreendem tanto aqueles utilizados para embalar os produtos, visando protegê-los antes mesmo que deixem a área de produção, como também aqueles utilizados para acondicionar ou embalar os produtos no momento da venda.

Há produtos que precisam ser acondicionados, na área de produção, em recipientes de alumínio, de vidro ou em outras embalagens de plástico ou de material semelhante, como ocorre com as bebidas em geral; há produtos que recebem, na área de produção, uma camada protetora de material plástico ou semelhante, como ocorre com grande parte dos brinquedos e produtos eletrônicos; outros, precisam ser embalados em sacos plásticos ou caixas, como ocorre com grande parte das roupas; outros, precisam ser embalados em sacos, copos, bandejas ou em recipientes de plástico, de papelão ou de outro material, como ocorre com os produtos alimentícios; há materiais, ainda, que precisam ser acondicionados em caixas mais resistentes, para facilitar o transporte, como ocorre com os eletrodomésticos.

Portanto, esses materiais de embalagem ou acondicionamento, devem integrar o custo de fabricação dos respectivos produtos.

Depois de concluídos os processos de fabricação, conforme já dissemos, os produtos são transferidos para o setor ou departamento que controla estoques, onde permanecem até que sejam comercializados.

Na área comercial, conforme as vendas sejam realizadas a varejo ou por atacado, vários tipos de materiais de embalagem e de acondicionamento poderão ser utilizados. Especificamente no acondicionamento dos produtos para serem transportados por rodovias, ferrovias ou por outro meio de transporte, podem ser utilizadas: caixas de madeira, de plástico ou de papelão; tiras de metal; papéis à prova d'água ou de umidade; cordas, fitas etc.

Assim, os produtos poderão receber uma carga de material de embalagem ou de acondicionamento, tanto na área de produção, quanto na área comercial.

Não se deve confundir, portanto, o material de embalagem ou de acondicionamento aplicado nos produtos, ainda na área de produção, com os materiais utilizados na embalagem, por ocasião da venda dos produtos. Esses últimos devem ser incluídos entre as despesas, com as vendas e não integrar o custo de fabricação.

A apuração dos custos desses materiais também é feita de forma semelhante à apuração do custo das matérias-primas.

4.3.9 Subprodutos

Subprodutos são as sobras de materiais que se acumulam regularmente nos processos de fabricação, sendo frequentemente comercializadas pela empresa industrial.

Consideram-se, portanto, subprodutos as aparas nas indústrias que trabalham com papel; as limalhas nas indústrias que trabalham com materiais ferrosos; as serragens nas indústrias que trabalham com madeira; os retalhos nas indústrias de confecções etc.

As condições necessárias para que as sobras de produção sejam classificadas como subprodutos, são a existência regular de cotação de preços e mercado para sua comercialização.

Aos subprodutos não devem ser atribuídos custos de fabricação. Dessa forma, o montante arrecadado com a venda será tratado como recuperação dos custos de fabricação do período.

Assim, o montante obtido na venda dos subprodutos será contabilizado a crédito da conta que represente o custo de fabricação do período.

Por ocorrerem com habitualidade e, para evitar que a receita auferida com a venda de subprodutos gerados em um determinado período seja abatida do custo da produção de períodos futuros, no final de cada período de apuração dos resultados (mês ou ano), deverá ser elaborado um inventário físico dos subprodutos acumulados no respectivo período, os quais serão avaliados com base no preço de venda.

Agindo dessa forma, no período em que os subprodutos forem gerados, o suposto preço que a empresa alcançará pela venda no mercado será utilizado para valoração do estoque bem como para abater no custo de produção do respectivo período.

Exemplo prático

Suponhamos que no dia 30 de junho, uma determinada indústria que atua no ramo de confecções de roupas femininas tenha levantado um estoque de retalhos de 2.000 quilos.

Considerando que o preço de venda a ser alcançado por esse subproduto seja igual a $ 2,50 o quilo, veja como o registro será feito em 30 de junho:

Estoque de Subprodutos
a Custo de Produção do Período
Conf. inventário realizado 5.000

Observe que com o registro supra, o custo de fabricação do período ficou reduzido do valor dos subprodutos, cujo custo permanecerá no Ativo Circulante, no grupo dos estoques aguardando o momento da venda para ser efetivamente recuperado pela empresa.

Vamos considerar agora que, em julho, a empresa tenha efetuado a venda, recebendo a importância em dinheiro.

Nesse caso, o registro contábil ficará como segue:

Caixa
a Estoque de Subprodutos
Venda conf. NF... .... 5.000

Observe, no entanto, que a venda de subproduto não representa receita para a empresa, mas sim, conforme já dissemos, uma recuperação do custo de fabricação do período. Esse custo foi excluído da produção no período em que os subprodutos foram gerados, sendo ativado no grupo dos estoques.

Observe, finalmente, que a venda do subproduto caracteriza a recuperação do custo de fabricação. Se por ventura, a venda for realizada por valor superior ou inferior ao preliminarmente fixado, essas diferenças serão contabilizadas como lucro ou prejuízo, conforme o caso.

É importante salientar que as vendas em geral, além de estarem sujeitas a incidência de tributos, poderão gerar gastos para a empresa, com o pagamento de comissões, fretes e seguros etc. Se esses gastos ocorrerem também na venda dos subprodutos, todos eles deverão ser abatidos do preço de venda, para que, somente o valor líquido de realização da venda seja considerado como recuperação do custo de fabricação.

4.3.10 Sucatas

As **sucatas** compreendem os materiais desperdiçados durante o processo de fabricação, sem a existência de mercado regular para sua comercialização.

Por serem esporadicamente vendidas, o tratamento contábil dedicado a elas é diferente daquele atribuído aos subprodutos: não são contabilizadas como estoques, e o montante auferido com as suas vendas também não serão considerados como recuperação do custo de fabricação do período.

Portanto, as sucatas somente serão contabilizadas por ocasião das vendas, sendo consideradas como receitas operacionais, classificadas no grupo das Outras Receitas Operacionais, pelo valor alcançado no mercado.

Exemplo prático

A empresa Industrial Piquete S.A. vendeu 7.000 quilos de sucata ferrosa, à vista, por $ 980,00, conforme Nota Fiscal n. 1.719.

Contabilização na data da venda:

Caixa
a Receitas na Venda de Sucatas
Conf. nossa NF n. 1.719, ref.
a 7.000 kg de sucata... *980*

4.3.11 Materiais de consumo

Compreendem os materiais adquiridos para serem consumidos por todas as áreas da empresa industrial.

Esses materiais podem ser agrupados como segue:

a. Materiais de escritório (ou de expediente)

Compreendem todos os materiais adquiridos para uso durante o expediente normal da empresa industrial.

Esses materiais são consumidos por todas as áreas da empresa, seja ela administrativa, comercial ou de produção.

São materiais de escritório: canetas, lápis, borrachas, papéis utilizados para impressão de documentos, clips, elásticos, rotex e fitas próprias, cola, barbante, pastas poliondas, pastas e caixas para arquivos de documentos, fitas adesivas, etiquetas, colchetes, grampeadores, envelopes etc.

Tendo em vista que esses materiais são consumidos em todas as áreas de atividades da empresa industrial, o ideal é que sejam controlados por meio de inventário permanente. Assim, por esse sistema de controle de estoques, as compras serão registradas inicialmente em contas de estoques, mediante as Notas Fiscais emitidas pelos fornecedores. O consumo será controlado por meio das requisições de materiais emitidas pelas seções, setores ou departamentos requisitantes. Portanto, as entradas nos estoques serão lançadas por meio das Notas Fiscais de compras, enquanto que as baixas nos estoques serão lançadas por meio das requisições.

Com o controle permanente dos estoques, o consumo será facilmente identificado e atribuído para cada uma das áreas requisitantes.

Quando a manutenção de controles permanentes desses estoques se tornar onerosa para a empresa (Característica Qualificativa Fundamental da Informação Contábil-Financeira Útil, da materialidade), o consumo desses materiais poderá ser apurado pelo sistema de inventário periódico. Neste caso, o consumo será apurado por diferenças de estoques. Assim, no final do período, mês, ano, bastará subtrair o valor do estoque físico do valor do estoque contábil. A diferença corresponderá ao consumo do período.

O estoque contábil será igual ao estoque inicial, adicionado das compras efetuadas durante o período; o estoque físico, será apurado mediante a contagem dos materiais existentes em estoque no final do mesmo período, com atribuição de custos pelo critério PEPS (será estudado no capítulo seguinte).

Adotando essa opção, será necessário ratear o total consumido pelas diversas áreas da empresa. Para isso será necessário estimar o consumo de cada uma das áreas, cuja estimativa poderá ser baseada em consumos de períodos anteriores ou por outro critério a ser definido em cada caso em particular.

Observe-se que o consumo atribuído à área de produção, corresponderá a custo indireto e será incorporado ao custo de fabricação dos produtos, enquanto que o consumo atribuído às demais áreas como comercial e administrativa, serão registrados como Despesas com Vendas e como Despesas Administrativas, respectivamente.

b. Materiais de informática

Compreendem toda gama de materiais consumidos com o processamento eletrônico de dados: CDs, cartuchos de tintas, papéis e folhas de transparências próprias para impressão de documentos etc.

Esses materiais também são consumidos em todas as áreas de atividades da empresa industrial onde seja utilizado o computador.

Os controles das compras, dos estoques e do consumo, são semelhantes aos que ocorrem com os Materiais de Escritório, valendo, portanto, as mesmas informações apresentadas na letra "a" dessa Seção.

c. Materiais de higiene e limpeza

Compreendem os materiais adquiridos para consumo nas diversas áreas da empresa, tanto para a limpeza de móveis e das dependências da empresa, quanto para higiene do pessoal.

Os controles das compras, dos estoques e do consumo são semelhantes aos que ocorrem com os Materiais de Escritório, valendo, portanto, as mesmas informações apresentadas na letra "a" dessa Seção.

d. Materiais de manutenção

Compreendem os materiais adquiridos para serem consumidos em decorrência da manutenção geral da empresa, em todas as suas áreas.

Podem englobar materiais elétricos, hidráulicos, pequenas peças para reposição, óleos, lubrificantes e outras substâncias a serem utilizadas na manutenção de máquinas e equipamentos que integram as imobilizações da empresa industrial.

Os controles das compras, dos estoques e do consumo, são semelhantes aos que ocorrem com os materiais de escritório, valendo, portanto, as mesmas informações apresentadas na letra "a" dessa Seção.

Atividades Teóricas 2

1. Responda:

1.1 Como é composto o custo das mercadorias adquiridas?

1.2 Como é composto o custo dos produtos vendidos?

1.3 Cite quatro exemplos de subprodutos.

1.4 Como deve ser tratado o valor arrecadado com a venda de subprodutos?

1.5 Para evitar que a receita auferida com a venda de subprodutos, gerados, em um determinado período, seja abatida do custo da produção de períodos futuros, que procedimento deverá ser tomado?

1.6 Com base em que deverá ser avaliado o estoque de subprodutos?

1.7 Como será classificado o produto da venda de sucatas?

1.8 Em relação aos materiais de consumo, quando a empresa adotar o sistema de inventário permanente, que tipo de conta será debitada por ocasião das compras e que tipo de conta será creditada por ocasião do consumo?

1.9 Em relação aos materiais de consumo, quando a empresa adotar o sistema de inventário periódico, que tipo de conta será debitada por ocasião das compras?

1.10 Quando a empresa optar pela apuração do consumo dos materiais de informática pelo sistema de inventário periódico, como fará para atribuir esses gastos aos produtos fabricados no período?

2. Julgue as afirmativas em falsas ou verdadeiras:

2.1 Todo material que passa pelo almoxarifado, deve ser contabilizado em contas de estoques, classificadas no Ativo Circulante.

2.2 O resultado nas vendas de produtos corresponde à receita líquida na venda de produtos, diminuída do custo dos produtos vendidos.

2.3 Os produtos cujos processos de fabricação ainda não foram concluídos correspondem aos produtos em elaboraAção.

2.4 Os materiais de acondicionamento e embalagem, serão tratados como custos quando aplicados nos produtos, ainda na fase de fabricação e serão tratados como despesas quando utilizados pela área comercial, para embalar produtos para venda.

2.5 O estoque de subprodutos, quando levantado, será contabilizado a débito de uma conta de estoque e a crédito da conta que registra o custo de produção do período.

2.6 Por ocasião da venda à vista dos subprodutos, o registro contábil será feito debitando-se a conta representativa da disponibilidade e creditando-se a conta representativa do estoque respectivo.

2.7 A exemplo do que ocorre com os subprodutos, as sucatas serão contabilizadas em conta de estoque, no final de cada período.

3. Escolha a alternativa correta:

3.1 No almoxarifado:

a) As Notas Fiscais comprovam entradas de materiais e saídas para a área de produção da empresa.
b) As Notas Fiscais, as Guias de Transferências e as Requisições de Materiais comprovam entradas de materiais.
c) As Guias de Transferências comprovam entradas de materiais oriundos da área de produção.
d) As Requisições de Materiais comprovam saídas de materiais para venda e finalização de produção.
e) n.d.a.

3.2 As sobras de materiais, que se acumulam regularmente nos processos de fabricação, sendo frequentemente comercializadas pela empresa industrial denominam-se:

a) Subprodutos.
b) Sucatas.
c) Produtos em elaboração.
d) Produtos acabados.
e) Mercadorias ou produtos.

3.3 A existência regular de cotação de preços e mercado para sua comercialização, são condições para que o material seja tratado como:

a) Subproduto.
b) Sucata.
c) Produtos em elaboração.
d) Produtos acabados.
e) Mercadorias e produtos.

4.4 Compras de materiais

Os materiais adquiridos pela empresa industrial podem se destinar a uso, a venda, a consumo ou a aplicação nos processos de fabricação.

Para contabilizar as compras de materiais, é preciso considerar o sistema adotado pela empresa para controle dos estoques e apuração dos resultados. Se o sistema adotado for inventário periódico, os materiais adquiridos deverão ser contabilizados em contas de resultado; se o sistema adotado for inventário permanente, os materiais adquiridos deverão ser contabilizados em contas de estoque. Nos Capítulos 7 e 8 do presente livro, você estudará com detalhes esses dois sistemas citados.

Assim, na compra de qualquer tipo de material, debita-se uma conta de resultado ou uma conta do Ativo Circulante, que represente adequadamente o estoque do referido material e credita-se a conta Caixa, Bancos, Duplicatas a Pagar ou Fornecedores, conforme o caso.

Os materiais adquiridos pela empresa industrial ficam armazenados, no almoxarifado, até que sejam requisitados para uso, venda ou consumo.

Exemplo prático

A Indústria de Móveis Jacareí S.A., que adota o sistema de inventário permanente para controle dos estoques, comprou do fornecedor Madeireira Santa Branca Ltda. 200 m^3 de cerejeira, tendo pago em dinheiro a importância de $ 50.000,00, conforme Nota Fiscal n. 3.522.

Contabilização no livro Diário:

Estoque de Matérias-primas
a Caixa
Compra conf. NF n. 3.522, do fornecedor Madeireira Santa Branca Ltda., ref. a 200 m^3 de cerejeira.. 50.000

NOTA:

- Se a empresa adotasse o sistema de inventário periódico, a compra supra deveria ser lançada a débito da conta Compras de Matérias-primas, que no Plano de Contas apresentado no Capítulo 3 pertence ao grupo 3.3.1 Custo das Compras de Materiais.

4.5 Fatos que alteram os valores das compras

Os valores das compras efetuadas pelas empresas industriais, a serem registrados nas contas de estoques, nem sempre correspondem somente aos valores constantes das Notas Fiscais. Eles sofrem influências das despesas acessórias (fretes, seguros etc.), dos descontos ou abatimentos incondicionais obtidos, dos tributos incidentes sobre as compras, bem como dos juros embutidos nas compras a prazo.

Veja o que a NBC TG 16 estabelece em seu item 11:

> "O custo de aquisição dos estoques compreende o preço de compra, os impostos de importação e outros tributos, bem como os custos de transporte, seguro, manuseio e outros diretamente atribuíveis à aquisição de produtos acabados, materiais e serviços. Descontos comerciais, abatimentos e outros itens semelhantes, devem ser deduzidos na determinação do custo de aquisição."

Esse assunto não será estudado no presente capítulo, uma vez que foi tratado em nossos livros *Contabilidade Básica*, *Contabilidade Comercial* e *Contabilidade Geral*, todos da Série em Foco.

4.6 Vendas de materiais

A principal fonte de receita da empresa industrial decorre das vendas de produtos por ela fabricados.

Além da receita com a venda de produtos, a empresa industrial pode obter receitas vendendo outros materiais, embora essas vendas ocorram em volume e frequência menores que a sua venda principal.

Assim, é comum também a venda de matérias-primas, materiais secundários, bens de uso, subprodutos, sucatas etc.

A exemplo do que ocorre com as compras, para contabilizar as vendas de materiais, é preciso considerar o sistema adotado pela empresa para controle dos estoques e apuração dos resultados. Se o sistema adotado for inventário periódico, os materiais vendidos deverão ser contabilizados a crédito da conta de resultado, que reflita adequadamente a referida receita, sem a necessidade de dar baixa nos estoques. Se, por outro lado, o sistema adotado for inventário permanente, além do registro a crédito de uma conta de receita, haverá necessidade de se proceder a baixa nos estoques, pelo valor do custo.

É importante salientar, que a empresa industrial poderá adotar uma mescla de procedimentos quanto a contabilização das vendas de materiais, aplicando o sistema de inventário permanente para as vendas de produtos e o sistema de inventário periódico para as vendas de outros materiais de pequeno valor. Nesse segundo caso, por razões de simplificação, no momento das vendas não serão dadas baixas nos estoques, os quais serão ajustados somente no final do período, após a realização do inventário físico.

Dessa forma, na venda de qualquer tipo de material, debita-se a conta Caixa, Bancos conta Movimento, Duplicatas a Receber ou Clientes conforme o caso e credita-se uma conta que represente a respectiva receita. Se o sistema adotado pela empresa for o do inventário permanente, será preciso efetuar mais um registro contábil, para dar baixa, nos estoques, do custo do respectivo material vendido.

Exemplo prático

Suponhamos que uma determinada empresa industrial tenha vendido produtos de sua fabricação, à vista, por $ 10.000,00, conforme Nota Fiscal n. 650. Considerar que não houve incidência de tributos nessa operação.

A contabilização dessa venda no livro diário será:

a. Empresa que adota o sistema de inventário permanente:

Como a característica do sistema de inventário permanente é possibilitar o controle instantâneo dos estoques a cada compra e a cada venda, sempre que ocorrer vendas ou devoluções de vendas, será preciso saber o valor do custo dos produtos que estão sendo vendidos ou recebidos em devolução, para que se possa baixar ou integrar novamente o respectivo custo aos estoques.

Suponhamos, então, que o custo dos produtos vendidos conforme nossa Nota Fiscal n. 650 tenha sido igual a $ 7.000,00, faremos:

Caixa
a Vendas de Produtos
Conf. nossa NF n. 650.............................. 10.000

Custo dos Produtos Vendidos
a Estoque de Produtos Acabados
Baixa nos estoques tendo em vista
nossa venda conf. NF n. 650.................................. 7.000

OBSERVAÇÃO:

- Observe que, nesse caso, dois lançamentos precisam ser efetuados: um para registrar o valor da receita bruta de vendas e outro para registrar a baixa nos estoques, pelo valor do custo dos produtos vendidos.

b. Empresa que adota o sistema de inventário periódico

Caixa
a Vendas de Produtos
Conf. NF n. 650.. 10.000

4.7 Fatos que alteram os valores das vendas

Os fatos que alteram os valores das vendas correspondem aos descontos incondicionais e aos abatimentos concedidos, aos tributos incidentes sobre as vendas, bem como aos juros embutidos nas vendas realizadas a prazo.

Esses assuntos não serão estudados no presente capítulo, tendo em vista que foram tratados em nossos livros *Contabilidade Básica*, *Contabilidade Comercial* e *Contabilidade Geral*, todos da Série em Foco.

CAPÍTULO 5

INVENTÁRIO DE MATERIAIS

NOTA:

- Neste capítulo, apresentamos operações com incidência de tributos. Lembramos, no entanto, que o IPI, o PIS sobre Faturamento e a COFINS sobre Faturamento serão substituídos pela CBS a partir de 2027, e o ICMS pelo IBS, gradativamente a partir de 2029, e definitivamente a partir de 2033.

5.1 Introdução

No final de cada exercício social ou no final de cada período de apuração dos resultados, para possibilitar o conhecimento dos resultados e a elaboração das demonstrações contábeis, as empresas devem elaborar inventários de todos os materiais existentes em estoque.

O inventário é elaborado mediante a contagem física dos materiais e deve ser transcrito em um livro próprio, denominado Registro de Inventários, exigido pelas legislações do IR, do IPI e do ICMS.

No livro Registro de Inventários deverão ser arrolados, com especificações que facilitem sua identificação, as mercadorias, os produtos manufaturados, as matérias-primas, os produtos em fabricação e os produtos em almoxarifado existentes na data do Balanço Patrimonial.

Deverão ser arrolados também no livro Registro de Inventários, os bens de propriedade da empresa que estiverem fora de seus estabelecimentos, em poder de terceiros, sejam em consignação ou para receber algum tipo de tratamento.

Os inventários de matérias-primas, bem como dos demais materiais que serão aplicados no processo de fabricação, além do inventário dos produtos em elaboração, são indispensáveis para que a empresa industrial possa apurar o custo de fabricação dos seus produtos. Já o estoque dos produtos acabados constitui importante dado para o conhecimento dos Custos dos Produtos Vendidos.

No presente capítulo, você conhecerá os critérios existentes para se avaliar os estoques de materiais em uma empresa industrial.

Para facilitar o seu entendimento, vamos agrupar os estoques de materiais em três categorias:

a. Estoque de materiais adquiridos pela empresa industrial: compreendem os materiais destinados ao processo de fabricação (matérias-primas, materiais secundários, materiais auxiliares e materiais de embalagem), destinados à venda (mercadorias) e destinados ao consumo (materiais de informática, de expediente ou escritório, de higiene e limpeza, de manutenção etc.);

b. Estoque de produtos acabados: compreendem os produtos fabricados pela empresa industrial; e

c. Estoque de Produtos em Elaboração.

5.2 Critérios de avaliação dos estoques de bens adquiridos

5.2.1 Introdução

Conforme dissemos, as empresas industriais adquirem materiais para serem aplicados no processo de fabricação, para serem consumidos e, em alguns casos, para revenda.

Assim, estudaremos a seguir, os principais critérios que podem ser utilizados para avaliação dos materiais adquiridos e mantidos em estoques pelas empresas industriais.

O custo desses materiais é determinado com base no valor de aquisição constante das Notas Fiscais de compras, acrescido das despesas acessórias (fretes, seguros etc.) e dos tributos considerados não recuperáveis, isto é, aqueles que embora tenham incidido nas compras de materiais destinados à venda ou a serem aplicados no processo de fabricação, não incidirão nas vendas desses materiais ou dos produtos com eles fabricados, conforme comentamos no capítulo anterior.

Não integram, também, o custo de aquisição, os descontos comerciais, os abatimentos, os juros embutidos quando a compra é efetuada a prazo etc. (Ver item 11 da NBC TG 16 e 10.6 da NBC TG 1.000).

Tendo em vista que a empresa poderá adquirir um mesmo tipo de material em datas diferentes, pagando por ele preços também diferentes, para determinar o custo desses materiais estocados, bem como o custo dos materiais que forem transferidos para a produção ou para o consumo nas diversas áreas da empresa industrial, precisamos adotar algum critério.

Os critérios mais conhecidos para a avaliação dos estoques são: Custo Específico, PEPS, UEPS, Custo Médio Ponderado Móvel, Custo Médio Ponderado Fixo e Preço de Venda subtraída a Margem de Lucro.

5.2.2 Critério do Custo (ou Preço) Específico

O critério de avaliação dos estoques denominado Custo (ou Preço) Específico, consiste em atribuir a cada unidade do estoque, o preço efetivamente pago por ela.

É um critério que só pode ser utilizado para bens de fácil identificação física, como imóveis para revenda, veículos etc.

Esse critério pode ser adotado, também, para atribuir custos aos materiais aplicados na produção, nos casos em que a empresa industrial efetua uma determinada compra para aplicação direta no processo produtivo, sem que os materiais passem pelo almoxarifado. Nesse caso, sendo o material adquirido especificamente para ser aplicado na fabricação de um determinado produto, por meio de uma ordem de produção, o custo desse material será o valor pago na sua aquisição, sem maiores complicações.

5.2.3 Critério PEPS

A sigla PEPS significa Primeiro que Entra, Primeiro que Sai, também conhecida por FIFO, iniciais da frase inglesa *First In, First Out*. Adotando esse critério para avaliar os estoques, a empresa sempre atribuirá aos materiais em estoque os custos mais recentes.

Fatos ocorridos na Indústria de Produtos Alimentícios São Luís S.A., durante o mês de setembro de X7:

OBSERVAÇÕES:

- Considere que os produtos fabricados com essa matéria-prima (trigo), são tributados pelo ICMS e pelo IPI.
- Considere, também, que a empresa está sujeita ao regime não cumulativo de tributação do PIS/PASEP e da COFINS.

1. No dia 2 foram adquiridas, do fornecedor Moinho Redenção S.A., 100 sacas de trigo (60 quilos cada), conforme Nota Fiscal n. 5.231, a prazo, no valor de

$ 11.000,00, sendo $10.000,00 referente ao valor do trigo e $1.000,00 referente ao IPI incidente na operação.

Da Nota Fiscal constaram ainda:

- Fretes e Seguros: $ 840,00;
- ICMS: $ 1.842,00;

Considerar que essa operação dá direito a crédito do PIS/PASEP no valor de $ 178,00 e da COFINS no valor de $ 823,00.

Importante lembrar que, de acordo com as observações apresentadas antes deste fato 1, o custo de aquisição das 100 sacas de trigo será apurado como segue:

- Total constante da NF a ser pago ao fornecedor 11.000,00
- (+) Fretes 840,00
- (–) IPI recuperável .... (1.000,00)
- (–) ICMS recuperável) .... (1.842,00)
- (–) PIS/PASEP recuperável.. (178,00)
- (–) COFINS recuperável... (823,00)
- (=) Custo das 100 sacas de trigo 7.997,00

2. No dia 5 foram transferidas para produção, conforme Requisição n. 001, 60 sacas de trigo.

3. No dia 10 foram adquiridas, do mesmo fornecedor, a prazo, 50 sacas de trigo no valor de $ 6.680,00, conforme Nota Fiscal n. 6.001, sendo que $ 6.080,00 correspondem ao valor do trigo e $ 600,00 ao IPI incidente na operação.

   Da Nota Fiscal constaram ainda:

   - Fretes e Seguros: $ 420,00;
   - ICMS: $ 1.105,00;

   Considerar que essa operação dá direito a crédito do PIS/PASEP no valor de $ 107,00 e da COFINS no valor de $ 494,00.

4. No dia 15 ocorreu nova compra, do mesmo fornecedor, a prazo, de 100 sacas de trigo, conforme NF n. 6.110, no valor de $ 16.500,00, sendo $ 15.000,00 correspondente ao valor do trigo e $ 1.500,00 correspondente ao IPI incidente na operação.

   Da NF, constaram ainda:

   - ICMS: $ 2.550,00;

   Considerar que essa operação dá direito a crédito do PIS/PASEP no valor de $ 247,00 e da COFINS no valor de $ 1.140,00.

5. No dia 28 foram devolvidas ao fornecedor Moinho Redenção S.A. 10 sacas de trigo, conforme nossa Nota Fiscal n. 521, no valor de $ 1.500,00.

   Da Nota Fiscal constaram ainda:

   - ICMS: $ 255,00;
   - IPI: $ 150,00.

   Considerar que na operação original, que ocorreu no dia 15, conforme NF n. 6.110 do fornecedor Moinho Redenção S.A., a empresa Indústria de Produtos Alimentícios São Luiz S/A, tinha se creditado do PIS/PASEP no valor de $ 24,70 e COFINS no valor de $ 114,00.

   Foi paga a uma empresa transportadora a importância de $ 60,00, correspondente ao frete pelo transporte das 10 sacas devolvidas.

NOTAS:

- Para determinar o valor das 10 sacas a serem devolvidas, devemos considerar o custo realmente pago por elas. Se, por ventura, em um determinado período a empresa tenha efetuado várias compras, tendo pago preços diferentes para um mesmo tipo de material, ocorrendo devolução de parte desse material, deverá se identificar o custo que foi realmente pago por aquelas unidades que estiverem sendo devolvidas. No presente caso, vamos considerar que a devolução refere-se à matéria-prima adquirida no dia 15.
- Lembramos, também, que o valor do frete pago no transporte das sacas devolvidas, deve ser considerado Despesa normal da empresa, não influindo no custo das unidades remanescentes em estoque.
- Se na operação original de compra tivesse ocorrido gasto com fretes, haveria necessidade de se recalcular o custo das 90 unidades remanescentes, uma vez que o frete incidente por ocasião da compra, deve ser suportado pela empresa compradora.

6. No dia 29 foram transferidas para a produção, conforme requisição n. 002, 160 sacas de trigo.
7. No dia 30 o setor que controla os estoques recebeu, em devolução do setor de produção, 10 sacas de trigo.

Analise as três fichas de estoques a seguir e o comentário acerca do critério Preço Médio Ponderado Fixo, para verificar:

- o custo atribuído à matéria-prima adquirida;
- o custo atribuído à matéria-prima transferida para a produção;
- o custo atribuído à matéria-prima constante dos estoques remanescentes.

Veja, agora, as sete operações apresentadas na respectiva ficha de controle de estoque:

Mercadoria: Sacas de Trigo (60 kg) Método de Controle: PEPS										
Data	Histórico	Entradas			Saídas			Saldo		
		Quant.	Custo Unit.	Custo Total	Quant.	Custo Unit.	Custo Total	Quant.	Custo Unit.	Custo Total
02/09/x7	NF n. 5.231 de Moinho Redenção S/A	100	79,97	7.997	—	—	—	100	79,97	7.997
05/09/x7	Requisição n. 001	—	—	—	60	79,97	4.798,20	40	79,97	3.198,80
10/09/x7	NF n. 6.001 de Moinho	50	95,88	4.794				40	79,97	3.198,80
	Redenção S/A				—	—	—	50	95,88	4.794
								90		7.992,80
15/09/x7	NF n. 6.110 de Moinho	100	110,63	11.063				40	79,93	3.198,80
	Redenção S/A							50	95,88	4.794
					—	—	—	100	110,63	11.063
								190		19.055,80
28/09/x7	NF n. 521	(10)	110,63	(1.106,30)				40	79,93	3.198,80
								50	95,88	4.794
					—	—	—	90	110,63	9.956,70
								180		17.949,50
29/09/x7	Requisição n. 002				40	79,93	3.198,80			
					50	95,88	7.794			
		—	—	—	70	110,63	7.744,10			
					160		15.736,90	20	110,63	2.212.60
30/09/x7	Devolução de produção	—	—	—	(10)	110,63	(1.106,30)	30	110,63	3.318,90
	TOTAIS	**240**		**22.747,70**	**210**		**19.428,80**	**30**	**110,63**	**3.318,90**

OBSERVAÇÕES:

- Na coluna de saldo, ficam evidenciadas as quantidades estocadas devidamente separadas ou identificadas pelos respectivos custos de aquisição. A cada requisição feita pela área de produção, a baixa é dada iniciando-se pelos custos mais antigos, no caso, pelos menores custos. Assim, por meio dessa ficha, ficam controladas as quantidades estocadas sempre pelos custos mais recentes. Por isso, esse critério é denominado de "primeiro que entra, primeiro que sai".
- Observe que as devoluções de compras efetuadas aos fornecedores, são escrituradas negativamente entre parênteses na coluna das entradas. Por outro lado, as devoluções de vendas recebidas de clientes ou devoluções recebidas da produção, são escrituradas negativamente entre parênteses na coluna das saídas. Assim, a soma da coluna das entradas corresponderá efetivamente ao valor das compras líquidas, e a soma da coluna das saídas corresponderá efetivamente ao custo das mercadorias vendidas ou ao custo dos materiais transferidos para a produção, ou seja, ao valor das saídas líquidas.
- As devoluções de vendas ou as devoluções recebidas da produção, deverão ser lançadas pelos mesmos valores das respectivas saídas, correspondentes aos materiais que estiverem retornando aos estoques.

(continua)

(continuação)

- Os gastos eventuais, tanto na devolução de compras como na devolução de vendas (fretes, seguros etc.), devem ser tratados como Despesas Operacionais e não como Custos.
- Quando o cálculo do custo unitário da compra não for exato, usa-se um valor aproximado. Nesse caso, considera-se na coluna de saldos, o valor unitário aproximado e o valor total correto conforme a entrada, embora a multiplicação das quantidades pelo valor unitário aproximado não coincidam com o valor total indicado. Na primeira saída referente às respectivas unidades, ajusta-se para que o estoque fique correto. Veja esse procedimento nas três fichas (PEPS, UEPS e CMPM), nos lançamentos relativos às operações dos dias 10, 15 e 29.

5.2.4 Critério UEPS

A sigla UEPS, que significa Último que Entra, Primeiro que Sai, é também conhecida por LIFO, iniciais da frase inglesa *Last In, First Out.*

Adotando esse critério para avaliar os estoques, a empresa sempre atribuirá aos materiais em estoque os custos mais antigos.

Veja, agora, as sete operações apresentadas na Seção 5.2.3, na respectiva ficha de controle de estoque:

Mercadoria: Sacas de Trigo (60 kg) Método de Controle: UEPS										
Data	Histórico	Entradas			Saídas			Saldo		
		Quant.	Custo Unit.	Custo Total	Quant.	Custo Unit.	Custo Total	Quant.	Custo Unit.	Custo Total
02/09/x7	NF n. 5.231 de Moinho Redenção S/A	100	79,97	7.997	—	—	—	100	79,97	7.997
05/09/x7	Requisição n. 001	—	—	—	60	79,97	4.798,20	40	79,97	3.198,80
10/09/x7	NF n. 6.001 de Moinho Redenção S/A	50	95,88	4.794	—	—	—	40 50 90	79,97 95,88	3.198,80 4.794 7.992,80
15/09/x7	NF n. 6.110 de Moinho Redenção S/A	100	110,63	11.063	—	—	—	40 50 100 190	79,97 95,88 110,63	3.198,80 4.794 11.063 19.055,80
28/09/x7	NF n. 521	(10)	110,63	(11.063)	—	—	—	40 50 90 180	79,97 95,88 110,63	3.198,80 4.794 9.956,70 17.949,50
29/09/x7	Requisição n. 002	—	—	—	90 50 20 160	110,63 95,88 79,97	9.956,70 7.794 1.599,40 16.350,10	20	79,97	1.590,40
30/09/x7	Devolução de produção	—	—	—	(10)	79,97	(799,70)	30	79,97	2.399,10
	TOTAIS	**240**		**22.747,70**	**210**		**20.348,60**	**30**	**79,97**	**2.399,10**

Note que na coluna do saldo, são controladas as quantidades com seus respectivos custos de aquisição. A transferência para a produção é sempre feita pelo custo das últimas aquisições, guardadas as devidas proporções em relação às quantidades adquiridas e seus respectivos custos.

5.2.5 Critério do Custo (ou Preço) Médio Ponderado Móvel

Adotando este critério, os materiais estocados serão sempre avaliados pela média dos custos de aquisição, sendo esses custos atualizados após cada compra efetuada.

Esse critério é denominado de Custo (ou Preço) Médio Ponderado Móvel, pois toda vez que ocorrer compra por custo unitário diferente dos que constarem do estoque, o custo médio se modificará.

Veja os sete casos apresentados na Seção 5.2.3, devidamente registrados na respectiva ficha de controle de estoque:

Mercadoria: Sacas de Trigo (60 kg) Método de Controle: CMPM										
Data	Histórico	Entradas			Saídas			Saldo		
		Quant.	Custo Unit.	Custo Total	Quant.	Custo Unit.	Custo Total	Quant.	Custo Unit.	Custo Total
02/09/x7	NF n. 5.231 de Moinho Redenção S/A	100	79,97	7.997	—	—	—	100	79,97	7.997
05/09/x7	Requisição n. 001	—	—	—	60	79,97	4.798,20	40	79,97	3.198,80
10/09/x7	NF n. 6.001 de Moinho Redenção S/A	50	95,88	4.794	—	—	—	90	88,80	7.992,80
15/09/x7	NF n. 6.110 de Moinho Redenção S/A	100	110,63	11.063	—	—	—	190	100,29	19.055,80
28/09/x7	NF n. 521	(10)	110,63	(1.106,30)	—	—	—	180	99,71	17.949,50
29/09/x7	Requisição n. 002	—	—	—	160	99,71	15.955,30	20	99,71	1.994,20
30/09/x7	Devolução de produção	—	—	—	(10)	99,71	(997,10)	30	99,71	2.991,30
	TOTAIS	**240**		**22.747,70**	**210**		**19.756,40**	**30**	**99,71**	**2.991,30**

Suprimimos as casas decimais somente para fins didáticos. É aconselhável adotar o valor mais próximo possível do real, ajustando as diferenças de centavos na saída seguinte, para que o valor unitário do estoque remanescente após esta saída, multiplicado pela quantidade existente, resulte em valor exato.

A coluna destinada ao saldo, indicará sempre as quantidades em estoque com seus respectivos custos médios, isto é, atualizados sempre em função da última compra.

Para se obter o Custo Médio Ponderado Móvel das unidades estocadas, após efetuada nova compra com custo unitário diferente do custo unitário do estoque, procede-se como segue: soma-se as quantidades que estavam em estoque com as quantidades da nova compra; soma-se o valor total do estoque antes da nova compra com o valor total da nova compra; em seguida, divide-se o total obtido na soma dos valores pelo total obtido na soma das quantidades, obtendo-se, assim, o novo Custo Médio Ponderado Móvel das quantidades em estoque.

Quando, em decorrência de uma nova entrada, o cálculo do Custo Médio Ponderado Móvel unitário não for exato, usa-se um valor aproximado com o maior número possível de casas decimais. Nesse caso, na coluna de saldos, o valor unitário será aproximado e o valor total será correto, embora a multiplicação das quantidades pelo valor unitário aproximado não coincidam com o valor total indicado. Na primeira saída, ajusta-se para que o estoque fique correto.

5.2.6 Critério do Custo (ou Preço) Médio Ponderado Fixo

Adotando este critério, os materiais estocados serão avaliados somente no final do período (normalmente no final do ano), pela média dos custos dos materiais que estiveram disponíveis para venda ou para uso[1] durante todo o período.

Esse critério consiste, portanto, no custo médio dos materiais disponíveis para venda ou para uso, apurado uma só vez e no final do período.

Enquanto o Custo Médio Ponderado Móvel é atualizado durante o exercício tantas vezes quantas forem as compras efetuadas, o custo médio ponderado fixo é apurado uma só vez, e no final do exercício, após a última compra e a última venda tiverem sido efetuadas.

Para obtê-lo, basta dividir o custo total dos materiais disponíveis para venda ou para uso pela quantidade total desses mesmos materiais.

O custo total dos materiais disponíveis, para venda ou para uso, é obtido somando-se o custo do Estoque Inicial com o custo das Compras Líquidas Realizadas durante o período.

Convém ressaltar que, o custo total das Compras Líquidas, compreende o custo total das compras, diminuído ou adicionado dos valores dos fatos que alteram os valores das compras, conforme já comentamos.

O critério do Custo Médio Ponderado Fixo, somente pode ser adotado por empresas que utilizam o sistema de inventário periódico, uma vez que só é possível a sua apuração no final do exercício.

O valor, obtido por meio da média ponderada fixa, será atribuído a todas as unidades de materiais existentes em estoque no último dia do período, bem como a todas as unidades de materiais que foram vendidas, aplicadas no processo de fabricação ou

---

[1] No presente capítulo, a expressão "custos dos materiais que estiveram disponíveis para uso", está sendo utilizada para representar o custo dos materiais que estiveram disponíveis para serem aplicados no processo de fabricação ou para consumo.

consumidas durante o ano, independentemente das datas em que ocorreram as respectivas vendas ou requisições.

Aproveitando os mesmos dados utilizados para ilustrar os critérios anteriormente comentados, veja como ficarão os cálculos:

a. Cálculo do Custo Médio Ponderado Fixo

Fórmula:

$$\frac{\text{custo total dos materiais disponíveis para venda ou para uso}}{\text{quantidades totais dos materiais disponíveis para venda ou para uso}}$$

Note que, no nosso exemplo, não havia estoque inicial. Portanto, o custo total, bem como as quantidades de materiais disponíveis para venda ou para uso, correspondem ao total das compras líquidas. Esses valores foram $ 22.747,70 e 240 respectivamente (estão evidenciados nas três fichas apresentadas).

O cálculo ficará como segue:

$$\frac{\$\ 22.747{,}70}{240} = \$\ 94{,}78$$

b. Atribuição do custo ao estoque final

Fórmula:

Unidades de materiais existentes em estoque no final do período × Custo Médio Ponderado Fixo

Teremos:

$$30 \times \$\ 94{,}78 = \$\ 2.843{,}40$$

c. Cálculo do custo dos materiais transferidos para produção

Fórmula:

custo total dos materiais disponíveis para uso – custo do estoque final

Teremos:

$$\$\ 22.747{,}70 - \$\ 2.843{,}80 = \$\ 19.904{,}30$$

Veja, a seguir, um resumo elaborado com dados obtidos pela aplicação dos critérios PEPS, UEPS, Custo Médio Ponderado Móvel e Custo Médio Ponderado Fixo:

Resumo

CRITÉRIO	ENTRADAS	SAÍDAS	SALDO
PEPS	22.747,70	19.428,80	3.318,90
UEPS	22.747,70	20.348,60	2.399,10
CMPM	22.747,70	19.756,40	2.991,80
CMPF	22.747,70	19.904,30	2.843,40

Note que, a escolha do critério tem interferência direta no Custo de Produção e também no valor do estoque final.

Nos quatro critérios analisados, os valores atribuídos ao Custo de Produção (transferências), bem como ao estoque final foram diferentes.

Então, qual dos critérios deve ser utilizado?

É o que veremos na Seção a seguir.

5.2.7 Qual dos critérios deve ser utilizado?

Quando a economia do país estiver equilibrada e os preços mantiverem-se estáveis, qualquer que seja o critério adotado para avaliação dos estoques não interferirá nos resultados. Entretanto, nos casos de oscilações de preços, em decorrência de inflação ou deflação, a escolha do critério constituirá fator decisivo na determinação dos resultados da empresa.

É importante destacar que tanto as normas internacionais de contabilidade IFRS consubstanciadas nas normas brasileiras de contabilidade do tipo NBC TG, como o fisco brasileiro, não contemplam os critérios de avaliação de estoques UEPS e Custo Médio Ponderado Fixo, exatamente porque esses critérios distorcem os resultados.

A adoção do critério UEPS, por exemplo, resulta em estoques subavaliados, em custos dos produtos vendidos superavaliados e lucros abaixo da realidade.

Restam, portanto, os critérios PEPS e custo médio ponderado móvel por serem aceitos tanto pelas normas internacionais de contabilidade como pelo fisco brasileiro.

Portanto, nos casos de inflação, ainda que em índices baixos, a adoção do critério Custo Médio Ponderado Móvel por espelhar maior realidade no valor dos estoques, nos custos dos produtos vendidos e nos lucros, pode ser a melhor opção, desde que os prazos de rotação dos estoques não causem desequilíbrio nos resultados alcançados.

A empresa poderá, para fins de controle interno, adotar o critério que melhor atenda aos seus interesses. Se adotar o critério PEPS ou o Custo Médio Ponderado Móvel, não enfrentará problemas com o fisco e estará de acordo com as normas internacionais de contabilidade.

É importante destacar, ainda, que, tanto o fisco brasileiro como as normas internacionais de contabilidade IFRS consubstanciadas na NBC TG 16, admitem a avaliação de estoques com base no preço de venda, subtraída a margem de lucro (Art. 307 do RIR/18 e item 22 da NBC TG 16), conforme veremos na Seção 5.2.9.

Convém salientar, ainda, que no momento da elaboração do Balanço Patrimonial, as empresas em geral estão obrigadas a aplicar a regra "custo ou mercado – dos dois o mais baixo" contida no artigo 183 da Lei n. 6.404/1976 e no item 9 da NBC TG 16, para mensurar os seus estoques, conforme veremos na Seção 5.4.

Diante do que foi exposto até aqui, podemos concluir que, para atribuir custos aos materiais adquiridos de terceiros constantes dos estoques levantados por meio de inventários realizados no final de um período, a empresa tem dois caminhos:

a. se adotar o sistema de inventário permanente, bastará coletar os custos nas respectivas fichas de controle de estoques de cada material. Nesse caso, os estoques serão avaliados pelo critério escolhido pela empresa, exceto UEPS e Custo Médio Ponderado Fixo, conforme já comentamos;

b. se adotar o sistema de inventário periódico, a solução será atribuir custos aos materiais com base nas últimas Notas Fiscais de compras (critério PEPS), veja: Suponhamos que a empresa Industrial Natividade S.A. tenha em estoque, no final do ano, 30 unidades de uma determinada matéria-prima.

Como essa empresa trabalha com Inventário Periódico, para avaliar essas unidades de materiais deverá verificar os custos constantes das últimas Notas Fiscais de compras. Suponhamos, então, que na última Nota Fiscal de compra da referida matéria-prima, datada de 18 de dezembro, conste aquisição de 20 unidades, a $ 10,00 cada, já devidamente excluídos os impostos recuperáveis e acrescidas as despesas acessórias. Como existem 30 unidades em estoque, há necessidade de recorrer à penúltima compra, cuja Nota Fiscal é de 20 de outubro, com preço unitário de $ 6,00.

Assim, as 30 unidades de matérias-primas serão avaliadas como segue:

- 20 a $ 10,00 = 200
- 10 a $ 6,00 = 60
- Total 260

Lembramos que, conforme já dissemos, com o advento da Lei n. 11.638/2007, o sistema de inventário periódico deixou de ser viável para as empresas industriais, em relação ao controle de estoques de materiais que serão aplicados no processo de fabricação.

5.2.8 Contabilização dos estoques

A contabilização dos estoques finais de materiais depende do sistema adotado pela empresa para controle dos estoques.

Se o sistema adotado for o de Inventário Periódico, basta debitar uma conta que represente o respectivo estoque e creditar uma conta que represente despesa ou o custo de produção do período.

Se, por outro lado, o sistema utilizado pela empresa para controlar os estoques for o de Inventário Permanente, o valor do estoque final dos materiais não precisará ser contabilizado, uma vez que, por esse sistema, os estoques são atualizados constantemente na contabilidade, sempre que ocorrer uma compra ou uma requisição de materiais. Nesse caso, havendo divergências entre o estoque físico e o estoque contábil, seja para mais, seja para menos, os ajustes deverão ser contabilizados. Veja orientações na Seção 5.7 deste capítulo.

5.2.9 Critério do preço de venda diminuído da margem de lucro

A avaliação de estoques pelo critério do preço de venda diminuído da margem de lucro, também conhecida por critério ou método de varejo, está prevista no item 22 da NBC TG 16 e no artigo 307 do RIR/18, como opção para ser adotada nos casos em que não seja viável a aplicação de outros critérios de custeio.

Esse critério, muitas vezes usado no setor de varejo para mensurar estoques de grande quantidade de itens que mudam rapidamente, consiste na obtenção do custo de produção ou aquisição, subtraindo-se a margem de lucro do preço de venda.

A expressão "margem de lucro" utilizada pelo fisco, nesse caso, deve ser interpretada como sendo o montante adicionado pela empresa ao custo de fabricação ou de aquisição, para compor o preço de venda. Tecnicamente esse montante é conhecido por "*markup*", palavra inglesa cujo significado pode ser traduzido exatamente como sendo a diferença entre o custo total de produção ou de aquisição e o preço de venda de um bem.

As empresas que trabalham com grande variedade de mercadorias, por exemplo, os supermercados e as lojas de departamentos, em decorrência do grande número de Notas Fiscais de entrada, bem como da permanência de itens semelhantes em vários pontos de venda, preferem, para fins gerenciais, controlar seus estoques com base nos preços de venda.

Exemplo prático

Suponhamos que uma determinada unidade de mercadoria adquirida por $ 120,00, tenha seu preço de venda fixado em $ 208,80, em decorrência dos seguintes encargos e lucro almejado baseados no próprio preço de venda:

- Tributos 22%;
- Comissões a vendedores 3%;
- Outras Despesas 8%;
- Lucro almejado 9,50%;
- Total 42,50%.

O preço de venda pode ser obtido mediante a aplicação de um índice sobre o custo de aquisição. Esse índice ou coeficiente, denominado tecnicamente de "markup multiplicador", será calculado como segue:

a. Soma-se tudo que se pretende cobrar no preço de venda, exceto o próprio custo de fabricação ou de aquisição. Os itens que se pretende incluir no preço de venda, devem ser apresentados em percentuais em relação ao próprio preço de venda.

No cálculo já apresentado, obtivemos o montante de 42,50%.

Como o preço de venda que resulta da soma do custo + tudo aquilo que a empresa desejar a ele adicionar será 100%, concluímos que o custo de aquisição de $ 120,00 representará 57,50% do referido preço de venda.

b. Em seguida, basta dividir 100% pela porcentagem do preço de venda correspondente ao custo de aquisição ou produção, para se obter o índice:

$$\frac{100\%}{57{,}5\%} = 1{,}74$$

c. Cálculo do preço de venda

Basta, agora, multiplicar o preço de custo pelo índice encontrado na letra "b", veja:

$$\$\ 120{,}00 \times 1{,}74 = \$\ 208{,}80$$

Assim, durante o exercício social, para todas as mercadorias cujos encargos adicionados ao lucro pretendido corresponda a 42,50% do preço de venda, bastará multiplicar o custo pelo coeficiente 1,74 para se obter o preço de venda.

No final do período, portanto, estando diante do estoque final de mercadorias avaliados ao preço de venda, para conhecer os respectivos custos de aquisição, bastará fazer o cálculo inverso, ou seja, dividir o preço de venda pelo mesmo coeficiente que serviu para o cálculo do referido preço.

Considerando que a mesma unidade de mercadoria com preço de venda fixado em $ 208,80 estava em estoque no final do período, para apurar o custo de aquisição, faremos:

$$\frac{\$\ 208{,}80}{1{,}74} = \$\ 120$$

A adoção desse método, requer cuidados especiais como o cálculo de índice específico para cada grupo de mercadorias, que apresentem despesas a serem recuperadas e margem de lucro desejada iguais; acompanhamento e inclusão das remarcações de preços, que podem promover a troca de produtos de um para outro grupo etc.

Portanto, a aplicação desse critério deve se restringir aos casos em que a relação custo-benefício aponte pela inviabilidade de adoção dos critérios tradicionais.

Atividades Teóricas 1

1. Responda:
   1.1 Qual é a finalidade dos inventários de materiais?

   1.2 Que materiais devem ser relacionados no livro Registro de Inventários?

   1.3 Quais são os critérios que podem ser utilizados para avaliação dos estoques?

   1.4 Quando ocorre compra com custo unitário diferente do existente em estoque, como proceder para manter o Custo Médio Ponderado Móvel nos estoques?

   1.5 Quando a economia do país estiver estável, qual o melhor critério para se avaliar os estoques?

   1.6 Preço Específico, PEPS, UEPS e Custo Médio Ponderado Móvel. Dentre os critérios supra, qual não é aceito pelo fisco?

   1.7 A empresa industrial que adotar o sistema de inventário periódico, qual critério deverá utilizar para avaliar seus estoques no final do ano?

   1.8 Que empresas utilizam para avaliar seus estoques o critério do preço de venda diminuído da margem de lucro?

   1.9 Em que consiste a expressão "margem de lucro" contida no artigo 307 do RIR/18?

   1.10 Uma empresa adquiriu para revenda 100 unidades de uma mercadoria, tendo pago por elas a importância de $ 2.000,00.
   Considerando que a soma dos encargos com tributos e despesas necessárias à venda, adicionado ainda a margem de lucro desejada, atingirá 60% do preço de venda, qual será o valor a ser atribuído a essas mercadorias para fins de estocagem, tendo em vista que a empresa costuma controlar seus estoques pelo preço de venda?

   1.11 Considerando que no final de um exercício social havia em estoque 500 unidades de um determinado produto, avaliadas pelo preço de venda de $ 23.100,00, cujo preço de venda foi obtido pela aplicação do coeficiente 1,54 sobre o preço de custo, calcular o valor a ser atribuído aos estoques com base nos respectivos preços de custo.

2. Indique se a afirmativa é falsa ou verdadeira:
   2.1 Os inventários de materiais devem ser escriturados no livro Registro de Inventários, exigido pelas legislações do IR, IPI e ICMS.

2.2 O critério PEPS, consiste em atribuir a cada unidade do estoque o preço efetivamente pago por ela.

2.3 O critério do Custo Específico, consiste em atribuir às unidades em estoque os custos mais recentes.

2.4 O critério UEPS, consiste em atribuir às unidades em estoque uma média dos custos de aquisição.

2.5 As devoluções de compras deverão ser lançadas nas fichas de controle de estoques na coluna das entradas, negativamente, entre parênteses.

3. Escolha a alternativa correta:

3.1 Para devolver ao fornecedor parte da compra de matérias-primas efetuadas, a Indústria Rotandaro Ltda. pagou a importância de $ 2.000,00 de fretes. Esse gasto com fretes será considerado:

a) Custo de Produção.
b) Custo da Compra.
c) Estorno do custo da respectiva compra.
d) Despesa Operacional.
e) Direito junto ao fornecedor.

3.2 O critério de avaliação dos estoques influi:

a) No valor do estoque final de materiais.
b) No valor do custo dos produtos fabricados.
c) No resultado bruto e consequentemente no resultado líquido do período.
d) Nas bases de cálculo para o pagamento do Imposto de Renda e da Contribuição Social sobre o Lucro.
e) Todas as alternativas estão corretas.

3.3 Em relação ao critério do preço de venda diminuído da margem de lucro, é correto afirmar:

a) O preço de venda pode ser obtido pela multiplicação de um coeficiente sobre o preço de custo.
b) O preço de venda será sempre considerado como preço de custo.
c) Para se apurar o índice a ser utilizado, basta dividir 100% pelo montante das despesas e margem de lucro desejada.
d) O custo de aquisição será obtido pela divisão do preço de venda pelo mesmo coeficiente utilizado por ocasião da apuração do preço de venda.
e) As alternativas "a" e "d" estão corretas.

Atividade Prática 1

Fatos ocorridos em uma empresa industrial durante o mês de março:

1. Em 01/03 havia em estoque 50 unidades de matéria-prima com valor unitário de $ 10,00.

2. Em 05/03 foram adquiridas 100 unidades da mesma matéria-prima por $ 15,00 a unidade.

3. Em 10/03 foram transferidas para produção 70 unidades da matéria-prima.

Considerando-se que durante o mês ocorreram somente essas operações, calcular o valor do estoque em 31 de março, bem como o custo das matérias-primas transferidas para a produção, pelos seguintes critérios:

a) PEPS;
b) UEPS;
c) Custo Médio Ponderado Móvel;
d) Custo Médio Ponderado Fixo.

5.3 Critérios de avaliação dos estoques de produtos acabados e em elaboração

Na Seção 5.2, você estudou os critérios que podem ser utilizados para atribuir custos aos estoques de materiais adquiridos pela empresa industrial. Na presente Seção, trataremos dos critérios que podem ser utilizados para atribuir custos aos estoques de produtos acabados, bem como aos estoques de produtos que, na época do levantamento do Balanço, ainda se encontrem em fase de elaboração.

Antes do advento das Leis n. 11.638/07 e 11.941/09 que promoveram importantes alterações na Lei n. 6.404/76, especialmente na parte que trata de matéria contábil, as empresas industriais brasileiras atribuíam custos aos estoques de produtos acabados e de produtos em elaboração com base nos custos de fabricação ou com base em critérios arbitrados pelo fisco.

As sociedades anônimas de capital aberto, por estarem obrigadas a manter sistema de contabilidade de custo integrado e coordenado com o restante da escrituração, atribuíam custos aos seus estoques com fundamento nos custos reais por elas contabilizados. Por outro lado, as demais empresas, normalmente as de pequeno e médio portes, por comodidade, preferiam adotar os critérios arbitrados pelo fisco.

Esses critérios estão definidos no artigo 307 do RIR/18, como segue:

> "Art. 308. Se a escrituração do contribuinte não satisfizer às condições previstas nos §§ 1º e 2º do art. 306, os estoques deverão ser avaliados:
> I – os de materiais em processamento, por uma vez e meia o maior custo das matérias-primas adquiridas no período de apuração, ou em oitenta por cento do valor dos produtos acabados, determinado de acordo com o disposto no inciso II;
> II – os dos produtos acabados, em setenta por cento do maior preço de venda no período de apuração."

É importante destacar que, após o advento das mencionadas Leis n. 11.638/07 e n. 11.941/09, a contabilidade das empresas brasileiras não sofre mais interferência do fisco. Agora, as empresas devem processar a contabilidade conforme as normas contábeis derivadas do Conselho Federal de Contabilidade, que são convergentes com as normas internacionais de contabilidade IFRS.

Veja o que estabelece o § 2º do artigo 177 da Lei n. 6.404/1976:

> "A companhia observará exclusivamente em livros ou registros auxiliares, sem qualquer modificação da escrituração mercantil e das demonstrações reguladas nesta Lei, as disposições da lei tributária, ou de legislação especial sobre a atividade que constitui seu objeto, que prescrevam, conduzam ou incentivem a utilização de métodos ou critérios contábeis diferentes ou determinem registros, lançamentos ou ajustes ou a elaboração de outras demonstrações financeiras."

Portanto, as divergências que ocorram entre a escrituração contábil e a legislação tributária em decorrência da aplicação das normas internacionais de contabilidade IFRS consubstanciadas nas normas brasileiras de contabilidade, deverão ser ajustadas em livros auxiliares para fins de apuração das bases de cálculo do Imposto de Renda e da Contribuição Social sobre o Lucro Líquido.

Diante desses novos procedimentos que entraram em vigor no Brasil a partir de 1º de janeiro de 2008, as empresas industriais, objeto do nosso estudo, ficaram obrigadas a atribuir custos aos estoques de produtos acabados e em elaboração com fundamento nos seus registros contábeis e não mais com base nos valores arbitrados pelo fisco.

Assim, todas as empresas industriais estão obrigadas a manter um sistema de contabilidade de custos e observar as disciplinas contidas nas normas brasileiras de contabilidade, independente do seu faturamento e regime tributário, inclusive aquelas regidas pelo Estatuto das microempresas e das empresas de pequeno porte.

É importante destacar que somente o pequeno empresário está dispensado da escrituração contábil, pelo Código Civil.

Pequeno empresário é o empresário individual caracterizado como microempresa que aufira receita bruta anual de até $ 81.000,00 (artigo 68 da Lei Complementar n. 123/2006).

Assim, os custos a serem atribuídos aos estoques de produtos acabados e de produtos em elaboração, deverão estar fundamentados nos registros contábeis da empresa.

Veja o que estabelece o item 10 da NBC TG 16:

> "O valor de custo do estoque deve incluir todos os custos de aquisição e de transformação, bem como outros custos incorridos para trazer os estoques à sua condição e localização atuais."

Note que o custo a ser atribuído aos estoques de produtos acabados, compõem-se de três partes: custo de aquisição dos materiais aplicados no processo de fabricação desses produtos; custo de transformação e outros custos incorridos para trazer os estoques à sua condição e localização atuais.

Note, também, que o custo a ser atribuído aos estoques de produtos em elaboração, compõem-se de duas partes: custo de aquisição dos materiais aplicados no processo de fabricação e custo de transformação incorridos até a fase do processo de fabricação, em que tais produtos se encontrarem no momento do levantamento de seus estoques.

Veja, então, como a NBC TG 16 em seu item 12, defini o custo de transformação:

> "12. Os custos de transformação de estoques incluem os custos diretamente relacionados com as unidades produzidas ou com as linhas de produção, como pode ser o caso da mão de obra direta.
>
> Também incluem a alocação sistemática de custos indiretos de produção, fixos e variáveis, que sejam incorridos para transformar os materiais em produtos acabados."

Conforme você pode observar, a NBC TG 16, no item 10, prevê ainda a possibilidade de atribuir aos estoques, outros custos incorridos para trazer os estoques à sua condição e localização atuais. Esses custos decorrem de armazenagem, transporte etc."

Portanto, se for praxe na empresa industrial a estocagem de produtos acabados antes de serem vendidos, e havendo diferenças entre os custos de fabricação atribuídos aos produtos iguais, porém fabricados em períodos diferentes, a empresa poderá adotar para avaliação dos estoques, qualquer um dos critérios já estudados (PEPS, UEPS, Média Ponderada etc). Entretanto, para fins de apuração dos resultados e elaboração das demonstrações contábeis, será necessário observar a disciplina contida na NBC TG 16 e na legislação tributária, que permitem a adoção do custo médio ponderado móvel ou dos bens adquiridos ou produzidos mais recentemente (PEPS), admitida, ainda, a avaliação com base no preço de venda, subtraída a margem de lucro.

É importante salientar que nas fabricações sob encomenda, para atribuir custos aos estoques, seja de produtos acabados ou em elaboração, bastará coletar os custos que foram devidamente alocados aos produtos em suas respectivas ordens de produção.

Quando a produção for contínua (em série), tendo em vista que os custos não são registrados por unidade de produtos, mas sim englobadamente por lote, família ou linha de produção, no final de cada período, será preciso segregar os custos incorridos na produção do período entre as unidades acabadas e àquelas que se encontrarem em fase de elaboração. Nesse caso, a atribuição de custos a esses estoques deverá ser efetuada em base racional e consistente, conforme estabelece o item 13.10 da Seção 13 da NBC TG 1.000.

5.4 Custo ou valor realizável líquido, dos dois o menor

5.4.1 Introdução

O artigo 183 da Lei n. 6.404/1976 apresenta os critérios de avaliação dos elementos do Ativo para efeito de elaboração do Balanço Patrimonial. Um deles é o do custo ou valor de mercado, quando este for inferior.

Esse critério é utilizado para avaliar os estoques de: mercadorias e produtos destinados à venda, produtos em elaboração, materiais de consumo e materiais a serem aplicados no processo de fabricação ou na prestação de serviços.

A avaliação de estoques também foi disciplinada pela NBC TG 16, fundamentada no CPC 16 convergente com as normas internacionais de contabilidade IFRS.

O item 9 dessa NBC TG, estabelece que os estoques devam ser mensurados pelo valor de custo ou pelo valor realizável líquido, dos dois o menor.

Os propósitos da Lei e da norma contábil são convergentes, ou seja: evitar que no Balanço figurem estoques com valores que não sejam recuperáveis, isto é, com valores que não sejam capazes de gerar fluxos de caixa futuros para a empresa, com a venda ou consumo.

Assim, sempre que, na data do levantamento do Balanço, um ou mais itens do estoque apresentar valor de recuperação (valor de mercado, valor justo ou valor realizável líquido) inferior ao seu custo, a empresa deverá reconhecer essa perda.

Contabilmente, a perda é reconhecida mediante débito em uma conta de despesa e crédito em conta redutora do respectivo estoque, conforme veremos adiante.

É importante destacar que o valor a ser comparado com o custo dos estoques é denominado pela Lei n. 6.404/1976 de "valor de mercado" ou "valor justo" e é denominado pela NBC TG 16, de "valor realizável líquido".

A partir daqui adotaremos a denominação dada pela NBC TG 16, ou seja: valor realizável líquido.

Para facilitar a aplicação dessa regra, vamos segregar os estoques em três grupos, conforme consta do inciso II do art. 183 da Lei n. 6.404/1976:

a. matérias-primas e bens em almoxarifado;

b. mercadorias e produtos acabados; e

c. produtos em fabricação.

Para aplicar a regra "custo ou valor realizável líquido, dos dois o menor", na época do levantamento do Balanço, o contabilista estará diante de dois valores: custo e valor realizável líquido.

Vamos, então, ver o que significa estoques, relembrar o que seja custo e entender o que seja valor realizável líquido para cada um dos grupos de estoques mencionados.

5.4.2 Estoque

Para a NBC TG 16, os estoques compreendem mercadorias, produtos acabados, produtos em elaboração, materiais de consumo e materiais a serem aplicados no processo de transformação ou na prestação de serviços.

Esses estoques serão apresentados no Balanço pelo valor de custo ou pelo valor realizável líquido dos dois o menor.

5.4.3 Custo

Vejamos, inicialmente, o que significa custo para cada um desses grupos de estoque.

Na realidade, na época do levantamento do Balanço, o contabilista não terá dificuldade para encontrar os custos dos itens dos estoques, pois eles já estão devidamente contabilizados; contudo, o valor realizável líquido precisará ser encontrado. Esse valor depende de fatores externos, pois normalmente é o preço de venda, não o que a empresa define, mas aquele que o mercado estiver disposto a atribuir.

Embora o custo seja facilmente encontrável na escrita contábil, vamos relembrar.

a. matérias-primas e bens em almoxarifado

São os bens adquiridos de terceiros para serem aplicados no processo de fabricação e na prestação de serviços, bem como para serem consumidos em outras áreas da empresa como os materiais de expediente, informática, limpeza, manutenção etc.

Você já sabe que o custo de aquisição de mercadorias, matérias-primas e de outros bens mantidos em almoxarifado, corresponde ao valor pago ao fornecedor.

Sabe também que esse valor é influenciado pelos fatos que alteram os valores das compras, conforme vimos na Seção 5.2.

Você sabe também que no final de um período, esses estoques poderão ser compostos por bens de um mesmo tipo, porém adquiridos em datas diferentes, com custos, também diferentes. Essa circunstância nos levou a estudar na Seção 5.2, seis critérios que podem ser adotados pela empresa para atribuir custos aos seus estoques ao longo do exercício social, lembra-se?

Assim, no final do período, data do levantamento do Balanço, o custo que você deverá considerar para comparar com o valor realizável líquido, é o custo que atribuiu aos estoques utilizando um desses seis critérios, exceto aqueles não aceitos pelo fisco e pela NBC TG 16, conforme comentamos.

b. mercadorias e produtos acabados

O custo das mercadorias é determinado da mesma forma do custo das matérias-primas e dos outros materiais adquiridos de terceiros, conforme vimos na letra "a" anterior.

O custo dos produtos acabados é composto pelo custo dos materiais, da mão de obra e dos gastos gerais de fabricação incorridos na fabricação dos produtos. Esse assunto você estudará nos Capítulos 7 e 8 do presente livro.

c. produtos em fabricação

O custo a ser atribuído aos produtos em elaboração poderá ser determinado conforme seja a fase do processo em que o produto se encontre. Quando o processo estiver no início, pode-se adotar o custo das matérias-primas aplicadas; contudo, nas fases mais avançadas, dever-se-á atribuir os custos já incorridos até a respectiva fase.

5.4.4 Valor realizável líquido

a. matérias-primas e bens em almoxarifado

É o preço pelo qual possam ser repostos, mediante compra no mercado (alínea a do § 1º do art. 183 da Lei n. 6.404/1976 e item 32 da NBC TG 16).

O valor de reposição é obtido mediante consulta efetuada aos fornecedores.

Exemplo prático

Suponhamos que um lote de matérias-primas adquirido por $ 3.000, tenha como valor de reposição (valor de mercado) no final de um período, $ 2.500.

Nesse caso, para ajustar o custo de aquisição ao valor de reposição, considerando que o custo de aquisição já está devidamente contabilizado (ele foi contabilizado na data em que ocorreu a respectiva aquisição) e, por esse motivo, não pode ser modificado, será preciso reconhecer essa perda mediante débito em conta de despesa e crédito em conta redutora do Ativo. Veja:

Despesas com Perdas Estimadas por Red. ao Val. Real. Líq.
a Perdas Estimadas por Redução ao Val. Real. Líq.
Pelo reconhecimento de perda,
conforme documentos etc. *500*

OBSERVAÇÕES:

- A conta debitada é conta do grupo das Despesas Operacionais e o seu saldo será transferido para a conta Resultado do Exercício por ocasião da apuração do resultado líquido. Com o débito nessa conta, a empresa estará reconhecendo a perda de $ 500, no momento em que ela foi constatada.
- A conta creditada é conta patrimonial e figurará no Balanço como redutora da conta Estoque de Matérias-primas, permitindo, assim que o saldo dessa conta reflita o seu valor recuperável.

b. mercadorias e produtos acabados

Segundo o item 6 da NBC TG 16, valor realizável líquido é o preço de venda estimado no curso normal dos negócios, deduzido dos custos estimados para sua conclusão[2] e dos gastos estimados necessários para se concretizar a venda.

A Lei n. 6.404/1976, na alínea b do § 1º do art. 183 apresenta definição semelhante, porém inclui a margem de lucro entre as deduções do preço de venda.

A margem de lucro, contestada por alguns tratadistas, deve ser aplicada comedidamente, uma vez que na maioria dos casos fará com que o valor realizável líquido se iguale ao custo.

Segundo o item 30 da mencionada NBC TG 16, as estimativas consideradas para se chegar ao valor realizável líquido (preço de venda, custos para conclusão e gastos para concretizar a venda), devem ser baseadas nas evidências mais confiáveis disponíveis no momento em que essas estimativas são feitas.

Os gastos estimados necessários para se concretizar a venda, referem-se àqueles que irão incorrer quando as mercadorias e produtos forem vendidos. É importante destacar que alguns desses gastos são fixos e não guardam proporcionalidade

[2] A expressão "dos custos estimados para sua conclusão", aplica-se aos estoques de produtos em elaboração.

com o preço de venda, como por exemplo as despesas com embalagens, fretes, pedágio etc., porém, outros são variáveis e guardam proporcionalidade com o preço de venda, como é o caso das comissões devidas a vendedores, dos tributos (ICMS, IPI, COFINS e outros.) etc.

É importante destacar que entre as despesas necessárias para realização da venda deve-se incluir também as despesas financeiras, como por exemplo, aquelas decorrentes do desconto de duplicatas.

Exemplo prático

Vamos assumir que em 31/12/X5, um lote de determinado produto acabado integrante do estoque final, esteja contabilizado pelo custo de $ 7.000. Vamos assumir, também que o preço de venda estimado desse produto seja igual a $ 11.000 e que os gastos estimados necessários para se concretizar a venda sejam de $ 2.500.

Considerando as informações apresentadas, veja como encontraremos o valor realizável líquido:

Preço de venda estimado .... $ 11.000
(–) Gastos estimados para se concretizar a venda .... ($ 2.500)
(=) Valor Realizável Líquido .... $ 8.500

Sendo o valor realizável líquido superior ao custo de produção, esse lote de produtos figurará no Balanço pelo custo de fabricação.

Vamos assumir agora, que os gastos estimados necessários para se concretizar a venda sejam de $ 5.000 com o mesmo preço de venda.

Veja, então como ficará o valor realizável líquido:

Preço de venda estimado .... $ 11.000
(–) Gastos estimados para se concretizar a venda .... ($ 5.000)
(=) Valor Realizável Líquido .... $ 6.000

Com o valor realizável líquido inferior ao custo de fabricação, o lote de produtos figurará no Balanço pelo valor realizável líquido.

Para que isto seja possível, será preciso reconhecer contabilmente a perda de $ 1.000. A contabilização é semelhante ao exemplo apresentado para as matérias-primas.

c. produtos em fabricação

Tendo em vista que os custos a serem atribuídos aos produtos em elaboração podem ser os das matérias-primas ou então os custos realmente incorridos até a fase de fabricação, em que os produtos se encontrem, para cotejar com esses custos pode-se utilizar o valor de reposição das matérias-primas ou o preço de venda estimado para os produtos acabados no curso normal dos negócios, deduzido dos custos estimados para sua conclusão e dos gastos estimados necessários para se concretizar a venda, conforme já comentamos.

Finalmente, é importante destacar que, segundo o item 33 da NBC TG 16, em cada período subsequente deve ser feita uma nova avaliação do valor realizável líquido. Quando as circunstâncias que anteriormente provocaram a redução dos estoques abaixo do custo deixarem de existir ou quando houver uma clara evidência de um aumento no valor realizável líquido devido à alteração nas circunstâncias econômicas, a quantia da redução deve ser revertida como receita (a reversão é limitada à quantia da redução original), de modo a que o novo montante registrado do estoque seja o menor valor entre o custo e o valor realizável líquido revisto.

Atividades Teóricas 2

1. Responda:
   - 1.1 Com base em que as empresas industriais deverão atribuir custos aos estoques de produtos acabados?
   - 1.2 Antes da adoção das normas internacionais de contabilidade IFRS, com base em que as empresas atribuíam custos aos estoques de produtos acabados?
   - 1.3 Quais critérios de avaliação de estoques são aceitos pela NBC TG 16 e pelo fisco?
   - 1.4 Qual a finalidade da aplicação da regra "valor de custo ou valor realizável líquido, dos dois o menor"?
   - 1.5 Quais são os bens em estoque que estão sujeitos a regra "custo ou valor realizável líquido?"

2. Julgue as afirmativas em falsas ou verdadeiras:
   - 2.1 Os inventários de materiais visando o conhecimento dos estoques existentes no final de cada período, é indispensável para que a empresa possa apurar os seus resultados e elaborar as demonstrações contábeis.
   - 2.2 Para fins de se atribuir custos aos produtos acabados no período, é vedada a aplicação do critério de avaliação PEPS.
   - 2.3 Quando o custo de aquisição das matérias-primas for superior ao valor de mercado, deverá ser reconhecida uma perda.
   - 2.4 O valor realizável líquido das matérias-primas e dos bens em almoxarifado é o preço pelo qual possam ser repostos, mediante compra no mercado.
   - 2.5 A perda a ser reconhecida quando o custo de fabricação é superior ao valor

realizável líquido, será contabilizada mediante débito em conta de despesa e crédito em conta redutora da respectiva conta de estoque.

3. Escolha a alternativa correta:

3.1 O valor realizável líquido corresponde:

a) Ao preço de reposição – para as matérias-primas e para os bens em almoxarifado.
b) Ao custo de fabricação – destinados à venda.
c) Ao valor extraído das Fichas de controle de estoques desde que não seja adotado o critério UEPS.
d) As alternativas "a" e "B" estão corretas.
e) n.d.a.

3.2 Para se obter os preços de reposição, no caso de atribuir custos às matérias-primas, a empresa deverá:

a) Consultar as últimas Notas Fiscais de compras.
b) Consultar os fornecedores.
c) Consultar as fichas de controle de estoques e excluir dela a margem de lucro.
d) Considerar o custo de aquisição excluída a margem de lucro.
e) n.d.a.

5.5 Transferências para produção

As transferências de materiais do almoxarifado para as diversas áreas da empresa industrial são comprovadas por meio das Requisições de Materiais.

As contas a serem debitadas e/ou creditadas por ocasião das transferências de materiais do almoxarifado para a área de produção, dependerão do sistema de custeio utilizado pela empresa: inventário permanente sem departamentalização; inventário permanente com departamentalização; ABC etc.

Exemplo prático

Suponhamos a seguinte ocorrência na Indústria de Produtos Alimentícios São Luís S.A., que adota o sistema de inventário permanente.

Em 29 de setembro foram transferidas para a produção, conforme Requisição n. 2, matérias-primas no valor de $ 17.960,00 (*vide* ficha de controle de estoques, Custo Médio Ponderado Móvel, item 5.2.5).

Considerando, então, que a empresa adota o sistema de inventário permanente apurando custos por produto, e que a matéria-prima requisitada será aplicada no produto A, veja como o fato poderá ser contabilizado no livro Diário:

CUSTO EM FORMAÇÃO
Produto A
Materiais

a Estoque de Matérias-Primas

Pela transferência para produção

conf. Requisição n. 2. .... *17.960*

5.6 Divergências entre o estoque físico e o contábil

Nas empresas industriais, no final do exercício social (ou do mês), para se apurar o custo dos produtos fabricados bem como os resultados bruto e líquido do exercício, devem ser elaborados os inventários de todos os materiais existentes em estoque na referida data.

Os inventários, que são realizados mediante a contagem física dos materiais existentes em estoque, são importantes uma vez que pode haver divergências entre o estoque físico (levantado por meio da contagem) e o estoque contábil (saldo da conta que registra o respectivo estoque, contido no livro Razão).

Quando a empresa adota o sistema de inventário periódico para a apuração dos seus resultados, os totais dos materiais existentes em estoque apurados por meio dos inventários físicos, serão contabilizados a débito das contas representativas dos respectivos estoques e a crédito da conta Custo dos Produtos Vendidos ou Resultado do Exercício, conforme o material seja classificado como custo ou despesa.

Com esse procedimento, os saldos das contas representativas dos estoques de materiais refletirão os montantes dos estoques finais que figurarão no Balanço Patrimonial de encerramento do período.

Por esse sistema, não ocorrerão divergências, uma vez que não houve controle contábil dos estoques durante o período.

Quando a empresa adota o sistema de inventário permanente, após efetuar os inventários físicos, deverá confrontar os montantes neles encontrados, com os saldos das contas que, durante todo o período, registraram os respectivos estoques. Nesse caso, é comum aparecer divergências entre o saldo escriturado na conta que registra o estoque com o valor inventariado.

Essas divergências podem decorrer de simples erro nos registros contábeis, de perdas ou de quebras conforme explanadas a seguir, na Seção 5.7, ou decorrer, ainda, de furtos, desfalques ou desvios.

Quanto às divergências inexpressivas decorrentes de erros nos registros contábeis, a regularização deverá ser feita entre as contas que representam os estoques com divergências e as contas Custo de Produção do Período, Custo em Formação do Produto respectivo, Custo dos Produtos Vendidos ou Resultado do Exercício, conforme o material seja classificado como custo ou despesa e também, conforme seja o sistema utilizado pela empresa para apuração dos seus resultados (inventário periódico ou permanente).

Quando as diferenças forem expressivas, será necessário apurar as causas que certamente serão estranhas à movimentação normal da empresa. Nesse caso, quando o inventário físico for superior ao contábil, poderá ter ocorrido finalização de produção sem que se tenha dado entrada nos estoques (em relação aos produtos acabados); poderá ter ocorrido compra de materiais sem o devido registro (no caso de matérias-primas e outros materiais) etc. Quando o estoque físico for inferior ao contábil, poderá caracterizar vendas sem a emissão de documentação apropriada, furtos, desvios etc.

No caso em que ficar comprovado o furto, o roubo etc., a regularização será feita debitando-se uma conta de despesa operacional, do grupo das outras despesas operacionais que reflita a referida baixa (poderá ser: perdas por divergências de estoques) e a crédito da conta que registra o respectivo estoque. Nesse caso, para dar suporte ao registro contábil, a empresa deverá arquivar os respectivos boletins de ocorrência policial, ou, se ficar comprovada a responsabilidade de empregados, os comprovantes dos inquéritos realizados conforme determina a legislação trabalhista.

5.7 Quebras ou perdas de estoque

Os estoques estão sujeitos a perdas ou quebras, que podem variar em função da natureza do bem e da atividade desenvolvida pela empresa. Elas podem ocorrer na fabricação, no transporte, no manuseio ou na armazenagem.

Existem perdas ou quebras que são consideradas normais ou razoáveis, uma vez que decorrem da própria natureza dos bens, por exemplo, os bens que sofrem perdas com evaporação, seja no processo de fabricação, transporte ou armazenagem (produtos químicos – petróleo e seus derivados); com produtos que são armazenados por processo de congelamento ou resfriamento e sofrem perda de peso (aves); com produtos que, em decorrência do processo de fabricação, sofrem perdas, como ocorre na indústria de papel e seus derivados (aparas), nas indústrias de confecções (retalhos) etc.

Existem perdas ou quebras de estoques que são consideradas anormais, por serem esporádicas, como aquelas decorrentes de deterioração, obsolescência ou ainda pela ocorrência de riscos não cobertos por seguros.

A legislação tributária reconhece por meio do art. 303 do RIR/18 que as perdas e as quebras de estoques, sejam elas normais ou anormais, devam ser contabilizadas como custo de produção ou como custo das mercadorias ou dos produtos vendidos, interferindo assim no resultado bruto, desde que devidamente comprovadas.

Veja esse dispositivo legal na íntegra:

> "Art. 303. O custo será integrado pelo valor
> I – das quebras e das perdas razoáveis, de acordo com a natureza do bem e da atividade, ocorridas na fabricação, no transporte e no manuseio; e
> II – das quebras ou das perdas de estoque por deterioração, obsolescência ou ocorrência de riscos não cobertos por seguros, desde que comprovadas:
> a. por laudo ou certificado de autoridade sanitária ou de segurança que especifique e identifique as quantidades destruídas ou inutilizadas e as razões da providência;
> b. por certificado de autoridade competente, nas hipóteses de incêndios, inundações ou outros eventos semelhantes; e
> c. por meio de laudo de autoridade fiscal chamada a certificar a destruição de bens obsoletos, invendáveis ou danificados, quando não houver valor residual apurável."

A contabilização das perdas ou quebras de estoques, portanto, conforme entendimento do fisco, sejam elas normais ou anormais, desde que devidamente justificadas, devem ser efetivadas como custo de produção ou como custo das mercadorias vendidas.

Julgamos que o entendimento do fisco, esteja mais relacionado ao reconhecimento do gasto como dedutível para fins de apuração da base de cálculo do Imposto de Renda, que propriamente refletindo a correta formação do custo de fabricação.

Dessa forma, em relação às perdas consideradas normais no processo de fabricação, realmente sob o ponto de vista técnico é correta a sua manutenção no custo de fabricação. No entanto, conforme comentamos no Capítulo 4, quando os materiais desperdiçados no processo de fabricação podem ser comercializados como ocorre com os retalhos, com as aparas de papel etc, o produto auferido na venda dessas sobras deverá ser abatido do custo de fabricação do período em que foram gerados.

Também, em relação às perdas anormais, o mais correto sob o ponto de vista técnico, seria contabilizá-las diretamente a débito de uma conta representativa de despesa operacional, classificável no subgrupo das outras despesas operacionais.

Atividades Teóricas 3

1. Responda:

1.1 Qual o tratamento a ser dado às perdas de materiais que ocorrem normalmente nos processos de fabricação, como em decorrência de evaporação, reações químicas etc.?

1.2 Qual o tratamento a ser dado aos materiais desperdiçados no processo de fabricação que serão vendidos como subprodutos?

1.3 Sob o ponto de vista técnico, qual o tratamento a ser dado às perdas consideradas anormais no processo de fabricação?

1.4 Qual o tratamento a ser dado às diferenças inexpressivas entre o estoque físico e o contábil, quando esse for inferior àquele?

1.5 Havendo diferença expressiva a menor entre o estoque físico e o contábil, como será feita a regularização?

CAPÍTULO 6

MÃO DE OBRA E GASTOS GERAIS DE FABRICAÇÃO

6.1 Mão de Obra

6.1.1 Conceito

Mão de Obra é o gasto com o pessoal que trabalha direta ou indiretamente na fabricação dos produtos.

O custo com mão de obra engloba, não só os salários pagos aos empregados, como também, os encargos sociais decorrentes da legislação trabalhista e previdenciária, além de todos os demais gastos com o pessoal que direta ou indiretamente trabalha na produção.

Assim, os gastos que normalmente as empresas industriais têm com o pessoal correspondem a: assistência médica e social, aviso prévio e indenizações, contribuições de previdência, contribuições para o FGTS, décimo terceiro salário, férias, horas extras, lanches e refeições, prêmios e gratificações, salários, seguro de acidentes do trabalho, seguro de vida em grupo, vale-refeição, vale-transporte etc.

6.1.2 Classificação

Você já estudou no Capítulo 2 que, em relação aos produtos, a mão de obra pode ser direta ou indireta.

Mão de Obra Direta

Compreende os gastos com o pessoal que trabalha diretamente na fabricação dos produtos.

A Mão de Obra Direta é aquela que pode ser facilmente identificada em relação aos produtos, por exemplo, o salário do torneiro mecânico, do tecelão, do carpinteiro, os quais trabalham diretamente na transformação das matérias-primas.

Mão de Obra Indireta

Compreende os gastos com o pessoal que trabalha na empresa industrial, cujas tarefas estão direcionadas à produção, porém, sem manipular diretamente os produtos.

Sempre que não houver meios seguros que permitam clara e objetiva identificação dos gastos com mão de obra em relação aos produtos fabricados, esses gastos deverão ser considerados como Mão de Obra Indireta.

Como exemplos de Mão de Obra Indireta, podemos citar os salários e encargos dos supervisores da fábrica, dos chefes de seção, dos faxineiros, dos eletricistas e mecânicos que fazem manutenção nas máquinas e equipamentos industriais etc. Esse pessoal não age diretamente na fabricação deste ou daquele produto, porém, os serviços que prestam beneficiam toda a produção em conjunto.

A Mão de Obra Indireta é atribuída aos produtos por meio de rateio.

O rateio consiste na distribuição dos custos aos produtos, com base em critérios que podem ser estimados ou até mesmo arbitrados pela empresa.

6.1.3 Contabilização da Mão de Obra Direta

Gastos decorrentes da folha de pagamento

Os custos com mão de obra, em quase sua totalidade, são compostos pelos gastos com salários e encargos, contidos nas folhas de pagamento.

Para facilitar a contabilização e também a atribuição desses custos aos produtos, a empresa industrial deve elaborar folhas de pagamento distintas, separando o pessoal que trabalha diretamente na produção daquele que trabalha de forma indireta.

É importante salientar que, em uma empresa industrial, os gastos com pessoal podem ser classificados em quatro categorias: Mão de Obra Direta (relacionados ao pessoal que trabalha diretamente na fabricação dos produtos); Mão de Obra Indireta (relacionados ao pessoal cujas tarefas beneficiam a fabricação de vários produtos ao mesmo tempo); Despesas Administrativas (relacionadas ao pessoal que trabalha na administração da empresa) e Despesas com Vendas (relacionadas ao pessoal que trabalha na área comercial).

Os gastos com pessoal que trabalha nas diversas áreas da empresa industrial, com raras exceções, são os mesmos e envolvem salários, encargos, gratificações, comissões etc. Entretanto, dependendo da área de atuação do empregado, esses gastos serão atribuídos aos produtos diretamente, indiretamente ou considerados como despesas administrativa ou comercial.

Nas empresas industriais que adotam o sistema do custo departamental para atribuição dos custos indiretos aos produtos, o ideal é que sejam elaboradas folhas de pagamentos para cada departamento, sejam eles produtivos ou de serviços. Essa prática facilitará tanto o reconhecimento desses gastos nos respectivos departamentos onde foram gerados, como também facilitará a transferência dos custos gerados em cada departamento para os produtos.

Vejamos, então, os procedimentos para contabilização dos gastos relativos a folha de pagamento da Mão de Obra Direta.

Informações extraídas da folha de pagamento do pessoal da produção da Indústria de Peças para Motos Coruputuba S.A., do mês de janeiro de X5:

Valor bruto da folha .... *$ 100.000,00*
Contribuição de Previdência retida dos empregados .... *$ 10.000,00*
IRR Fonte retido dos empregados .... *$ 5.000,00*
Contribuição de Previdência parte patronal .... *$ 27.800,00*
FGTS .... *$ 8.000,00*

NOTAS:

- O valor retido dos salários dos empregados que a empresa deverá repassar para a Previdência Social, varia conforme a faixa salarial de cada um. A Previdência Social altera frequentemente essas faixas salariais para fins de recolhimento, bem como para fins de pagamento dos benefícios aos seus segurados.
- A importância que a empresa deve recolher para a Previdência Social, considerada como parte patronal que incide sobre o valor bruto da folha de pagamento, corresponde a somatória de encargos devidos para a própria previdência (INSS e SAT) bem como para terceiros (Sebrae, Senai, Sesi etc.), cujos percentuais também são frequentemente alterados por dispositivos legais.
- O percentual que as empresas devem recolher de FGTS corresponde a 8% sobre o valor bruto devido aos empregados. Esse percentual também está sujeito a alterações, embora essa ocorrência seja mais rara que os dois casos já comentados na presente nota.
- Além da obrigatoriedade de pagar a Contribuição de Previdência, os empregados estão sujeitos ao pagamento de outras obrigações que também são retidas dos seus vencimentos e posteriormente recolhidas ao governo ou à outra entidade, pela própria empresa. A mais comum dessas obrigações é o Imposto de Renda. Esse tributo é devido somente pelos trabalhadores que tiverem rendimentos acima de um determinado valor, que é anualmente fixado pelo Governo Federal.

Para entender o mecanismo que envolve a contabilização de uma Folha de Pagamento de salários, você precisa saber que os empregados recebem os seus salários sempre no mês seguinte ao mês trabalhado. Isso equivale dizer que as empresas efetuarão o pagamento dos gastos com salários relativos à Folha de Pagamento, sempre no mês seguinte ao da ocorrência de seus fatos geradores. Ressalte-se que o fato gerador do gasto com salários e demais encargos ocorre no momento em que o trabalhador presta serviços para a empresa.

Você já deve ter percebido que os gastos com salários e encargos incorridos em um determinado mês, deverão integrar os custos dos produtos fabricados no respectivo mês. Esse é um dos motivos que justifica a elaboração da folha de pagamento no último dia de cada mês. De posse da folha, os gastos com salários e encargos serão apropriados ao custo do respectivo mês.

Dessa forma, a contabilização da Folha de Pagamento é feita em duas etapas:

1. no último dia do mês, após efetuar os cálculos e elaborar a Folha de Pagamento de salários, a empresa efetuará a contabilização, apropriando os gastos incorridos naquele mês e consequentemente registrando as obrigações respectivas;
2. no mês seguinte, são efetuados os lançamentos da liquidação da folha, correspondentes ao pagamento do líquido aos empregados, bem como ao recolhimento da contribuição de Previdência, FGTS, IR e outros mediante o preenchimento das guias próprias.

Após esses esclarecimentos, acompanhe a contabilização da Folha de Pagamento em questão:

1ª etapa – **Apropriações, (no último dia do mês)**

A apropriação dos gastos com a Folha de Pagamento na empresa industrial é feita debitando-se as contas que representam os respectivos custos e creditando-se as Contas de Obrigações Próprias.

Como estamos contabilizando a Mão de Obra Direta, as contas representativas desse custo são aquelas que no Elenco de Contas, apresentado no Capítulo 3 correspondem ao grupo 3.3.2.02 Mão de Obra DIRETA.

Por razões práticas, nos lançamentos a seguir, não apresentaremos os códigos das contas.

(1) Salários

a Salários a Pagar

Pela apropriação da folha de pagamento do pessoal da produção, referente ao mês de janeiro de X5. .... *100.000*

---

(2) Salários a Pagar

a Diversos

Pelas retenções conf. folha:

a Contribuições de Previdência a Recolher

Valor retido conf. folha. *10.000*

a IRR Fonte a Recolher

Valor retido conf. folha. *5.000* *15.000*

---

(3) Contribuições de Previdência

a Contribuições de Previdência a Recolher

Ref. parte patronal conf. folha. *27.800*

---

(4) Contribuições para o FGTS

a FGTS a Recolher

8% conf. Folha. *8.000*

Observe que debitando as contas do grupo 3.3.2.02, representativas da Mão de Obra Direta, os gastos com os salários e encargos dos trabalhadores da produção ficaram devidamente apropriados ao Custo de Produção do Período. Se a empresa pretender atribuir esses custos a cada produto fabricado, deverá manter apontamentos na área de produção que permitam identificar o montante desses custos para cada produto fabricado. Esses apontamentos indicarão o número de horas que os empregados trabalharam em cada produto. Assim, bastará debitar as contas do grupo 3.3.4, representativas da mão de obra do custo em formação de cada produto e creditar as contas do grupo 3.3.2.02, que foram debitadas nos lançamentos aqui apresentados.

É importante salientar que o excesso de detalhamento na contabilização dos custos com mão de obra nem sempre traz benefícios, principalmente nos casos em que os empregados trabalham durante o mês na fabricação de muitos produtos diferentes. Nesses casos, os custos no sistema contábil englobariam toda produção do período e extracontabilmente eles seriam apurados por produto.

Se, mesmo assim, houver interesse na contabilização dos custos por produto, a empresa poderá fazê-los, com base nas apurações extracontábeis (mapas, relatórios, planilhas etc.).

2ª etapa – **Liquidação (no mês seguinte)**

Suponhamos que no dia 5 do mês de fevereiro, a empresa tenha efetuado o pagamento do líquido aos empregados, bem como os recolhimentos de todas as obrigações decorrentes da folha de pagamento de janeiro, em dinheiro.

O registro contábil ficará como segue:

(4) Diversos
a Caixa
Pela liquidação da folha de pagamento de janeiro, como segue:

Salários a Pagar		
Líquido pago aos empregados	*85.000*	
Contribuições de Previdência a Recolher		
Recolhimento conf. guia.	*37.800*	
FGTS a Recolher		
Recolhimento conf. guia	*8.000*	
IRR Fonte a Recolher		
Recolhimento conf. guia	*5.000*	*135.800*

OBSERVAÇÃO:

- Observe que os custos com a folha de pagamento foram devidamente apropriados no mês de janeiro, e agora, em fevereiro, o registro contábil é feito para registrar o cumprimento das obrigações, envolvendo somente contas patrimoniais.

Férias

Todo empregado, após cada período de 12 meses de trabalho na empresa, tem direito a 30 dias corridos de férias regulamentares, observando-se o limite de faltas estabelecido na CLT.

Para cada mês trabalhado ou fração superior a 14 dias, o empregado tem direito a 1/12 de 30 dias de férias. Isso equivale a 2 dias e meio de férias para cada mês trabalhado.

O valor das férias é pago ao trabalhador, dois dias antes do período determinado para o gozo das respectivas férias. Esse valor corresponde ao salário do mês acrescido de 1/3 desse mesmo valor.

Embora o valor das férias seja pago de uma só vez ao trabalhador, a empresa industrial deverá apropriar mensalmente a parcela correspondente às férias a que o empregado faz jus, já que o referido valor corresponde a custo incorrido no respectivo mês. Agindo dessa forma, esse valor será incluído no Custo de Produção do período.

Como se trata de custo incorrido, cujo valor somente será pago ao trabalhador em época oportuna, para contabilizá-lo debita-se uma conta que represente o custo respectivo, creditando-se uma conta do Passivo Circulante que registre a respectiva obrigação. Pode ser a conta "Férias a Pagar".

Para se conhecer o valor das férias que deverá ser provisionado mensalmente, alguns cuidados precisam ser tomados visando aproximar-se ao máximo da realidade.

Os cálculos devem ser efetuados levando-se em conta a forma de remuneração (base mensal, por hora, tarefa etc.), o número de horas diárias que o empregado fica à disposição da empresa, os encargos sociais, os aumentos reais de salário etc.

Na prática, as empresas devem efetuar os seus cálculos de acordo com a realidade de cada uma.

Calcularemos o valor das férias à razão de 1/12 sobre o valor bruto da folha de pagamento, acrescido dos encargos sociais respectivos.

Exemplo prático

Sabendo que o valor bruto da folha de pagamento acrescido dos encargos sociais da Indústria de Peças para Motos Coruputuba S.A., no mês de janeiro de X5, foi de $ 137.800,00, faremos:

1/12 de 137.800 = 11.316,66

11.316,66 + 1/3 = 15.088,88

Contabilização no livro Diário em 31 de janeiro de X5:

(4) Férias

a Férias a Pagar

Valor que se provisiona com base em 1/12 da remuneração acrescida dos encargos conf. folha de janeiro/X5, acrescido ainda de 1/3 desse valor............................... 15.088,88

OBSERVAÇÕES:

- A conta debitada Férias, é do grupo 3.3.2 e corresponde a Custo do Período.
- A conta creditada Férias a Pagar, é do Passivo Circulante. Essa conta, mensalmente, receberá a crédito o valor das férias provisionadas.
- No mês que ocorrer pagamento de férias aos empregados, essa conta será debitada, creditando-se as contas Caixa ou Bancos Conta Movimento.
- Por razões de simplificação, apropriamos a obrigação com as férias e respectivos encargos na conta "Férias a Pagar". Contudo, poderíamos utilizar contas de obrigações distintas como Férias a Pagar, Contribuições de Previdência sobre Férias a Recolher e FGTS sobre Férias a Recolher.

A legislação trabalhista estabelece que o empregado deverá receber o valor correspondente às suas férias, com base no salário do mês em que lhes forem concedidas. Dessa forma, em períodos de inflação, em que os salários variem de mês para mês, para que o valor provisionado para o pagamento das férias e encargos possam refletir adequadamente esses encargos, mensalmente será preciso proceder as atualizações dos saldos das contas que registram os compromissos da empresa como Férias a Pagar, Contribuições de Previdência sobre Férias a Recolher e FGTS sobre Férias a Recolher.

Vamos assumir que tanto os compromissos com as férias e respectivos encargos relativos ao mês de janeiro tenham sido contabilizados conjuntamente na conta Férias a Pagar, no valor de $ 15.088,88. Sabendo que a inflação de fevereiro foi de 10%, no último dia de fevereiro corrigiremos o saldo da conta Férias a Pagar referente a janeiro, da seguinte maneira:

(5) Variações Monetárias Passivas

a Férias a Pagar

Correção monetária que se contabiliza, tendo em vista inflação de 10% ocorrida neste mês de fevereiro/X5 .... 1.508,88

OBSERVAÇÕES:

- A conta debitada Variações Monetárias Passivas é conta de despesa, pois o valor da correção monetária não integra o Custo de Produção do período, já que se trata de correção do montante das férias já contabilizadas como custos no mês de janeiro. Poderia o saldo conter parcelas contabilizadas no exercício anterior.
- A conta Férias a Pagar, sendo creditada pelo respectivo valor, fica devidamente atualizada, refletindo o valor real do encargo até a data da correção.

Décimo terceiro salário

O décimo terceiro salário, corresponde a um salário extra pago a todo trabalhador que tenha trabalhado na mesma empresa durante os 12 meses do ano.

Será pago integralmente se o empregado trabalhou na empresa durante os 12 meses do ano e proporcionalmente ao tempo trabalhado, caso tenha iniciado o trabalho durante o ano, se for demitido ou ainda se pedir demissão antes do seu término.

O décimo terceiro salário deve ser pago em duas parcelas: a primeira poderá ser paga junto com as férias do empregado, nos meses de fevereiro a novembro ou no máximo até o dia 30 de novembro e a segunda, no mês de dezembro, até o dia 20, no máximo.

Para efeito de cálculo do décimo terceiro salário, considera-se mês integral o período de 15 dias ou mais trabalhados no mês.

O tratamento a ser dado para cálculo e contabilização mensal do décimo terceiro salário é o mesmo que já estudamos em relação às férias, pois mensalmente os trabalhadores fazem jus ao equivalente a 1/12 da remuneração que receber no respectivo mês.

A única diferença é que no caso do décimo terceiro salário, não há o acréscimo de 1/3 como ocorre com as férias.

O valor mensalmente provisionado na conta "Décimo Terceiro Salário a Pagar", também precisa ser corrigido mês a mês. Da mesma forma que fazemos com o valor das férias provisionadas, porque de acordo com a legislação vigente, o décimo terceiro salário deve ser pago ao trabalhador com base no salário normal a que ele tem direito no respectivo mês.

Salário-Família

O Salário-Família é um auxílio da Previdência Social aos trabalhadores de baixa renda que possuem filhos com até 14 anos de idade, ou inválidos.

O valor da quota do Salário-Família pago por dependente é fixado periodicamente pela Previdência Social.

O Salário-Família não é custo nem despesa da empresa.

Quem paga esse salário aos empregados é a própria empresa, a qual compensará esse valor das obrigações devidas para a Previdência Social.

Sobre o Salário-Família não incide desconto ou encargo algum.

Contabilmente, o valor do Salário-Família é incluído na conta Salários a Pagar e deduzido da conta Contribuições de Previdência a Recolher.

Exemplo prático

Suponhamos que em uma Folha de Pagamento de salários conste a importância de $ 200,00, referente ao Salário-Família a ser pago para alguns empregados.

A contabilização será como segue:

Contribuições de Previdência a Recolher
a Salários a Pagar
Pelo registro do Salário-Família
conf. folha de pagamento deste mês *200*

OBSERVAÇÕES:

- A conta debitada Contribuições de Previdência a Recolher, do Passivo Circulante, é a mesma conta que foi creditada no momento do registro da retenção da contribuição de previdência, parte dos empregados e também foi creditada quando do registro da contribuição de previdência, parte patronal.
- Tratando-se de conta de obrigação, sendo debitada nesse lançamento, terá seu saldo reduzido do valor das quotas do Salário-Família. Assim, quando a empresa for recolher as suas obrigações para a Previdência Social, estará recolhendo $ 200,00 a menos, compensando, dessa forma, as quotas do Salário-Família que pagou aos seus empregados.

6.1.4 Apropriação do custo com Mão de Obra Direta aos produtos

Conforme você pode observar, os gastos com a Folha de Pagamento do mês, relativos ao pessoal que trabalha diretamente na produção, foram devidamente debitados nas contas do grupo da Mão de Obra Direta, integrante do Custo de Produção do Período.

Essas contas são: Salários, Encargos Sociais, Férias e Décimo Terceiro Salário.

Havendo interesse da empresa em contabilizar o custo por produto, deverá manter alguma forma de controle que permita o conhecimento do tempo trabalhado pelos empregados em cada produto. Normalmente esse acompanhamento é realizado por um ou mais empregados destacados para fazer o apontamento das horas trabalhadas em cada produto.

Se porventura a Indústria de Peças para Motos Coruputuba S.A. tivesse fabricado no mês de janeiro apenas um produto, os custos referidos seriam atribuídos a esse único produto. Entretanto, suponhamos que a referida indústria tenha fabricado, durante o mês de janeiro, três tipos de produtos, sendo:

- produto A = corrente;
- produto B = catraca; e
- produto C = pedal.

Vamos assumir também que, pelos boletins diários de apontamento da mão de obra, elaborados na área de produção, a indústria tenha condições de saber o número de horas trabalhadas pelos empregados em cada produto.

Suponhamos, então, que consultando esses apontamentos concluímos que a Mão de Obra Direta aplicada aos três produtos correspondeu a: produto A, 60%; produto B, 30% e produto C, 10%.

Assim, os gastos com salários, encargos sociais, férias e décimo terceiro salário correspondentes à Folha de Janeiro devem ser atribuídos, para cada produto, na proporção apresentada. Para exemplificar, veja como serão apropriados esses custos ao produto A, por meio de lançamento contábil:

Apropriação da Mão de Obra Direta para o produto A:

(Para melhor compreensão, neste caso excepcionalmente, utilizaremos grupos, subgrupos e contas.)

CUSTO EM FORMAÇÃO
Produto A
Mão de Obra
a Diversos
Apropriação que se processa, da
MOD ao custo em formação do produto A:

a CUSTOS DIRETOS

a Mão de Obra Direta

a Contribuições de Previdência	*16.680*	
a Contribuições para o FGTS	*4.800*	
a 13º salário	*6.890*	
a Férias	*9.187*	
a Salários	*60.000*	*97.557*

Com esse lançamento, os custos com a Mão de Obra Direta ficaram devidamente apropriados na conta que registra o Custo em Formação do produto A.

Para apropriar os custos com MOD aos custos em formação dos produtos B e C, o lançamento é semelhante ao apresentado para o produto A.

6.1.5 Outros gastos com pessoal

Suponhamos que, durante o mês de janeiro de x5, a Indústria de Peças para Motos Coruputuba S.A. tenha pago, à vista, ao Bar e Restaurante Piracuama Ltda., a importância de $ 3.500,00, conforme Nota Fiscal n. 121, referente a lanches fornecidos ao pessoal que trabalha na área de produção.

Contabilização no livro Diário:

Lanches e Refeições

a Caixa

Paga NF n. 121 ao Bar e Restaurante Piracuama referente a lanches para o Pessoal da produção *3.500*

OBSERVAÇÕES:

- A conta debitada Lanches e Refeições é do grupo da Mão de Obra Direta. Com débito nessa conta, estamos contabilizando o gasto como Custo de Fabricação do Período.
- Como se trata de lanches fornecidos para todo o pessoal que trabalha na área de produção, esse gasto também é considerado como Mão de Obra Direta e a apropriação para os diversos produtos poderá ser feita com base na mesma proporção em que foi apropriado o valor dos gastos com a folha de pagamento, ou seja, para o produto A, 60%, para o produto B, 30% e para o produto C, 10%.

(continua)

(continuação)

- A contabilização também é semelhante ao caso anterior, ou seja, debita-se a conta Mão de Obra, que representa o Custo em Formação de cada produto, creditando a conta Lanches e Refeições, que registrou o valor englobadamente.

6.1.6 Contabilização da Mão de Obra Indireta

A contabilização dos custos com Mão de Obra Indireta é semelhante a contabilização dos custos com Mão de Obra Direta.

Em relação aos gastos com a Folha de Pagamento, no final do mês, debita-se as contas representativas dos custos com Mão de Obra Indireta.

Posteriormente, a atribuição desses custos aos produtos será feita por meio de rateio. Nesse momento, serão debitadas as contas representativas do custo em formação de cada produto e creditadas as contas do grupo da Mão de Obra Indireta, que receberam a débito os registros englobadamente.

A única diferença entre o rateio da Mão de Obra Direta com o rateio da Mão de Obra Indireta é que, no primeiro caso, os critérios são concretos, uma vez que há apontamentos que permitam uma perfeita e clara identificação desse custo em relação aos produtos fabricados, enquanto que no rateio da Mão de Obra Indireta, como ela beneficia a fabricação de vários produtos ao mesmo tempo, os critérios são abstratos e por isso mesmo devem ser estimados ou até mesmo arbitrados pelo contabilista.

É evidente que para ratear os custos com Mão de Obra Indireta, cada empresa encontrará os critérios que melhor se adaptem às suas realidades.

São exemplos de bases para rateio da Mão de Obra Indireta as mesmas bases utilizadas para rateio da Mão de Obra Direta: o custo da matéria-prima aplicada em cada produto, o custo primário etc.

Entretanto, conforme já dissemos, os critérios serão sempre subjetivos e o contabilista decidirá por aquele que melhor se adapte às realidades de momento.

Em relação aos demais gastos com pessoal que devam ser classificados como Mão de Obra Indireta, os critérios de contabilização também são semelhantes ao exemplo apresentado em relação a Mão de Obra Direta.

Atividades Teóricas 1

1. Responda:

1.1 O que é Mão de Obra?

1.2 O que é Mão de Obra Direta?

1.3 O que é Mão de Obra Indireta?

1.4 O que é rateio?

1.5 Qual é a principal característica da Mão de Obra Indireta?

1.6 Qual é o tratamento contábil a ser destinado aos demais custos com mão de obra que não sejam aqueles constantes das folhas de pagamentos?

2. Indique se a afirmativa é falsa ou verdadeira:

2.1 O custo com mão de obra envolve apenas os salários pagos aos empregados e os respectivos encargos sociais e trabalhistas, dele decorrentes.

2.2 O custo com mão de obra envolve todos os gastos com o pessoal, inclusive salários e encargos.

2.3 Sempre que não houver meios seguros que permitam clara e objetiva identificação dos gastos com mão de obra em relação aos produtos fabricados, esses gastos deverão ser considerados como Mão de Obra Indireta.

2.4 O rateio dos custos indiretos aos produtos será feito sempre por meio de bases arbitradas pela empresa.

2.5 Os gastos com pessoal poderão ser classificados como custos ou como despesas, dependendo da área de atuação dos respectivos trabalhadores.

2.6 No final de cada mês, para apropriar o custo com Mão de Obra Direta, debita-se as contas representativas da Mão de Obra Direta e credita-se as contas de obrigações respectivas.

2.7 A contabilização dos custos com Mão de Obra Indireta é diferente da contabilização dos custos com Mão de Obra Direta.

2.8 O Salário-Família corresponde a custo da empresa.

2.9 O Salário-Família não é despesa e também não é custo. É uma ajuda que o Governo Federal oferece para os trabalhadores de baixa renda, e que tenham filhos com até 14 anos de idade ou inválidos.

2.10 Os gastos com férias e décimo terceiro salário não precisam ser contabilizados mensalmente, uma vez que só serão devidos uma única vez aos empregados.

2.11 Os custos com mão de obra direta e indireta decorrentes da folha de pagamento, inicialmente, no final do mês devem ser contabilizados a débito das contas que representam os custos englobadamente e posteriormente esses custos serão transferidos para compor o Custo em Formação de cada produto.

3. Escolha a alternativa correta:

3.1 Salários, Férias, Salários dos supervisores da fábrica e Lanches e Refeições. Nessa relação de contas, temos:

a) duas representativas de custos diretos e duas representativas de custos indiretos.

b) quatro representativas de custos diretos.

c) três representativas de custos diretos e uma representativa de custo indireto.

d) uma representativa de custo direto e três representativas de custo indireto.

e) quatro representativas de custo de fabricação, no entanto, apenas uma pode ser classificada como custo indireto.

3.2 A elaboração de folhas de pagamento distintas para cada área da empresa industrial é procedimento aconselhável porque:

a) facilita a segregação do gasto com pessoal em custos e despesas.

b) facilita a segregação dos gastos com pessoal em mão de obra direta e indireta; em despesas administrativas e comerciais.

c) facilita o cálculo do custo primário.

d) facilita a escolha da base de rateio ideal.

e) as alternativas "c" e "d" estão incorretas.

Atividade Prática 1

Informações extraídas da Folha de Pagamento do pessoal da produção da Companhia Roseira Industrial, referente ao mês de maio de x6:

- Valor bruto da folha .... $ 500.000,00
- Contribuição de Previdência retida dos empregados .... $ 50.000,00
- IRR Fonte retido dos empregados .... $ 40.000,00
- Contribuição de Previdência parte patronal .... $ 139.000,00
- FGTS .... $ 40.000,00
- Salário-Família .... $ 2.000,00

Considerando que as informações supra foram extraídas de uma Folha de Pagamento do pessoal que trabalha indiretamente na produção, pede-se:

a) Apropriar os custos com a Mão de Obra Indireta, no último dia do mês de maio, utilizando as contas do grupo da Mão de Obra Indireta;

b) Apropriar férias e décimo terceiro proporcionais relativos ao mês;

c) Apropriar os custos decorrentes da Folha de Pagamento para os dois produtos fabricados durante o mês, com base na Mão de Obra Direta, sabendo-se que o produto A utilizou 70% da MOD e o produto B 30%.

6.2 Gastos gerais de fabricação

6.2.1 Conceito

Os Gastos Gerais de Fabricação, compreendem todos os gastos decorrentes do processo de fabricação que não correspondam à mão de obra e também não correspondam aos gastos com materiais.

Os gastos gerais de fabricação mais comuns são: água e esgoto, aluguéis, arrendamentos, amortização, combustíveis, comunicações, depreciação, energia elétrica, manutenção e reparo, roupas Especiais, serviços de terceiros, seguro contra incêndio etc.

6.2.2 Classificação

Você já estudou no Capítulo 2, que em relação aos produtos, os Gastos Gerais de Fabricação podem ser diretos ou indiretos.

Gastos gerais de Fabricação Diretos

São os gastos que incidem diretamente na fabricação, sendo facilmente identificadas as suas quantidades e os seus valores em relação aos produtos fabricados.

Exemplos: a energia elétrica consumida por uma máquina, quando exista medidor que permita identificar o consumo em relação a cada produto fabricado; a depreciação dos teares utilizados na fabricação de tecidos etc.

Gastos gerais de Fabricação Indiretos

Sempre que não houver meios seguros que permitam clara e objetiva identificação dos Gastos Gerais de Fabricação em relação aos produtos fabricados, esses gastos deverão ser considerados como Gastos Gerais de Fabricação Indiretos.

É preciso, também, destacar a existência de casos em que os controles necessários para a identificação dos Gastos Gerais de Fabricação Diretos, em relação a cada produto, fiquem tão onerosos que é preferível considerá-los juntamente com os indiretos (Característica Qualitativa Fundamental da Informação Contábil-Financeira Útil, da materialidade).

As apropriações dos Gastos Gerais de Fabricação Indiretos ao Custo de Fabricação de cada produto são feitas por meio de rateio.

Vários são os critérios que podem ser utilizados. Conforme já dissemos, não existe regra geral que possa ser adotada por todas as empresas. Cada caso deve ser analisado isoladamente. Caberá ao contabilista responsável pela Contabilidade de Custos decidir sobre o critério que melhor se encaixe em cada caso.

Na ausência de um critério mais objetivo, aconselha-se a adoção do custo primário como base para rateio dos Gastos Gerais de Fabricação aos produtos.

Contabilização dos gastos gerais de Fabricação

A maior parte dos Gastos Gerais de Fabricação não tem relação direta com os produtos fabricados, pois ocorrem mensalmente e independem do volume produzido. Esses gastos também são classificados como Custos Fixos, conforme estudamos no Capítulo 2.

A contabilização, portanto, a exemplo do que ocorre com a contabilização da mão de obra, deve ser feita inicialmente a débito de uma conta representativa do respectivo gasto, integrante do grupo 3.3.2.03 GASTOS GERAIS DE FABRICAÇÃO DIRETOS ou do grupo 3.3.3.03 GASTOS GERAIS DE FABRICAÇÃO INDIRETOS. Posteriormente deverá ser transferido para o Custo em Formação de cada produto.

Quando o Gasto Geral de Fabricação for classificado como direto, o seu rateio para o Custo em Formação de cada produto será feito com base em critérios concretos; entretanto, quando forem considerados indiretos, o rateio para o Custo em Formação de cada produto será feito por meio de critérios abstratos.

Em decorrência da aplicação do regime contábil de competência, a maior parte dos gastos gerais de fabricação, exatamente por ocorrerem com regularidade e independentemente do volume de produção, devem ser incorporados ao Custo de Produção do período em que forem gerados.

Por isso, esses gastos devem ser apropriados mensalmente como custos do mês em que foram gerados, tenham ou não sido pagos.

Para a contabilização desses gastos, três situações devem ser consideradas:

1º) Gastos gerados e pagos no mês

Nesse caso, a contabilização será feita no dia em que o pagamento for efetuado, debitando-se uma conta do grupo Gastos Gerais de Fabricação que represente o respectivo gasto e creditando-se a conta Caixa ou Bancos, conforme o caso.

2º) Gastos gerados no mês, cujos pagamentos serão efetuados no mês seguinte.

Exemplo prático

O aluguel do imóvel, onde está instalada a fábrica de Biscoitos Jacareí S.A., referente ao mês de junho foi de $ 30.000,00. Conforme contrato de locação, o referido pagamento deve ser feito no dia 10 de julho.

Contabilização no livro Diário, em 30 de junho:

Aluguéis (da fábrica)
a Aluguéis a Pagar
Apropriação que se processa referente ao aluguel deste mês *30.000*

OBSERVAÇÕES:

- Debitando a conta Aluguéis, nesse caso, integrante do grupo dos Gastos Gerais de Fabricação Indiretos, o referido gasto ficou devidamente apropriado ao Custo de Produção do mês em que foi gerado.
- O crédito na conta Aluguéis a Pagar, do Passivo Circulante, identifica o registro da obrigação que será paga no mês seguinte.

3º) Gastos pagos antes da ocorrência do fato gerador.

O gasto mais comum ocorre com seguro contra incêndio, o qual é pago antecipadamente e tem normalmente vigência de 12 meses. No momento do pagamento, debita-se uma conta do Ativo Circulante, subgrupo Despesas do Exercício seguinte, e credita-se a conta Caixa ou Bancos Conta Movimento. No final de cada mês, na medida que a despesa for considerada incorrida, apropria-se a respectiva parcela, debitando a conta representativa do Gasto Geral de Fabricação e credita-se a conta do Ativo Circulante respectiva. Para apropriar ao Custo em Formação de cada produto, basta debitar a conta representativa do Custo em Formação de cada produto e creditar a conta representativa do grupo dos Gastos Gerais de Fabricação que registrou a apropriação da parcela mensal englobadamente.

Rateio dos gastos gerais de Fabricação

Os procedimentos contábeis a serem adotados para contabilizar o rateio dos Gastos Gerais de Fabricação, são semelhantes aos adotados para o rateio da mão de obra, ou seja, debita-se a conta Gastos Gerais de Fabricação do grupo Custo em Formação de cada produto e credita-se a conta que registrou englobadamente o referido gasto, do grupo próprio.

Vários critérios podem ser usados, visando à adoção da base de rateio mais adequada para cada caso. Como ocorre com todos os Custos Indiretos de Fabricação, não há regra geral que possa ser adotada por todas as empresas.

Apenas como sugestão, veja as bases de rateio que podem ser utilizadas para atribuição dos Gastos Gerais de Fabricação aos produtos: valor da Matéria-Prima aplicada:

- valor da Mão de Obra Direta;
- Custo Primário (Matéria-Prima mais Mão de Obra Direta);
- horas de trabalho (utilizadas na fabricação de cada produto) etc.

Exemplo prático

Suponhamos que na empresa Industrial Cachoeira Paulista S.A., durante o mês de maio, ocorreram os seguintes Gastos Gerais de Fabricação:

Água e Esgoto	300
Aluguéis da Fábrica	2.000
Depreciação	500
Energia Elétrica	3.000
Prêmios de Seguro	100
Total	5.900

A empresa fabricou durante o mês três produtos, os quais tiveram os seguintes Custos Primários:

- produto A = \$ 4.200,00;
- produto B = \$ 2.100,00;
- produto C = \$ 700,00.

Pede-se:

Calcular e contabilizar o valor dos Gastos Gerais de Fabricação que deverá ser atribuído a cada produto, tendo por base o Custo Primário.

Solução:

1. Cálculo da proporção do Custo Primário de cada produto, em relação ao total do Custo Primário da produção do período:
   - Custo Primário do produto A = \$ 4.200,00;

- Custo Primário do produto B = $ 2.100,00;
- Custo Primário do produto C = $ 700,00;
- Total $ 7.000,00

2. Cálculo da proporção a ser rateada para cada produto:

- produto A:

  7.000 = 100%
  4.200 = x
  x = 4.200 × 100 : 7.000 = 60%

- produto B:

  7.000 = 100%
  2.100 = x
  x = 2.100 × 100 : 7.000 = 30%

- produto C:

  7.000 = 100%
  700 = x
  x = 700 × 100 : 7.000 = 10%

Uma vez determinada a participação do Custo Primário de cada produto em relação ao total do Custo Primário, basta aplicar os respectivos percentuais sobre o valor de cada gasto para encontrar o valor a ser rateado.

Contabilização:

Veja como ficará a contabilização do rateio para o produto A:

CUSTO EM FORMAÇÃO
Produto A
Gastos Gerais de Fabricação
a Diversos
Rateio que se processa à razão de 60% sobre os Gastos Gerais de Fabricação, conforme mapa, para formação do custo do produto A:
a CUSTOS INDIRETOS DE FABRICAÇÃO
a Gastos Gerais de Fabricação Indiretos

a Água		
Saldo desta Conta.	*180*	
a Aluguéis da Fábrica		
Idem.	*1.200*	
a Depreciação		
Idem.	*300*	
a Energia Elétrica		
Idem.	*1.800*	
a Prêmios de Seguro		
Idem.	*60*	*3.540*

OBSERVAÇÕES:

- Debitando a conta Gastos Gerais de Fabricação, que faz parte do grupo Custo em Formação do produto A, estamos incorporando ao Custo de Produção do referido produto os respectivos valores dos GGF.
- Creditando as contas do grupo Gastos Gerais de Fabricação Indiretos, que registraram os valores globais dos GGF, estamos dando baixa nos respectivos valores que foram rateados. Essas contas, após os rateios para os três produtos, ficarão com saldo igual a zero.

6.3 Resumo

Até aqui você aprendeu que o Custo Industrial é composto por três elementos básicos: Materiais, Mão de Obra e Gastos Gerais de Fabricação.

Assim, o Custo de Produção de um determinado período pode ser apurado pela seguinte fórmula:

$$CPP = MT + MO + GGF$$

Em que:

CPP = Custo de Produção ou de Fabricação do Período

MT = Materiais

MO = Mão de Obra

GGF = Gastos Gerais de Fabricação

Você estudou também que, quanto aos produtos, o Custo Industrial pode ser classificado em Direto e Indireto.

Dessa forma, os gastos com Materiais Diretos, Mão de Obra Direta e Gastos Gerais de Fabricação Diretos compõem o Custo Direto de Fabricação e os gastos com Materiais Indiretos, Mão de Obra Indireta e Gastos Gerais de Fabricação Indiretos compõem o Custo Indireto de Fabricação, também conhecido pela sigla CIF.

Você aprendeu ainda que, por razões de simplificação, empresas industriais de portes médio e pequeno, para apurar o Custo de Fabricação de seus produtos, utilizam a seguinte fórmula:

$$CPP = MP + MOD + CIF$$

Em que:

CPP = Custo de Produção ou de Fabricação do Período

MP = Matéria-Prima

MOD = Mão de Obra Direta

CIF = Custos Indiretos de Fabricação

Os Custos Indiretos de Fabricação, nesse caso, compõem-se dos gastos com Materiais Diretos e Indiretos (exceto a Matéria-Prima), Mão de Obra Indireta e Gastos Gerais de Fabricação Diretos e Indiretos.

Note que essa fórmula evidencia inicialmente o Custo Primário (Matéria-Prima + Mão de Obra Direta), a ele adicionando os demais Custos de Fabricação Diretos e Indiretos, sendo todos considerados como CIF.

Nos Capítulos 7 e 8, a seguir, você aprenderá a apurar e contabilizar o Custo Industrial pelos sistemas de Inventário Periódico e de Inventário Permanente.

6.4 Alocação de custos fixos indiretos de fabricação aos produtos

Segundo o item 13 da NBC TG 16 e o item 13.9 da Seção 13 da NBC TG 1.000), a alocação de custos fixos indiretos de fabricação às unidades produzidas deve ser baseada na capacidade normal de produção.

A capacidade normal é a produção média que se espera atingir ao longo de vários períodos em circunstâncias normais.

Contudo, a carga dos custos fixos indiretos que deve ser atribuída aos produtos fabricados, deve ser somente aquela relativa a produção real do período, que pode ser inferior à capacidade total.

Estabelece ainda as normas mencionadas que a parcela dos custos fixos indiretos não alocada aos produtos, deve ser reconhecida diretamente como despesa, no período em que esses custos forem incorridos.

Exemplo prático

Suponhamos que uma empresa industrial trabalhe apenas com uma máquina, a qual tem a capacidade total de produzir 1.000 unidades de um determinado produto por mês.

Vamos considerar que no mês de fevereiro, essa máquina tenha produzido apenas 700 unidades, ou seja, produziu somente 70% do que normalmente poderia produzir.

Vamos assumir, ainda que nesse mês, o total dos custos indiretos fixos tenha sido de $ 5.000.

Para simplificar, vamos assumir que esses custos indiretos correspondam somente ao aluguel da fábrica.

Como a produção real da máquina atingiu 70% da sua capacidade total, 70% dos custos indiretos fixos serão alocados ao custo de fabricação do período e 30% serão reconhecidos como despesa.

A contabilização pode ser como segue:

a. Contabilização do gasto com aluguel da fábrica:

(1) Aluguéis da Fábrica
a Caixa
Pagamento conf. recibo etc.. .... 5.000

OBSERVAÇÂO:

- A conta debitada Aluguéis da Fábrica é do grupo dos Custos Indiretos de Fabricação, subgrupo Gastos Gerais de Fabricação. Com esse débito, o valor do aluguel passa a integrar os custos indiretos de fabricação do período.

b. Parcela dos custos indiretos fixos reconhecida como despesa:

(2) Custos Indiretos não Alocados
a Aluguéis da Fábrica
Parcela dos custos indiretos fixos
reconhecida como despesa nos termos
do item 13 da NBC TG 16 (ou do item
13.9 da Seção 13 da NBC TG 1.000) 1.500

OBSERVAÇÕES:

- A conta "Custos Indiretos não Alocados", que é do grupo das Outras Despesas Operacionais, foi debitada para que o valor dos custos não alocados à produção do período, seja reconhecida como despesa do respectivo período.
- Com os 2 lançamentos apresentados, ficou alocado ao custo de produção do período, somente o valor dos custos indiretos fixos proporcional à produção real do período ($ 3.500), enquanto que a parcela correspondente à capacidade não utilizada foi reconhecida como despesa (1.500).
- É importante destacar que existem outras maneiras mais ou menos detalhadas, para se alocar a parcela dos custos indiretos fixos aos produtos e ao resultado.

Atividades Teóricas 2

1. Responda:

1.1 O que são Gastos Gerais de Fabricação?

1.2 Como deverá ser classificado o consumo de energia elétrica de uma máquina de produção que possui medidor de consumo de energia?

1.3 Como devem ser contabilizados os Gastos Gerais de Fabricação?

1.4 Quais as bases que normalmente são utilizadas para o rateio dos gastos gerais de fabricação aos produtos?

1.5 Qual é a fórmula que pode ser utilizada para apuração do custo de produção do período?

1.6 Nas empresas industriais que costumam considerar como Custos Diretos somente a matéria-prima e a Mão de Obra Direta, como fica a fórmula para apuração do Custo de Produção do período?

2. Indique se a afirmativa é falsa ou verdadeira:

2.1 Embora os Gastos Gerais de Fabricação possam ser classificados em diretos ou indiretos, é comum, por razões práticas considerá-los todos como indiretos.

2.2 Qualquer gasto classificado como Gastos Gerais de Fabricação, quando possa ser identificado em relação ao produto fabricado, deve ser considerado como direto, ainda que sejam onerosos os custos para permitir essa identificação.

2.3 Em relação a mão de obra e aos Gastos Gerais de Fabricação, quando diretos, o rateio para os produtos serão feitos por critérios objetivos e, quando indiretos, por critérios subjetivos.

2.4 Os três elementos componentes do Custo Industrial são: Materiais, Mão de Obra e Gastos Gerais de Fabricação.

3. Escolha a alternativa correta:

3.1 Aluguéis, Salários, Contribuições de Previdência, Energia Elétrica, Depreciação, Férias, Salário-Família e Serviços de Terceiros.

Na relação acima temos:

a) oito contas representativas de despesas.

b) oito contas representativas de custos.

c) quatro contas representativas de Gastos Gerais de Fabricação e 4 representativas de Custos Diretos.

d) quatro contas representativas de Gastos Gerais de Fabricação ou de despesas e quatro contas representativas de custos diretos, indiretos ou de despesas.

e) quatro contas representativas de Gastos Gerais de Fabricação ou de despesas, três contas representativas de mão de obra direta ou indireta ou de despesas e um título que não corresponde a conta.

Atividade Prática 2

Contas e saldos extraídos do livro Razão de uma empresa industrial, em 31 de março de X2:

MÃO DE OBRA DIRETA	
Salários e Encargos	135.000
Lanches e Refeições	10.000
MÃO DE OBRA INDIRETA	
Salários e Encargos	50.000
GASTOS GERAIS DE FABRICAÇÃO DIRETOS	
Aluguel de Máquinas	10.000
Energia Elétrica	20.000
Depreciação	2.000
GASTOS GERAIS DE FABRICAÇÃO INDIRETOS	
Aluguel	30.000
Energia Elétrica	10.000
Depreciação	3.000
Água e Esgoto	3.000
Serviços de Terceiros	12.000

Considerar que a empresa industrial fabricou, durante o mês de março, 4 produtos, tendo gasto com matérias-primas respectivamente: 200.000, 80.000, 80.000 e 40.000.

Considerando, ainda, que não foram aplicados outros materiais no processo de fabricação, pede-se:

a) Elaborar mapa de rateio dos Custos Diretos, tendo como base a proporção da Matéria-Prima aplicada na fabricação de cada produto;

b) Calcular o Custo Primário;

c) Elaborar mapa de rateio para os Custos Indiretos, tendo como base o custo primário;

d) Calcular os custos de fabricação de cada produto;

e) Contabilizar todos os eventos necessários. Tendo em vista que os mapas serão elucidativos, proceder a contabilização sintética dos Custos de Fabricação de cada produto e posterior transferência para a conta de Estoques de Produtos Acabados.

CAPÍTULO 7

SISTEMA DE INVENTÁRIO PERIÓDICO

7.1 Conceito

Inventário periódico é um sistema contábil simplificado, por meio do qual os resultados são apurados somente no final de um período.

O período de apuração de resultados normalmente tem duração de um ano; coincide com o ano civil e é conhecido por exercício social.

No final de cada exercício social, as empresas apuram os seus resultados e elaboram as demonstrações contábeis. Entretanto, há empresas que, por interesse próprio (fins gerenciais) ou pelas características que envolvem o seu processo operacional ou, ainda, por exigências legais, apuram seus resultados em períodos menores (mês, trimestre ou semestre).

Sabemos que as empresas que atuam no ramo comercial, para apurar os seus resultados precisam conhecer os valores dos seus estoques iniciais e finais de mercadorias e de materiais de consumo. Sabemos, também que da mesma forma, as empresas que atuam no ramo industrial, também precisam conhecer os valores dos seus estoques iniciais e finais de matérias-primas e de outros materiais que aplicam nos processos de fabricação, dos produtos acabados, dos produtos em elaboração e dos demais materiais de consumo.

A expressão "inventário periódico" decorre do fato de que os custos dos estoques finais, necessários para a apuração dos resultados, são conhecidos somente no final de um período, quando são elaborados os inventários respectivos.

Nas empresas comerciais que adotam esse sistema de inventário periódico, a atribuição de custos aos estoques de mercadorias e de materiais de consumo existentes no final de cada exercício social é muito simples: basta consultar as últimas Notas Fiscais de compras (critério PEPS).

Entretanto, nas empresas industriais, os procedimentos para atribuição de custos aos estoques finais não são tão simples assim.

Ocorre que nessas empresas, existem estoques de produtos fabricados por elas mesmas, bem como estoques de produtos em processo de fabricação, cujos custos a eles atribuídos precisam ser apurados.

Conforme comentamos na Seção 5.3 do Capítulo 5, antes do advento das Leis n. 11.638/07 e 11.941/09 que promoveram importantes alterações na Lei n. 6.404/76, especialmente na parte que trata de matéria contábil, as empresas industriais brasileiras atribuíam custos aos estoques de produtos acabados e de produtos em elaboração, com base nos custos de fabricação ou com base em critérios arbitrados pelo fisco. Contudo, esse procedimento mudou.

Agora, as empresas industriais, objeto do nosso estudo, ficaram obrigadas a atribuir custos aos estoques de produtos acabados e em elaboração com fundamento nos seus registros contábeis e não mais com fundamento em valores arbitrados pelo fisco.

Assim, conforme já dissemos, todas as empresas industriais estão obrigadas a manter um sistema de Contabilidade de Custos e observar as disciplinas contidas nas normas brasileiras de contabilidade, sejam elas de pequeno, médio ou grande porte.

7.2 Esquema técnico para contabilização

7.2.1 Elenco de Contas

Por razões de simplificação (característica deste sistema de inventário periódico), aconselha-se a contabilização apenas do Custo da Produção Acabada no Período e do Custo dos Produtos Vendidos. Caso haja interesse da empresa em conhecer o Custo de Produção do Período, o Custo de Produção e outros, é preferível apurá-los extra contabilmente. Nesse caso, torna-se útil a Demonstração do Custo dos Produtos Vendidos, estudada no Capítulo 2.

Para possibilitar a contabilização e a apuração do Custo da Produção Acabada no Período, do Custo dos Produtos Vendidos e do resultado na venda de produtos, por esse sistema, além das contas patrimoniais e de resultado que normalmente são utilizadas pelas empresas em geral, utiliza-se também as contas dos seguintes grupos e subgrupos, constantes do Elenco de Contas apresentado no Capítulo 3:

> 1.1.6.01 Estoques de Mercadorias, Produtos e Insumos
>
> Todas as contas desse grupo e respectivos subgrupos, exceto relativas a mercadorias.
>
> 1.1.6.02 Estoques de Materiais de Consumo
>
> Todas as contas desse grupo. Incluem-se também todas as contas retificadoras das contas representativas dos estoques.

1.2.3 IMOBILIZADO
Todas as contas desse grupo e respectivos subgrupos, inclusive as retificadoras.

3.3.1 CUSTO DAS COMPRAS DE MATERIAIS
Todas as contas desse grupo e respectivos subgrupos, exceto aquelas relativas a mercadorias.

3.3.2 CUSTOS DIRETOS DE FABRICAÇÃO
Para evitar quantidade excessiva de lançamentos no sistema contábil, pode-se eliminar as transferências das compras de materiais para as contas do grupo 3.3.2.01. Elas serão transferidas diretamente do grupo 3.3.1 para a conta Custo da Produção Acabada no Período, conforme veremos adiante.
Da mesma forma, aconselha-se a contabilização de todos os Gastos Gerais de Fabricação como sendo indiretos, excluindo-se as contabilizações nas contas do grupo 3.3.2.03.
É importante, no entanto, a contabilização da Mão de Obra Direta nas contas do grupo 3.3.2.02.

3.3.3 CUSTOS INDIRETOS DE FABRICAÇÃO
Com exceção das contas próprias para o registro dos materiais indiretos (3.3.3.01), deve-se utilizar todas as demais contas desse grupo, próprias para o registro da Mão de Obra Indireta (3.3.3.02) e dos Gastos Gerais de Fabricação Indiretos (3.3.3.03).

4.1.2 RECEITA BRUTA DE VENDA DE PRODUTOS
Todas as contas desse grupo e respectivos subgrupos.

5.1.1.02 Custo dos Produtos
Desse grupo, são necessárias as seguintes contas: 5.1.1.02.1.003 Custo da Produção Acabada no Período (CPAP) e 5.1.1.02.1.005 Custo dos Produtos Vendidos (CPV).

5.1.2 RESULTADO DE MERCADORIAS, PRODUTOS E SERVIÇOS
Desse grupo são necessárias as seguintes contas:
5.1.2.02 Resultado da Venda de Produtos (RVP)
5.1.2.02.1.001 Lucro sobre Vendas de Produtos
5.1.2.02.1.002 (–) Prejuízo sobre Vendas de Produtos

7.2.2 Orientações para contabilização

Procedimentos relativos aos estoques de produtos e de insumos

As contas do Ativo Circulante, representativas dos estoques de produtos e dos insumos que serão aplicados no processo de fabricação, não são movimentadas durante o exercício social. Elas são utilizadas somente para registrar os valores dos estoques iniciais e finais.

Assim, os saldos dessas contas no início do período, correspondem aos estoques iniciais derivados do Balanço levantado no final do período anterior; os saldos existentes nessas contas no final do período representam os estoques finais, conforme inventários físicos realizados.

Veja, então, os procedimentos contábeis relativos a cada conta:

a. Estoque de Produtos Acabados

No último dia do período, se houver produtos fabricados no período e não vendidos, eles deverão ser avaliados para compor o estoque final de Produtos Acabados. Como esse sistema simplificado não segrega os custos por produto, a atribuição de custos aos estoques de produtos acabados deverá ser efetuada em base racional e consistente, conforme estabelece o item 13.10 da NBC TG 1.000. Esse assunto já foi tratado na Seção 5.3 do Capítulo 5.

Assim, no último dia do período, em relação a conta Estoque de Produtos Acabados, existirão dois valores: saldo da conta que corresponde ao estoque inicial e o valor do inventário físico realizado que corresponde ao estoque final.

O procedimento contábil será como segue:

- credita-se a conta 1.1.6.01.1.002 Estoque de Produtos Acabados, para que o seu saldo inicial seja transferido a débito da conta 5.1.1.02.1.005 Custo dos Produtos Vendidos (CPP); em seguida, debita-se a própria conta Estoque de Produtos Acabados e credita-se a conta Custo dos Produtos Vendidos, pelo valor do estoque final.

b. Estoque de Produtos em Elaboração

No último dia do período, deve-se levantar o estoque final dos produtos que ainda se encontrarem em fase de elaboração na área de produção da fábrica. A avaliação desse estoque, também deve ser efetuada em base racional e consistente, conforme estabelece o item 13.10 da NBC TG 1.000. Esse assunto já foi tratado na Seção 5.3 do Capítulo 5.

Assim, no último dia do período, estaremos diante de dois valores representativos dos produtos em elaboração: o saldo devedor da conta Estoque de Produtos em Elaboração que representa o estoque inicial e o valor do estoque final apurado por meio do inventário físico realizado.

O procedimento contábil será como segue:

- a conta 1.1.6.01.1.003 Estoque de Produtos em Elaboração será creditada para que o seu saldo inicial seja transferido, por débito, para a conta 5.1.1.02.1.003 Custo da Produção Acabada no Período (CPAP); em seguida, debita-se a própria conta Estoque de Produtos em Elaboração e credita-se a conta Custo da Produção Acabada no Período, pelo valor do estoque final.

c. Estoque de Matérias-Primas

No último dia do período, deverá ser feito o inventário físico das matérias-primas existentes em estoque. Como não houve controle permanente dos estoques durante o período, a avaliação desses materiais poderá ser feita pelo critério PEPS, ou seja, aproveitando-se os custos constantes das últimas Notas Fiscais de compras, conforme vimos na Seção 5.2 do Capítulo 5.

Assim, no último dia do mês, em relação a esta conta, também estaremos diante de dois valores: saldo devedor da conta Estoque de Matérias-primas, que representa o estoque inicial e o estoque final apurado por meio do inventário físico realizado.

O procedimento contábil será como segue:

- a conta 1.1.6.01.1.004 Estoque de Matérias-Primas será creditada para que o seu saldo inicial seja transferido, por débito, para a conta 5.1.1.02.1.003 Custo da Produção Acabada no Período (CPAP); em seguida, debita-se a própria conta Estoque de Matérias-Primas e credita-se a conta Custo da Produção Acabada no Período, pelo valor do estoque final conforme inventário físico realizado.

d. Estoque de Materiais Secundários, Estoque de Materiais Auxiliares e Estoque de Materiais de Acondicionamento e Embalagem

Valem para esses estoques os mesmos comentários feitos para a conta Estoque de Matérias-Primas.

e. Estoque de Subprodutos

Como os subprodutos correspondem a sobras derivadas do processo de fabricação, no período em que forem acumulados estoques desses materiais, eles deverão ser contabilizados a débito da conta 1.1.6.01.1.008 Estoque de Subprodutos e a crédito da conta 5.1.1.02.1.003 Custo da Produção Acabada no Período (CPAP). Veja maiores detalhes na Seção 4.3.9 do Capítulo 4.

Procedimentos relativos aos estoques de materiais de consumo

Os materiais de consumo que trataremos na presente Seção compreendem os materiais de escritório ou expediente, os materiais de informática, os materiais de higiene e limpeza e os materiais de manutenção.

Normalmente esses materiais são adquiridos em quantidades incomparavelmente inferiores que as matérias-primas, os materiais secundários e os materiais de embalagens.

Podem ser adquiridos até mesmo em lojas de varejo e, por esse motivo, os custos das compras quase sempre correspondem aos valores constantes das Notas Fiscais de compra.

Entretanto, previmos no Elenco de Contas, apresentado no Capítulo 3, subgrupos de contas no grupo 3.3.1 CUSTOS, semelhantes àqueles utilizados para a contabilização das compras de matérias-primas.

Tendo em vista que os materiais de consumo normalmente envolvem uma grande variedade de itens, é comum, para evitar minuciosos controles com a estocagem e distribuição desses materiais, que as empresas mantenham contratos com empresas atacadistas ou mesmo com empresas varejistas, as quais fornecem os materiais à medida das necessidades. Nesse caso, bastará controlar as compras contabilmente cujo total no final do período refletirá o respectivo consumo. Essa prática facilita inclusive a segregação desses gastos em despesas ou custos.

É importante salientar que esses materiais são consumidos tanto pela área de produção quanto pelas áreas administrativa e comercial.

Assim, quando a empresa efetua compras específicas para cada área, de acordo com as necessidades, o registro contábil será feito onerando às áreas administrativa, comercial ou de produção, sem maiores complicações. Entretanto, nos casos em que os materiais são adquiridos e estocados para serem posteriormente consumidos pelas diversas áreas da empresa, sem que haja controle do consumo por meio de requisições de materiais, o consumo de cada área deverá ser estimado para que no final do período o rateio possa ser efetuado adequadamente.

Assim, o procedimento que sugerimos para a contabilização dos materiais de escritório, informática, higiene e limpeza e dos materiais de manutenção, quando a empresa decidir adotar o sistema de inventário periódico, é como segue:

- inicialmente deve-se apurar contabilmente o valor das compras líquidas desses materiais. Isso será feito transferindo-se os saldos das contas Compras Anuladas, Abatimentos sobre Compras, Descontos Incondicionais Obtidos e outras que possam representar custo ou redução do custo das compras, a débito e ou a crédito da conta que registra o valor das compras do respectivo material. Isso possibilitará a apuração do valor das compras líquidas, ou seja, do custo das compras do respectivo material efetuadas durante o período;
- em seguida, deve ser feito o inventário físico, para levantar o valor do estoque final do material em questão. Nesse caso, também, o critério mais indicado para avaliação dos estoques será o PEPS, conforme estudamos na Seção 5.2 do Capítulo 5.

Assim, estaremos diante de três valores: estoque inicial correspondente ao saldo devedor existente na conta Estoque do respectivo material; compras líquidas e estoque final, esse conforme o inventário levantado.

Extracontabilmente, apura-se o consumo aplicando a seguinte fórmula:

$$EI + CL - EF$$

Em que:

EI = Estoque Inicial,

CL = Compras Líquidas e

EF = Estoque Final.

Apurado, então, o consumo, esse deverá ser rateado para a produção, a administração e a área comercial.

Lembramos, mais uma vez, que o consumo de cada uma das três áreas deve ser estimado, caso não haja outra forma mais objetiva de apurá-lo.

Conhecidos, então, os três valores citados, o procedimento contábil será como segue:

- inicialmente transfere-se o valor das compras líquidas para a conta representativa do estoque, mediante débito na conta representativa do estoque e crédito na conta representativa das compras líquidas; em seguida, transfere-se os valores relativos aos consumos de cada área, debitando-se cada uma das contas próprias: Material de Escritório, Material de Informática, Material de Higiene e Limpeza ou Material de Manutenção do grupo das Despesas Administrativas ou do grupo das Despesas com Vendas ou ainda do grupo dos Custos Indiretos. Como contrapartida, credita-se a conta representativa do estoque respectivo.

Agindo dessa forma, após os lançamentos supra, o saldo remanescente na conta representativa do estoque em questão corresponderá ao valor do estoque final.

Lembramos que existem outras maneiras de se contabilizar os eventos aqui tratados, no entanto, julgamos ser esse um procedimento claro para essa circunstância.

Esse procedimento pode ser adotado com todos os materiais de consumo.

Procedimentos relativos às compras de materiais

Os procedimentos contábeis a serem adotados pelas empresas industriais que adotarem o sistema de inventário periódico, em relação às compras de materiais, sejam eles destinados à produção ou a consumo em qualquer das áreas da empresa industrial, serão aqueles já comentados no Capítulo 4.

Portanto, durante o exercício social (ou períodos menores), no momento em que ocorrerem compras ou qualquer um dos fatos que altere o valor das compras, serão debitadas e/ou creditadas as contas do grupo 3.3.1 CUSTO DAS COMPRAS DE MATERIAIS, subgrupo correspondente ao material que estiver sendo adquirido.

No último dia do período, em relação às compras de matérias-primas, materiais secundários, materiais auxiliares e materiais de embalagem, inicialmente serão apuradas as compras líquidas desses materiais e, em seguida, será creditada a conta que registrou as compras líquidas, para que o seu saldo seja transferido a débito da conta Custo da Produção Acabada no Período. Quanto aos valores dos estoques inicial e final, o procedimento contábil já foi explicado na letra "c" da Seção Procedimentos relativos aos estoques de produtos e de insumos.

Em relação às compras dos materiais de consumo, os procedimentos já foram comentados na Seção Procedimentos relativos aos estoques de materiais de consumo.

Convém salientar ainda que, havendo interesse, os saldos das compras líquidas de materiais, antes de serem transferidos para a conta Custo da Produção Acabada no Período, poderão passar pelas contas respectivas dos grupos 3.3.2 Custos Diretos ou 3.3.3 Custos Indiretos. Entretanto, nesse caso, após esses procedimentos, os saldos das contas desses dois grupos serão transferidos para a conta Custo da Produção Acabada no Período.

É importante salientar que, por razões de simplificação, pode-se eliminar as transferências paras as contas dos grupos 3.3.2 e 3.3.3, transferindo diretamente do grupo 3.3.1 para a conta Custo da Produção Acabada no Período.

Procedimentos relativos à mão de obra

Os gastos com mão de obra, conforme vimos no Capítulo 6, podem decorrer das folhas de pagamento ou não.

Em relação àqueles decorrentes das folhas de pagamento, quando a empresa tiver por hábito elaborar folhas de pagamentos separadas para a produção e para as demais áreas, a contabilização será feita sem dificuldades. Nesse caso, para se lançar a mão de obra, bastará efetuar os registros com base nos valores contidos na folha de pagamento do pessoal da produção, separando, se for necessário, a mão de obra direta da indireta. Esse procedimento será feito normalmente durante o período, debitando-se as contas representativas da mão de obra direta ou indireta, dos grupos 3.3.2 ou 3.3.3, conforme o caso e creditando-se as contas de obrigação ou representativas das disponibilidades, conforme o caso.

Em relação aos demais gastos com pessoal, também serão lançados a débito das contas próprias dos mesmos grupos 3.3.2 ou 3.3.3 e a crédito das contas patrimoniais respectivas.

Cuidado especial deverá ser tomado, quando a empresa tiver por praxe elaborar folha de pagamento única englobando o pessoal da produção e das demais áreas.

Nesse caso, será preciso estimar ou arbitrar critérios para fazer o rateio desses gastos para custos e para despesas conforme o caso.

Portanto, chegando-se no final do período, todos os gastos relativos à mão de obra, estarão devidamente registrados a débito das contas próprias dos grupos 3.3.2 Custos Diretos e 3.3.3 Custos Indiretos.

Visando apurar o custo de produção do período, o procedimento contábil no final do mês, será como segue: credita-se todas as contas dos grupos 3.3.2 e 3.3.3, representativas da mão de obra direta e indireta para que os seus saldos sejam transferidos a débito da conta 5.1.1.02.1.003 Custo da Produção Acabada no Período.

Procedimentos relativos aos gastos gerais de Fabricação

A contabilização dos Gastos Gerais de Fabricação é semelhante a contabilização dos gastos com a mão de obra, ou seja, quando os gastos forem gerados e pertencerem integralmente a área de produção, bastará debitar a conta respectiva do grupo 3.3.2 ou 3.3.3 representativa dos Gastos Gerais de Fabricação diretos ou indiretos e creditar a conta patrimonial respectiva.

Entretanto, é comum nas empresas industriais ocorrerem gastos classificados como Gastos Gerais de Fabricação, que possuem parte custos e parte despesas.

Isso ocorre, por exemplo, quando todas as áreas da empresa industrial (produção, comercial e administrativa) operam em um mesmo imóvel. Nesse caso, vários gastos beneficiarão as três áreas ao mesmo tempo, sendo o mais comum deles, o gasto com aluguel.

Assim, quando o aluguel é único para todo o imóvel onde estão instaladas as três áreas da empresa industrial, ele conterá parte despesa e parte custo. Dessa forma, será preciso rateá-lo para custos, para despesas administrativas e para despesas com vendas.

Um critério muito utilizado consiste em ratear o gasto com aluguel que possui parte despesa e parte custo, tomando por base a área ocupada.

Uma vez definidos os critérios, no momento da ocorrência do fato gerador do gasto com aluguel, esse deverá ser dividido em três partes, sendo cada uma debitada na conta representativa do custo, da despesa administrativa e da despesa com vendas. Em contrapartida, deverá ser creditada a conta patrimonial adequada.

Além dos gastos com aluguéis, há outros que podem possuir parte despesas e parte custos, por exemplo: energia elétrica, seguro contra incêndio, segurança, água e esgoto, telefones e comunicações, inclusive gastos com pessoal que possa prestar serviços para as três áreas, como ocorre com os vigias, faxineiros etc.

Portanto, chegando-se no final do período, todos os Gastos Gerais de Fabricação estarão devidamente registrados a débito das contas dos grupos 3.3.2 e 3.3.3 representativas dos Gastos Gerais de Fabricação diretos e indiretos.

Visando apurar o custo de produção do período, o procedimento contábil será como segue:

- credita-se todas as contas dos grupos 3.3.2 e 3.3.3 representativas dos Gastos Gerais de Fabricação, para que os seus saldos sejam transferidos a débito da conta 5.1.1.02.1.003 Custo da Produção Acabada no Período.

Apuração e contabilização do Custo da Produção Acabada no Período

Você já sabe que o Custo da Produção Acabada no Período é composto somente pelos gastos com Materiais, Mão de Obra e Gastos Gerais de Fabricação aplicados nos produtos, cujos processos de fabricação foram concluídos no período.

Portanto, nesse custo, poderão estar incluídos custos de períodos anteriores, integrantes em produtos que se encontravam em fase de elaboração no início do período, e poderá não conter parcela de custos incorridos no período que estejam integrando produtos, em fase de elaboração no final desse mesmo período.

Contabilmente, por esse sistema de inventário periódico, esse custo pode ser apurado como segue:

- debita-se a conta Custo da Produção Acabada no Período e creditam-se as seguintes contas:
  - **a.** representativas dos estoques iniciais de produtos em elaboração e dos materiais que foram aplicados na produção;
  - **b.** representativas das compras dos materiais que foram aplicados no processo de fabricação;
  - **c.** representativas da mão de obra direta e indireta aplicadas na produção, e
  - **d.** representativas dos Gastos Gerais de Fabricação diretos e indiretos que devam ser atribuídos ao Custo de Fabricação do período.

Em seguida, credita-se a conta Custo da Produção Acabada no Período e debitam-se todas as contas representativas dos estoques finais de produtos em elaboração e dos materiais aplicados no processo de fabricação.

O Custo da Produção Acabada no período, extracontabilmente, pode ser apurado com a aplicação da seguinte fórmula:

$$CPAP = EIM + EIPE + CM + MO + GGF - EFM - EFPE$$

Em que:

CPAP = Custo da Produção Acabada no Período

EIM = Estoques Iniciais de Materiais

EIPE = Estoque Inicial de Produtos em Elaboração
CM = Custo dos Materiais
MO = Mão de Obra
GGF = Gastos Gerais de Fabricação
EFM = Estoque Final de Materiais
EFPE = Estoque Final de Produtos em Elaboração

Apuração e contabilização do Custo dos Produtos Vendidos

Contabilmente, o Custo dos Produtos Vendidos pode ser apurado como segue:

- debita-se a conta Custo dos Produtos Vendidos e credita-se a conta representativa do Estoque Inicial de Produtos Acabados, bem como a conta Custo da Produção Acabada no Período. Em seguida, credita-se a conta Custo dos Produtos Vendidos debitando-se a conta Estoque Final de produtos Acabados.

Extracontabilmente, o Custo dos Produtos Vendidos poderá ser apurado pela seguinte fórmula:

$$CPV = EIPA + CPAP - EFPA$$

Em que:
CPV = Custo dos Produtos Vendidos
EIPA = Estoque Inicial de Produtos Acabados
CPAP = Custo da Produção Acabada no Período
EFPA = Estoque Final de Produtos Acabados

Apuração e contabilização do Resultado na Venda de Produtos

O Resultado na Venda de Produtos pode ser apurado pela seguinte fórmula:

$$RVP = VP - CPV$$

Em que:
RVP = Resultado na Venda de Produtos
VP = Vendas de Produtos
CPV = Custo dos Produtos Vendidos

Lembramos que, nas vendas de produtos, poderão ocorrer fatos que provocarão alterações no valor das vendas, como a incidência de impostos, devoluções etc. Esses fatos também integrarão a fórmula supra.

Contabilmente, o resultado na venda de produtos poderá ser apurado como segue:

a. creditam-se os saldos das contas Abatimentos sobre Vendas, Vendas Anuladas, Descontos Incondicionais Concedidos, bem como todas representativas dos tributos incidentes sobre as vendas, para que esses saldos sejam transferidos a débito da conta Vendas. Após essas transferências, o saldo da conta Vendas no livro Razão, corresponderá às Vendas Líquidas do período;

NOTAS:

- A Reforma Tributária de 2023, consubstanciada na Emenda Constitucional n. 132/2023, promoveu a extinção dos tributos que integram a receita bruta da venda de mercadorias, produtos e serviços – como o PIS sobre Faturamento e a COFINS sobre Faturamento a partir de 2027, e o ICMS e o ISS a partir de 2032. Esses quatro tributos serão substituídos pelo IBS, pela CBS e pelo IS, tributos esses que não integram a receita bruta da venda de mercadorias, produtos e serviços. Portanto, a partir de 2033, não haverá mais, na literatura tributária brasileira, tributos a serem subtraídos da receita bruta da venda de mercadorias, produtos e serviços, salvo se algum vier a ser criado no futuro.
- É importante salientar que, conforme comentamos na Seção 3.1 do Capítulo 3 deste livro, a Reforma Tributária de 2023 excluiu o IOF-Seguros e reduziu a alíquota do IPI a zero, a partir de 2027, exceto para os produtos manufaturados na Zona Franca de Manaus.

b. debita-se a conta Vendas, para que o seu saldo seja transferido a crédito da conta Resultado na Venda de Produtos;

c. credita-se a conta Custo dos produtos Vendidos, para que o seu saldo seja transferido a débito da conta Resultado na Venda de Produtos.

Após os três lançamentos supra estarem devidamente registrados nos livros Diário e Razão, bastará apurar no livro Razão o saldo da conta Resultado na Venda de Produtos, que sendo credor corresponderá a lucro e sendo devedor corresponderá a prejuízo.

NOTA:

- É importante salientar, como já dissemos, que existem outras maneiras mais analíticas ou mais sintéticas para se contabilizar o Custo dos Produtos Vendidos pelas empresas que adotam o sistema de inventário periódico. Assim, a adoção de contabilização com maior ou menor grau de detalhamento dependerá sempre dos interesses da própria empresa.

Finalmente, cumpre esclarecer que a sugestão que apresentamos no presente capítulo, para contabilização do custo industrial adotando o sistema de inventário periódico, julgamos ser suficiente para que se possa extrair dos registros contábeis, todas as informações necessárias com a maior clareza e segurança possível.

Atividades Teóricas 1

1. Responda:
   1.1 O que significa Inventário Periódico?

   1.2 Por que a denominação "Inventário Periódico"?

   1.3 Por que o sistema de Inventário Periódico é preferido pelas empresas de médio e pequeno portes?

   1.4 Contabilmente, qual o destino a ser dado aos produtos acabados e não vendidos que estiverem na área de produção no final de um período?

   1.5 No final do período de apuração, em relação a conta Estoque de Produtos Acabados, estaremos diante de dois valores: saldo devedor da conta e estoque final conforme inventário realizado. Qual procedimento contábil será tomado em relação ao saldo devedor da conta?

   1.6 Como deverão ser apurados, extracontabilmente, os consumos dos materiais de consumo utilizados pelas diversas áreas da empresa industrial?

   1.7 Como serão transferidos os valores dos materiais de consumo, relativos a custos e a despesas?

   1.8 Qual o destino a ser dado às compras de materiais, à Mão de Obra e aos Gastos Gerais de Fabricação incorridos no período?

   1.9 Qual a fórmula que pode ser utilizada para se apurar o Custo dos Produtos Vendidos?

   1.10 Qual a fórmula que pode ser utilizada para o cálculo do resultado na venda de produtos?

2. Indique se a afirmativa é falsa ou verdadeira:
   2.1 O período de um ano em que a empresa opera e em cujo final apura seus resultados, denomina-se exercício social.

   2.2 Adotando o sistema de inventário periódico, o conhecimento dos custos unitários será possível apenas extracontabilmente.

   2.3 No sistema de inventário periódico, as contas representativas dos estoques de materiais são movimentadas normalmente durante o exercício social.

   2.4 No sistema de inventário periódico, as contas representativas dos estoques de materiais servem para representar o estoque inicial e o final.

2.5 Para avaliar o estoque final de Matérias-Primas, pode-se utilizar o critério PEPS.

2.6 Como os subprodutos correspondem a sobras do processo de fabricação, no período em que forem acumulados estoques desses materiais, eles deverão ser contabilizados a débito da conta Estoque de Subprodutos e a crédito da conta Custo de Produção do Período (CPP).

2.7 As compras líquidas de materiais serão apuradas contabilmente, debitando-se a conta que registra a compra do respectivo material e creditando-se todas as contas que representam aumentos ou diminuições do valor das compras.

2.8 Os saldos das contas representativas dos materiais aplicados na produção, da Mão de Obra e dos Gastos Gerais de Fabricação incorridos no período serão transferidos a débito da conta Custo de Produção do Período, creditando-se as respectivas contas de custos.

2.9 Para se conhecer o Custo de Produção do Período, após efetuados os registros contábeis pertinentes no final do mês, bastará examinar o saldo devedor constante na respectiva conta, no livro Razão.

3. Escolha a alternativa correta:

3.1 A empresa industrial apura seus resultados no final do:

a) Mês.
b) Trimestre.
c) Semestre.
d) Ano.
e) As alternativas "a" e "d" estão corretas.

3.2 Adotando o sistema de inventário periódico:

a) Não será possível conhecer o custo unitário dos produtos fabricados.
b) Não será possível conhecer o custo global da produção do período.
c) Contabilmente, não será possível conhecer o custo unitário dos produtos fabricados.
d) Contabilmente, só será possível conhecer o custo global da produção.
e) As alternativas "a" e "b" estão erradas.

3.3 No final do período, estaremos diante de dois valores envolvendo os produtos em elaboração:

a) Saldo devedor da conta e respectivo estoque inicial.
b) Saldo devedor correspondente ao estoque inicial e saldo credor correspondente ao estoque final.
c) Saldo devedor da conta representando o estoque inicial e estoque final obtido por meio de inventário físico.
d) Somente a alternativa "a" está incorreta.
e) n.d.a.

Atividades Práticas 1

PRÁTICA 1 — SOLUCIONADA

Suponhamos que a Indústria de Temperos Rolota Ltda., em 31 de dezembro de x4, apresente a seguinte situação em relação à gestão industrial do ano:

Estoques Iniciais de Materiais:

- Matérias-Primas 50.000
- Materiais Secundários 20.000
- Materiais de Embalagem 10.000

Total 80.000
Estoque Inicial de Produtos em Elaboração 15.000

Compras de Materiais:

- Matérias-Primas 600.000
- Materiais Secundários 250.000
- Materiais de Embalagem 100.000

Total 950.000

Mão de Obra do Pessoal da Produção:

- Salários 200.000
- Encargos Sociais 76.000
- Outros Gastos com Pessoal 4.000

Total 280.000

Mão de Obra dos Dirigentes da Indústria que trabalham na produção:

- Salários e Honorários 40.000
- Encargos Sociais 14.400
- Outros Gastos com Dirigentes 2.600

Total 57.000
Total Geral da Mão de Obra 337.000

Gastos Gerais de Fabricação:

- Combustíveis 8.000
- Peças e Materiais de Reposição 5.000
- Serviços de Terceiros 7.000
- Aluguéis da Fábrica 24.000
- Depreciação 9.000
- Prêmios de Seguro 8.000

- Energia Elétrica 18.000
- Água 2.000
- Material de Limpeza 1.000
- Telefones e Comunicações 3.000

Total dos GGFs 85.000

Estoques Finais de Materiais:

- Matérias-Primas 150.000
- Materiais de Embalagem 30.000
- Materiais Secundários 60.000

Total 240.000

Estoque Final de Produtos em Elaboração 45.000

Com base nos dados apresentados, apurar, extracontabilmente, o Custo da Produção Acabada no Período.

Solução:

Custo da Produção Acabada no Período

CPAP = EIM + EIPE + C + MO + GGF – EFM – EFPE

CPAP = 80.000 + 15.000 + 950.000 + 337.000 + 85.000 – 240.000 – 45.000

CPAP = 1.182.000

PRÁTICA 2

Com base nas informações a seguir, calcule extracontabilmente o Custo da Produção Acabada no Período e o Custo dos Produtos Vendidos, considerando que a empresa adota o sistema de inventário periódico.

A Indústria de Produtos Alimentícios Bela Safra S.A., em 31 de dezembro de x4, apresenta a seguinte situação em relação à gestão industrial do ano:

- Estoque Inicial de Matérias-Primas 10.000
- Compras de Matérias-Primas 40.000
- Mão de Obra do Pessoal da Produção 60.000
- Mão de Obra dos Dirigentes da Indústria (Aplicada na produção) 15.000
- Gastos Gerais de Fabricação 32.000
- Estoque Final de Matérias-Primas 18.000
- Estoque Final de Produtos Acabados 28.000

7.3 Exemplo prático envolvendo a contabilização do custo pelo Sistema de Inventário Periódico (Simplificado)

Vamos apresentar alguns exemplos de fatos, apenas para ilustrar o mecanismo de contabilização e apuração do Custo de Fabricação pelo Sistema Simplificado.

Dados extraídos do controle interno da Indústria de Temperos Rolota Ltda.:

I – No Balanço de Abertura levantado em 1º de janeiro de X5, constam as seguintes contas de estoques:

- Estoque de Matérias-Primas 50.000
- Estoque de Materiais Secundários 20.000
- Estoque de Materiais de Embalagem 10.000
- Estoque de Produtos em Elaboração 15.000

II – Fatos ocorridos durante o exercício de X5:

1. Compras de Matérias-Primas do fornecedor Industrial Astral Ltda., a prazo, conforme NF n. 555, no valor de $ 600.000,00.
2. Compras de materiais secundários do fornecedor Aurora Ltda., a prazo, conforme NF n. 1.721, no valor de $ 250.000,00.
3. Compras de materiais de embalagem, à vista, da Casa Arco-Íris S.A., conforme NF n. 2.341, no valor de $ 100.000,00.
4. Folha de pagamento do pessoal da fábrica:
   - Valor bruto da folha = $ 200.000,00;
   - Retenção para Previdência Social = $ 20.000,00;
   - Previdência Social – parte patronal = $ 60.000,00;
   - Encargos com FGTS = $ 16.000,00.
5. Pagas despesas com treinamento do pessoal da produção, conforme recibo n. 123, $ 4.000,00.
6. Folha de pagamento da diretoria (que trabalha para a produção):
   - Valor bruto da folha = $ 40.000,00;
   - Valor retido para Previdência Social = $ 4.000,00;
   - Valor da Previdência Social – parte patronal = $ 11.200,00;
   - Valor do FGTS = $ 3.200,00.

7. Pagas despesas de viagens para a diretoria, a serviço da produção, em dinheiro, $ 2.600,00.
8. Paga, em dinheiro, NF n. 321, ao Posto Mangueira, ref. à compra de lubrificantes para uso nas máquinas da produção, $ 8.000,00.
9. Paga NF n. 871 a Suflauto S.A., ref. a peças para máquinas da produção, $ 5.000,00.
10. Paga, à empresa de prestação de serviços de eletricidade Força Positiva Ltda., NF n. 111, ref. a serviços de manutenção na fábrica, $ 7.000,00.
11. Pagos ao Sr. Clélio Mariotto, ref. aluguel da fábrica, em dinheiro, $ 24.000,00.
12. Seguro contra incêndio pago à Companhia Seguradora Brasileira, para cobertura de contra riscos na área de produção, pelo período de 1/01 a 31/12 de X5, em dinheiro, $ 8.000,00.
13. Paga, no Banco Urupês S.A., conforme NF n. 124, conta de energia elétrica, $ 18.000,00.
14. Paga, no Banco Urupês S.A., conta de água e esgoto, ref. à fábrica, $ 2.000,00.
15. Paga NF n. 624 ao Empório São Francisco, ref. material de limpeza para uso na fábrica, $ 1.000,00.
16. Paga, no Banco Urupês S.A., conta de telefone da fábrica, $ 3.000,00.

Pede-se:

1. Contabilizar, em folhas de Diário, os fatos (1 a 16) ocorridos durante o exercício de X5.
2. Transcrever os respectivos fatos do Diário para os Razonetes.
3. Depreciar Máquinas e Equipamentos referente ao exercício, pela quota de $ 9.000,00.
4. Apurar o Custo da Produção Acabada no Período, efetuando os respectivos lançamentos de transferência dos componentes do custo simplificado no livro Diário e nos Razonetes, obedecendo à seguinte ordem:
   a) Transferir para a conta Custo da Produção Acabada no Período:
      - os saldos das contas representativas dos estoques iniciais de Matérias-primas, Materiais Secundários, Material de Embalagem e de Produtos em Elaboração;
      - os saldos das contas representativas da Mão de Obra;
      - os saldos das contas representativas dos Gastos Gerais de Fabricação.

b) Efetuar o registro dos seguintes estoques finais:

- Matérias-Primas 150.000
- Materiais Secundários.. 60.000
- Materiais de Embalagem 30.000
- Produtos em Elaboração.. 45.000

5. Apurar o Custo dos Produtos Vendidos, considerando que o estoque final de produtos acabados correspondeu a $ 282.000,00.

Solução:

DIÁRIO

Contabilização dos fatos ocorridos durante o exercício de X5:

Registro das compras de materiais nas contas próprias do grupo 3.3.1 do Elenco de Contas apresentado no Capítulo 3.

(1) Compras de Matérias-Primas
a Fornecedores
Industrial Astral
Conf. NF n. 555.. 600.000

---

(2) Compras de Materiais Secundários
a Fornecedores
Aurora Ltda.
Conf. NF n. 1.721. .... 250.000

---

(3) Compras de Materiais de Embalagem
a Caixa
NF n. 2.341, da Casa Arco-Íris............................. 100.000

Registro da Mão de Obra Direta nas contas próprias do grupo 3.3.2.02 do Elenco de Contas apresentado no Capítulo 3.

(4A) Salários
a Salários a Pagar
Pela elaboração da folha etc. 200.000

(4B) Salários a Pagar
a Contribuições de Previdência a Recolher
Retenções, conf. folha. 20.000

(4C) Encargos Sociais
a Diversos
Encargos sobre folha como segue:
a Contribuições de Previdência a Recolher
Ref. parte patronal. 60.000
a FGTS a Recolher
Conf. folha. 16.000 76.000

---

(5) Outros Gastos com Pessoal
a Caixa
Pago treinamento conf. recibo. 4.000

Registro da Mão de Obra Indireta nas contas próprias do grupo 3.3.3.02 do Elenco de Contas apresentado no Capítulo 3.

(6A) Salários e Honorários
a Honorários da Diretoria a Pagar
Pela elaboração da folha etc. 40.000

(6B) Honorários da Diretoria a Pagar
a Contribuições de Previdência a Recolher
Retenções conf. folha. 4.000

(6C) Encargos Sociais
a Diversos
Encargos sobre folha como segue:
a Contribuições de Previdência a Recolher
Ref. parte patronal. 11.200
a FGTS a Recolher
Conf. folha. 14.400 25.600

---

(7) Outros Gastos com Dirigentes

a Caixa

Pagos gastos ref. viagens diretoria. *2.600*

Registro dos Gastos Gerais de Fabricação, nas contas próprias do grupo 3.3.3.03 do Elenco de Contas apresentado no Capítulo 3.

Observar que, para fins de simplificação, consideramos todos os GGFs como indiretos.

(8) Combustíveis e Lubrificantes

a Caixa

NF n. 321 do Posto Mangueira, ref. lubrificantes para máquinas. *8.000*

---

(9) Peças e Materiais de Reposição

a Caixa

NF n. 871 a Suflauto S.A., ref. para máquinas. *5.000*

---

(10) Serviços de Terceiros

a Caixa

NF n. 111 de Força Positiva Ltda., ref. serviço de manutenção da fábrica. *7.000*

---

(11) Aluguéis da Fábrica

a Caixa

Pago ao Sr. Clélio Mariotto, ref. aluguel da fábrica *24.000*

---

(12) Prêmios de Seguro

a Caixa

Pago à Cia. Seguradora Brasileira, ref. seguro pelo período de 1 ano. *8.000*

---

(13) Energia Elétrica
a Caixa
Paga conta conf. NF n. 124. .... *18.000*

---

(14) Água e Esgoto
a Caixa
Paga conta ref. fábrica. *2.000*

---

(15) Material de Limpeza
a Caixa
NF n. 624 do Empório São Francísco,
ref. material de limpeza. *1.000*

---

(16) Telefones e Comunicações
a Caixa
Paga conta de telefone fábrica. *3.000*

---

(17) Depreciação
a Depreciação Acumulada
Depreciação de máquinas e ferramentas. *9.000*

Apuração do Custo da Produção Acabada no Período – Custo Simplificado

Utilizaremos a conta 5.1.1.02.1.003 Custo da Produção Acabada no Período, constante do Elenco de Contas do Capítulo 3, acompanhe:

(18) Custo da Produção Acabada no Período
a Diversos
Transferências dos saldos das contas
representativas dos estoques iniciais,
para apuração do custo da produção acabada no período:
a Estoque de Matérias-Primas
Saldo desta conta. *50.000*
a Estoque de Materiais Secundários
Idem. *20.000*
a Estoque de Materiais de Embalagem
Idem. *10.000*
a Estoque de Produtos em Elaboração
Idem. *15.000* *95.000*

---

(19) Custo da Produção Acabada no Período		
a Diversos		
Transferências dos saldos das contas de compras de materiais para apuração do Custo da Produção Acabada no Período:		
a Compras de Matérias-Primas		
Saldo desta conta	*600.000*	
a Compras de Materiais Secundários		
Idem	*250.000*	
a Compras de Materiais de Embalagem		
Idem	*100.000*	*950.000*

(20) Custo da Produção Acabada no Período		
a Diversos		
Transferências dos saldos das contas de custos com pessoal aplicado na produção, para apuração do Custo da Produção Acabada no Período:		
a Salários		
Saldo desta conta	*200.000*	
a Encargos Sociais		
Idem	*76.000*	
a Outros Gastos com Pessoal		
Idem	*4.000*	*280.000*

(21) Custo da Produção Acabada no Período		
a Diversos		
Transferências dos saldos das subcontas para apuração do Custo da Produção do período:		
a Salários e Honorários		
Saldo desta conta	*40.000*	
a Encargos Sociais		
Idem	*14.400*	
a Outros Gastos com Dirigentes		
Idem	*2.600*	*57.000*

(22) Custo da Produção Acabada no Período
a Diversos
Transferências dos saldos das contas representativas dos Gastos Gerais de Fabricação para apuração do Custo da Produção Acabada no Período:

a Combustíveis e Lubrificantes		
Saldo desta conta.....	*8.000*	
a Peças e Materiais de Reposição		
Idem.....	*5.000*	
a Serviços de Terceiros		
Idem.....	*7.000*	
a Aluguéis Passivos		
Idem.....	*24.000*	
a Prêmios de Seguro		
Idem.....	*8.000*	
a Energia Elétrica		
Idem.....	*18.000*	
a Água e Esgoto		
Idem.....	*2.000*	
a Material de Limpeza		
Idem.....	*1.000*	
a Telefones e Comunicações		
Idem.....	*3.000*	
a Depreciação		
Idem.....	*9.000*	*85.000*

---

(23) Diversos
a Custo da Produção Acabada no Período
Pelo valor dos Estoques Finais de Materiais e Produtos em Elaboração conforme inventários realizados, a saber:

Estoque de Matérias-Primas	
Conf. livro Registro de Inventário.....	*150.000*
Estoque de Materiais Secundários	
Idem.....	*60.000*
Estoque de Materiais de Embalagem	
Idem.....	*30.000*

Estoque de Produtos em Elaboração

Idem.. 45.000 285.000

Para sua conferência, apresentaremos apenas o Razonete da conta Custo da Produção Acabada no Período:

CUSTO DA PRODUÇÃO ACABADA NO PERÍODO			
(18)	95.000	(23)	285.000
(19)	950.000		
(20)	280.000		
(21)	57.000		
(22)	85.000		
Soma	1.467.000		
Saldo	1.182.000		

Esse valor apurado de $ 1.182.000,00, corresponde ao Custo Global de todos os produtos fabricados pela Indústria de Temperos Rolota Ltda., durante o exercício de x5.

Agora, perguntamos:

— Esse custo corresponde ao Custo dos Produtos Vendidos?

A resposta seria positiva se toda a produção de x5 tivesse sido vendida até 31 de dezembro. Entretanto, como foi informado no enunciado desse exemplo prático que havia, em 31/12/X5, estoque final de produtos acabados no montante de $ 280.000,00, faremos:

(24) Custo dos Produtos Vendidos

a Custo da Produção Acabada no Período

Transferência do saldo da 2ª para a

1ª das contas supra para apuração do CPV................... 1.182.000

---

(25) Estoque de Produtos Acabados

a Custo dos Produtos Vendidos

Registro do Estoque Final

conf. inventário etc. 282.000

Veja o saldo da conta CPV:

CUSTO DOS PRODUTOS VENDIDOS			
(24)	1.182.000	(25)	282.000
Saldo	900.000		

Esse saldo de $ 900.000,00, corresponde ao custo dos produtos que foram vendidos durante o exercício.

Observe, finalmente, que com o lançamento (25), a conta Estoque de Produtos Acabados, do Ativo Circulante, sendo debitada representará no Balanço Patrimonial, o valor dos produtos fabricados que não foram vendidos e estavam em estoque no dia 31 de dezembro.

Atividades Práticas 2

PRÁTICA 1

Calcule e contabilize, em 31/12/X5, o Custo da Produção Acabada no Período, pelo sistema de inventário periódico, com base nas seguintes informações:

1. Estoque inicial de matérias-primas: $ 20.000,00.
2. Compras de matérias-primas efetuadas, durante o ano, do fornecedor Paraitinga S.A., conforme Notas Fiscais n. 50 a 780, no valor de $ 500.000,00.
3. Salários do pessoal da fábrica, conforme folha: $ 200.000,00 (contabilize o custo na conta Salários somente).
4. Aluguel da fábrica pago ao Sr. Abrão Reis, em dinheiro: $ 150.000,00.
5. Estoques finais conforme o livro Registro de Inventário:
   - Matérias-Primas .... $ 80.000,00
   - Produtos em Elaboração .... $ 110.000,00

PRÁTICA 2

Calcule e contabilize o Custo da Produção Acabada no Período pelo sistema de inventário periódico.

A Companhia Industrial Paraibuna S.A., em 31 de dezembro de x4, extraiu do livro Razão, no setor de Contabilidade de Custos, os seguintes saldos:

- Estoque de Matérias-Primas 80.000
- Estoque de Materiais Secundários 30.000
- Estoque de Materiais de Embalagem 10.000
- Estoque de Produtos em Elaboração 23.000
- Compras de Matérias-Primas 200.000
- Compras de Materiais Secundários 60.000
- Compras de Materiais de Embalagem 40.000
- Décimo Terceiro Salário (produção) 10.000
- Encargos Sociais (produção) 27.200
- Férias (produção) 15.000
- Salários (produção) 100.000
- Outros Gastos com Pessoal (produção) 3.000
- Décimo Terceiro Salário (dirigentes) 5.000
- Encargos Sociais (dirigentes) 13.600
- Férias (dirigentes) 7.500
- Salários e Honorários 50.000
- Outros Gastos com Dirigentes 8.000
- Combustíveis e Lubrificantes 20.000
- Peças e Materiais de Reposição 4.000
- Serviços de Terceiros 2.000
- Outros Gastos de Conservação da Fábrica 1.000
- Aluguéis da Fábrica 12.000
- Depreciação 6.000
- Água e Esgoto 4.500
- Energia Elétrica 31.000
- Material de Limpeza 2.600
- Prêmios de Seguro 2.400
- Telefones e Comunicações 1.500

Estoques Finais conforme livro Registro de Inventário:

- Matérias-Primas 90.000
- Materiais Secundários 50.000
- Materiais de Embalagem 15.000
- Produtos em Elaboração 65.000
- Produtos Acabados 33.000

Considerar que os gastos com dirigentes também referem-se a área de produção.

Pede-se:

Calcule e contabilize, pelo Sistema de Inventário Periódico, o Custo da Produção Acabada no Período bem como o Custo dos Produtos Vendidos.

CAPÍTULO 8

SISTEMA DE INVENTÁRIO PERMANENTE

NOTA:

- Neste capítulo, apresentamos operações envolvendo IPI e ICMS. Lembramos que o IPI será substituído pela CBS a partir de 2027, e o ICMS pelo IBS, gradativamente a partir de 2029, e definitivamente a partir de 2033.

8.1 Conceito

Inventário Permanente é um sistema contábil por meio do qual os resultados podem ser apurados a qualquer momento.

A expressão "inventário permanente" decorre do fato, de que os custos dos estoques de materiais necessários para a apuração dos resultados são atualizados permanentemente.

Nas empresas que adotam esse sistema, a cada compra efetuada, tanto as quantidades quanto os custos unitários e totais dos materiais existentes em estoque são devidamente atualizados.

O uso das fichas de controle de estoques conforme estudamos no Capítulo 5 do presente livro, sejam elas manuais ou realizadas por meio de processamento eletrônico de dados, facilita o controle da movimentação dos materiais, possibilitando o conhecimento dos custos das unidades adquiridas, transferidas para as diversas áreas da empresa bem como daquelas que permanecerem em estoque.

Da mesma forma, os gastos com Mão de Obra e com os Gastos Gerais de Fabricação são também acompanhados por empregados destacados para esse fim, realizando apontamentos ou atuando de outras formas que possibilitem a identificação dos Custos

Diretos com os produtos fabricados, bem como com a definição prévia de critérios para rateio dos Custos Indiretos, sejam eles correspondentes a materiais, a Mão de Obra ou aos Gastos Gerais de Fabricação.

Assim, para permitir o conhecimento do custo unitário dos produtos no momento em que são fabricados, esse sistema, conforme dissemos, exige o trabalho de pessoal especializado, bem como a adoção de controles detalhados, motivo pelo qual é adotado com mais frequência pelas empresas industriais de grande porte.

As empresas industriais que optam por esse sistema para contabilização e apuração do custo de fabricação, durante o exercício social têm uma carga maior de trabalho para controle dos elementos que compõem o custo de fabricação, em relação aquelas que optam pelo sistema de inventário periódico. Pelo sistema de inventário periódico, maior volume de trabalho se concentra na data de encerramento do período, quando são realizados os procedimentos necessários para a apuração do custo global de fabricação e do resultado bruto, enquanto que pelo sistema de inventário permanente, no final do período, os procedimentos se resumem na apuração do resultado bruto, uma vez que o custo de fabricação e o custo dos produtos vendidos foram apurados e contabilizados durante o período, na medida que ocorriam compras de materiais, transferências de materiais para produção, além dos demais gastos com Mão de Obra e Gastos Gerais de Fabricação bem como as vendas de produtos.

Trata-se, portanto, de um sistema complexo cuja grande vantagem é a possibilidade do conhecimento, por meio da escrituração contábil, do custo unitário, uma vez que o custo da produção pode ser apurado e contabilizado diariamente.

Adotando o sistema de inventário permanente, todas as decisões a serem tomadas pela empresa em relação ao gerenciamento da produção e vendas encontrarão fundamento nos registros contábeis.

8.2 Esquema técnico para contabilização

8.2.1 Elenco de Contas

Para possibilitar a contabilização e a apuração do custo unitário e global da Produção do Período e do Custo dos Produtos Vendidos, pelo sistema de inventário permanente, além das contas patrimoniais e de resultado que normalmente são utilizadas pelas empresas em geral, utilizaremos também as contas dos seguintes grupos, constantes do Elenco de Contas apresentado no Capítulo 3 do presente livro:

1.1.6.01 Estoques de Mercadorias, Produtos e Insumos
Todas as contas desse grupo e respectivos subgrupos, exceto relativas a mercadorias.
1.1.6.02 Estoques de Materiais de Consumo
Todas as contas desse grupo.
Incluem-se também todas as contas redutoras das contas representativas dos estoques.

1.2.3 IMOBILIZADO
Todas as contas desse grupo e respectivos subgrupos, inclusive as redutoras.
3.3.2 CUSTOS DIRETOS DE FABRICAÇÃO
Todas as contas desse grupo e respectivos subgrupos.
3.3.3 CUSTOS INDIRETOS DE FABRICAÇÃO
Todas as contas desse grupo e respectivos subgrupos.
3.3.4 CUSTO EM FORMAÇÃO
Todas as contas desse grupo e respectivos subgrupos.

4.1.2 RECEITA BRUTA DE VENDA DE PRODUTOS
Todas as contas desse grupo e respectivos subgrupos.

5.1.1.02.1.001 Custo de Produção do Período (CPP)
5.1.1.02.1.003 Custo da Produção Acabada no Período (CPAP)
5.1.1.02.1.005 Custo dos Produtos Vendidos (CPP)
5.1.2.02 Resultado da Venda de Produtos (RVP)
5.1.2.02.1.001 Lucro sobre Vendas de Produtos
5.1.2.02.1.002 (–) Prejuízo sobre Vendas de Produtos

8.2.2 Orientações para contabilização

Procedimentos relativos aos estoques de produtos

Pelo sistema de inventário permanente, ao contrário do que ocorre com o sistema de inventário periódico, as contas representativas dos estoques são movimentadas normalmente durante o exercício social. Isso ocorre especialmente em relação aos estoques de produtos acabados e de materiais, que serão aplicados no processo de fabricação ou consumidos pelas diversas áreas da empresa industrial.

Nessa Seção, trataremos especificamente dos estoques de produtos acabados, de produtos em elaboração e de subprodutos.

Veja, então, os procedimentos contábeis:

a. Estoque de Produtos Acabados

Essa conta é utilizada para registrar o estoque de produtos fabricados pela empresa, enquanto não forem vendidos.

No início do período, o seu saldo devedor representa o estoque inicial derivado do Balanço Patrimonial elaborado no último dia do período anterior.

Durante o período, essa conta será debitada pelas transferências de produtos acabados derivadas da área de produção e será creditada por ocasião das vendas de produtos.

A contabilização será como segue:

- pelas transferências recebidas da área de produção: debita-se a conta 1.1.6.01.1.002 Estoque de Produtos Acabados e credita-se a conta 5.1.1.02.1.003 Custo da Produção Acabada no Período (CPAP), considerando aqui somente o custo dos produtos acabados que estiverem sendo transferidos;
- pelas vendas de produtos: debita-se a conta 5.1.1.02.1.005 Custo dos Produtos Vendidos (CPP) e credita-se a conta 1.1.6.01.1.002 Estoque de Produtos Acabados considerando aqui, para dar baixa nos estoques, o valor do custo e não o da venda.

Você já sabe que, na venda, dois ou três lançamentos devem ser efetuados. Aqui, estamos tratando apenas da baixa nos estoques.

A composição do custo dos produtos acabados no período será explicada na Seção Apuração e Contabilização do Custo da Produção Acabada no Período.

O saldo que remanescer na conta Estoque de Produtos Acabados, no final do período, corresponderá ao estoque final dos produtos que estarão disponíveis para venda.

Devemos ressaltar, no entanto, que a empresa industrial elaborará o inventário físico dos produtos acabados que estiverem em estoque no final do período, para confrontar com o estoque contábil. Havendo divergências, elas deverão ser ajustadas adotando-se os critérios estudados na Seção 6 do Capítulo 5 deste livro.

Ao efetuar o inventário físico, os produtos serão avaliados pelos custos constantes das respectivas fichas de controle de estoques.

Havendo interesse da empresa, a conta Estoque de Produtos Acabados poderá ser subdividida para permitir o registro de cada um dos produtos fabricados pela empresa e, nos casos de variações de valor nos custos de fabricação, poderá ser adotado um dos critérios de controle estudados na Seção 5.2 do Capítulo 5 do presente livro.

b. Estoque de Produtos em Elaboração

Essa conta é utilizada para registrar os estoques inicial e final dos produtos que se encontrarem em fase de elaboração no início e no final de um período.

O saldo devedor da conta existente no início do período, representa o valor do estoque inicial derivado do Balanço Patrimonial levantado no final do período anterior. Esse saldo, logo no primeiro dia do período, deverá ser transferido para as contas representativas do custo em formação de cada produto, integrantes do grupo 3.3.4 CUSTO EM FORMAÇÃO.

No último dia do período, essa conta será debitada para receber por transferência os saldos das contas do grupo 3.3.4 CUSTO EM FORMAÇÃO, correspondentes aos produtos cujos processos de fabricação ainda não estiverem concluídos.

Os produtos inacabados serão avaliados com base nos registros contábeis. Como esse sistema inclui o controle individualizado dos produtos na fase de fabricação, para conhecer os custos de fabricação no último dia do período, bastará considerar como custo de cada produto, a soma dos valores lançados a débito nas contas relativas aos Materiais, à Mão de Obra e aos Gastos Gerais de Fabricação constantes do grupo 3.3.4 CUSTO EM FORMAÇÃO, do respectivo produto.

Lembramos que, havendo interesse no grupo de contas do custo em formação de cada produto, poderão ser criadas contas para o registro dos custos diretos e indiretos de Materiais, Mão de Obra e Gastos Gerais de Fabricação. Entretanto, alertamos para o fato de que o detalhamento em excesso pode prejudicar a clareza dos registros contábeis. Há casos em que controles extracontábeis são mais eficientes que os detalhamentos excessivos que podem entravar o sistema contábil.

c. Estoque de Subprodutos

Como os subprodutos correspondem a sobras que ocorrem no processo de fabricação, no período em que forem acumulados estoques desses materiais, eles deverão ser contabilizados a débito da conta 1.1.6.01.1.008 Estoque de Subprodutos e a crédito da conta 5.1.1.02.1.001 Custo de Produção do Período.

Sendo os subprodutos tratados como recuperação do custo de produção, e quando for possível identificar as sobras em relação a cada produto, o ideal será dar baixa da parcela correspondente a cada produto. Nesse caso, as transferências do custo dos produtos acabados do grupo do Custo em Formação para o grupo do Custo da Produção Acabada no Período, deverá ser feita por subcontas individualizadas identificativas de cada produto.

Maiores detalhes acerca dos subprodutos você encontra na Seção 4.3.9 do Capítulo 4 do presente livro.

Procedimentos relativos aos estoques de materiais a serem aplicados na produção

Os estoques de materiais que serão aplicados no processo produtivo envolvem basicamente as matérias-primas, os materiais secundários, os materiais auxiliares e os materiais de embalagem.

De acordo com a natureza do processo produtivo, poderão existir outros tipos de materiais que, por conveniência da empresa, devam ser classificados com terminologias diferentes dessas. No entanto, todos eles terão o mesmo tratamento em relação a contabilização, aos controles de estoques e ao encaminhamento para a produção.

Conforme já dissemos, adotando o sistema de inventário permanente, ao contrário do que ocorre com o sistema de inventário periódico, as contas representativas dos estoques de materiais são movimentadas normalmente durante o exercício social. Elas são debitadas pelos custos das compras, bem como pelos custos dos fatos que alteram os valores das compras para mais (fretes e seguros, tributos não recuperáveis, etc) e creditadas pelas requisições feitas pelas diversas áreas da empresa, pelas vendas e também pelos fatos que alteram o valor das compras para menos (abatimentos sobre compras, compras anuladas e descontos incondicionais obtidos).

A empresa industrial manterá fichas para controle dos estoques dos materiais a serem aplicados no processo de produção, sejam elas realizadas manualmente ou por meio de processamento eletrônico de dados, e controlará os estoques de materiais, adotando um dos critérios de sua escolha, apresentados na Seção 5.2 do Capítulo 5 do presente livro.

Mantendo controle permanente dos estoques, diariamente toda movimentação de materiais na empresa industrial estará devidamente registrada pela contabilidade, possibilitando, a qualquer momento, o conhecimento dos custos dos materiais estocados, dos custos dos materiais transferidos para a produção, dos custos dos materiais transferidos para as áreas administrativa e comercial, possibilitando, também, a apuração dos custos da Produção Acabada no Período e dos resultados bruto e líquido da empresa na parte relativa aos materiais.

Veja, com mais detalhes, as orientações para o registro contábil da movimentação dos materiais a serem aplicados no processo de fabricação, na Seção Procedimentos Relativos à Movimentação dos Materiais a Serem Aplicados na Produção do presente capítulo.

Procedimentos relativos aos estoques de materiais de consumo

Estamos considerando como materiais de consumo, aqueles consumidos tanto pelas áreas administrativa e comercial quanto pela área produtiva, embora não integrem os produtos.

São materiais de consumo, portanto, os materiais de escritório ou de expediente, os materiais de informática, os materiais de higiene e limpeza e os materiais de manutenção.

As contas de Estoque utilizadas para o registro desses materiais, também são movimentadas da mesma forma que são movimentadas as contas de estoques utilizadas para o registro dos materiais a serem aplicados na produção.

Assim, no início do período, os saldos devedores existentes nessas contas correspondem aos estoques iniciais, derivados do Balanço Patrimonial levantado no final do período anterior.

Durante o período, essas contas serão debitadas pelas compras, bem como pelos fatos que alteram os valores das compras para mais, e creditadas pelas requisições feitas pelas diversas áreas da empresa, bem como pelos fatos que alteram os valores das compras para menos.

No último dia do período, o saldo existente em cada uma dessas contas corresponderá ao respectivo estoque final.

A empresa industrial deverá realizar inventários físicos dos materiais existentes em estoque no último dia do período, para confrontar com o saldo devedor da conta, devidamente escriturado no livro Razão. Havendo divergências, essas serão ajustadas conforme estudamos na Seção 5.6 do Capítulo 5 do presente livro.

Para avaliar os materiais em estoque, serão utilizados os custos devidamente constantes das fichas de controle de estoques de cada material.

Veja mais detalhes acerca da contabilização desses materiais, na Seção Procedimentos Relativos à Movimentação dos Materiais de Consumo, do presente capítulo.

Procedimentos relativos à movimentação dos materiais a serem aplicados na produção

Nesta Seção, trataremos dos procedimentos contábeis envolvendo a movimentação dos materiais adquiridos pela empresa industrial para serem aplicados no processo de fabricação.

Esses procedimentos são como segue:

a. Estoques iniciais

Os estoques iniciais correspondem aos saldos devedores das respectivas contas de estoques existentes no início do período. Esses valores derivam do Balanço Patrimonial, levantado no último dia do período anterior.

b. Compras

As compras serão registradas a débito da conta de estoque respectiva, integrante do grupo 1.1.6 ESTOQUES e a crédito da conta patrimonial própria (Caixa, Bancos, Duplicatas a Pagar ou Fornecedores), observando-se os fatos que alteram os valores das compras, como os fretes, seguros e os abatimentos sobre compras, as compras anuladas, os descontos incondicionais obtidos além dos tributos incidentes sobre as compras.

c. Controle dos estoques

Todos os materiais estocados serão controlados por meio de fichas de controle de estoques, que podem ser feitas manualmente ou por meio de processamento eletrônico de dados. O critério para controle será de escolha da própria empresa. Contudo deve-se observar que a NBC TG 16 não contempla os critérios UEPS e Custo Médio Ponderado Fixo.

Agindo dessa forma, as quantidades estocadas estarão devidamente controladas pelos respectivos custos unitários e totais.

d. Transferências para produção

As transferências de materiais para a produção são feitas por meio das requisições de materiais. Nelas deverão ser especificados os materiais requisitados e posteriormente anotados pelo almoxarife ou responsável, os respectivos custos conforme constarem das fichas de controle de estoques.

O maior ou menor grau de detalhes na contabilização dependerá dos interesses da empresa.

Veja uma opção que pode ser utilizada:

Para dar baixa nos estoques e caracterizar o ingresso dos materiais na produção, debita-se a conta que representa o material que estiver sendo requisitado, integrante do grupo 3.3.2 CUSTOS DIRETOS, e credita-se a conta que registra o estoque respectivo, integrante do grupo 1.1.6 ESTOQUES.

Posteriormente, mediante mapas relativos a produção de cada produto, debita-se a conta representativa dos materiais do grupo 3.3.4 CUSTO EM FORMAÇÃO de cada produto e credita-se a conta que registrou o respectivo material, do grupo 3.3.2 CUSTOS DIRETOS.

Visando reduzir a quantidade de lançamentos contábeis, pode-se suprimir o uso das contas representativas dos materiais, do grupo 3.3.2 CUSTOS DIRETOS, contabilizando diretamente na conta que registra os materiais, integrante do grupo 3.3.4 CUSTO EM FORMAÇÃO de cada produto.

Agindo dessa forma, fica registrada a baixa nos estoques e o ingresso dos materiais na área de produção, diretamente nas contas que registram os custos em formação de cada produto.

e. Estoques finais

Por esse sistema, os estoques finais já estarão devidamente lançados nas contas de estoque, pois correspondem aos saldos devedores de cada conta existente no final do período.

Entretanto, o controle contábil não exime a responsabilidade de se elaborar o inventário físico de todos os materiais existentes em estoque no final de cada período. Poderá, conforme já dissemos, haver divergências entre o estoque físico e o contábil, caso em que deverão ser tomadas as providências cabíveis, conforme estudamos na Seção 5.6 do Capítulo 5 do presente livro.

Procedimentos relativos à movimentação dos materiais de consumo

Os materiais de consumo, conforme já dissemos, são aqueles que podem ser consumidos tanto na área de produção, quanto nas áreas administrativa e comercial.

Os procedimentos contábeis, bem como de controle de estoques relativos a esses materiais, são semelhantes aos procedimentos já estudados em relação aos materiais a serem aplicados no processo de fabricação.

Por esse sistema, a segregação dos gastos com esses materiais em custos e despesas não acarretará embaraços, uma vez que no momento em que forem requisitados do Almoxarifado, as próprias requisições de materiais gerarão registros contábeis específicos para custos (produção) ou para despesas (administração ou vendas).

É importante salientar que, por falta de materialidade, em alguns casos a empresa industrial, mesmo adotando o sistema de inventário permanente, poderá adotar para alguns desses materiais de consumo o sistema de inventário periódico, cujos procedimentos já foram estudados no capítulo anterior.

Procedimentos relativos à mão de obra

NOTA:

- Com poucas mudanças, o texto a seguir é semelhante ao contido na Seção Procedimentos Relativos à Mão de Obra, do Capítulo 7.

Os gastos com mão de obra, conforme vimos no Capítulo 7, podem decorrer das folhas de pagamento ou não.

Em relação aqueles decorrentes das folhas de pagamento, quando a empresa tiver por hábito elaborar folhas de pagamento separadas para a produção e para as demais áreas da empresa, a contabilização será feita sem embaraços. Nesse caso, para se lançar a mão de obra, bastará efetuar os registros com base nos valores contidos na folha de pagamento do pessoal da produção, separando a mão de obra direta da indireta. Esse procedimento será feito normalmente durante o período, debitando-se as contas próprias dos grupos 3.3.2 e 3.3.3 representativas dos Custos Diretos e Indiretos e creditando-se as contas de obrigação ou representativas das disponibilidades, conforme o caso.

Posteriormente, mediante mapas apropriados elaborados com base em apontamentos efetuados por empregados junto a área de produção, quando se tratar de mão de obra direta ou por meio de mapas de rateio e quando se tratar de mão de obra indireta, debita-se as contas representativas da mão de obra do grupo 3.3.4 CUSTO EM FORMAÇÃO de cada produto e credita-se todas as contas correspondentes dos grupos 3.3.2 e 3.3.3.

Lembramos que, a exemplo do que ocorre com os materiais, havendo interesse, poderá ser criado no grupo do Custo em Formação de cada produto, subgrupos para a mão de obra direta e indireta.

Em relação aos demais gastos com pessoal, o procedimento contábil será idêntico aos procedimentos relativos aos gastos com a folha de pagamento.

Cuidado especial deverá ser tomado, quando a empresa tiver por praxe elaborar folha de pagamento única, englobando o pessoal da produção e das demais áreas da empresa. Nesse caso, será preciso estimar ou arbitrar critérios para fazer o rateio desses gastos para custos e para despesas conforme o caso.

Portanto, chegando-se no final do período, todos os gastos relativos à mão de obra estarão devidamente registrados a débito das contas do grupo 3.3.4 CUSTO EM FORMAÇÃO, relativas a cada produto fabricado ou que ainda esteja em fase de produção.

Procedimentos relativos aos gastos gerais de Fabricação

NOTA:

- Com poucas mudanças, o texto a seguir é semelhante ao contido na Seção Procedimentos Relativos aos Gastos Gerais de Fabricação, do Capítulo 7.

A contabilização dos Gastos Gerais de Fabricação é semelhante a contabilização dos gastos com a mão de obra, ou seja, quando os gastos forem gerados e pertencerem integralmente a área de produção, bastará debitar a conta representativa dos Gastos Gerais de Fabricação do grupo 3.3.2 CUSTOS DIRETOS ou do grupo 3.3.3 CUSTOS INDIRETOS e creditar a conta patrimonial respectiva.

Posteriormente, mediante mapas que permitam identificar os Gastos Gerais de Fabricação Diretos em relação a cada produto, ou de mapas de rateio quando se tratar dos Gastos Gerais de Fabricação Indiretos, serão feitas as transferências dos custos lançados nos grupos 3.3.2 e 3.3.3 (creditando as contas desses grupos) para as contas do grupo 3.3.4 CUSTO EM FORMAÇÃO (debitando as contas desse grupo).

Entretanto, é comum nas empresas industriais ocorrerem gastos classificados como Gastos Gerais de Fabricação, que possuem parte custos e parte despesas.

Isso ocorre, por exemplo, quando todas as áreas da empresa industrial (produção, comercial e administrativa) operam em um mesmo imóvel. Nesse caso, vários gastos beneficiarão as três áreas ao mesmo tempo, sendo o mais comum deles o gasto com aluguel.

Quando o aluguel é único para todo o imóvel onde estão instaladas as três áreas da empresa industrial, ele conterá parte despesa e parte custo. Assim, será preciso rateá-lo para custos, para despesas administrativas e para despesas com Vendas.

Um critério muito utilizado, conforme já dissemos no capítulo anterior, consiste em ratear o gasto com aluguel que possui parte despesa e parte custo, tendo como base a área ocupada.

Dessa forma, uma vez definidos os critérios, no momento da ocorrência do fato gerador do gasto com aluguel, este deverá ser dividido em três partes sendo cada uma debitada na conta representativa do custo, das despesas administrativas e das despesas com vendas. Em contrapartida, deverá ser creditada a conta patrimonial adequada.

Além dos gastos com aluguel, há outros que podem possuir parte despesas e parte custos, por exemplo: energia elétrica, seguro contra incêndio, segurança, água e esgoto, telefones e comunicações, inclusive gastos com pessoal que possa prestar serviços para as três áreas como ocorre com os vigias, faxineiros etc.

Portanto, chegando-se no final do período, todos os gastos gerais de fabricação estarão devidamente registrados a débito das contas do grupo 3.3.4 CUSTO EM FORMAÇÃO, e nas subcontas de cada produto.

NOTA:

- Conforme já dissemos, trabalhando com o sistema de inventário permanente, a empresa poderá apurar os custos dos produtos a medida em que os respectivos processos de fabricação forem se encerrando ao longo do mês. Ocorre, entretanto, que a maior parte dos Custos Indiretos de Fabricação com Materiais, Mão de Obra e Gastos Gerais de Fabricação, somente será conhecida após o fechamento do mês. Assim, é comum estimar o valor dos custos indiretos logo no início do mês, para que se possa contabilizar e fechar o custo de fabricação de cada produto. Agindo dessa maneira, após o fechamento do mês, ao se conhecer os valores reais dos CIF, deverão ser contabilizados os respectivos ajustes. Por razões de simplificação, consideraremos no presente capítulo os CIF como se fossem reais.

Apuração e contabilização do custo da Produção Acabada no Período

Você já sabe que o Custo da Produção Acabada no Período é composto somente pelos gastos com Materiais, Mão de Obra e Gastos Gerais de Fabricação, aplicados nos produtos cujos processos de fabricação foram concluídos no respectivo período.

Portanto, nesse custo, poderão estar incluídos custos de períodos anteriores, integrantes em produtos que se encontravam em fase de elaboração no início do período e poderá não conter parcela de custos incorridos no período, que estejam integrando produtos em fase de elaboração no final desse mesmo período.

Contabilmente, na medida que o processo de fabricação de cada produto vai se desenvolvendo, conforme ocorrem as requisições de materiais e os apontamentos da mão de obra e dos gastos gerais de fabricação incorridos, debitam-se as contas relativas aos Materiais, a Mão de Obra e aos Gastos Gerais de Fabricação do grupo do custo em formação do respectivo produto e creditam-se as contas respectivas dos grupos 3.3.2 e 3.3.3 representativas dos Custos Diretos e Indiretos respectivamente.

Dessa forma, assim que o processo de fabricação de um produto chega ao final, o custo de sua fabricação estará devidamente contabilizado a débito da conta representativa do custo em formação do respectivo produto, integrante do grupo 3.3.4. Assim, tendo em vista que os produtos acabados, enquanto não forem vendidos são transferidos da área de produção para o setor ou departamento responsável pela estocagem de produtos acabados, a contabilização dessa transferência será feita debitando-se a conta representativa do estoque de produtos acabados, relativa ao respectivo produto e creditando-se a conta representativa do custo em formação do mesmo produto.

É importante salientar que sendo de interesse da empresa, pode-se transferir inicialmente o Custo da Produção Acabada no Período, creditando-se as contas próprias do grupo do custo em formação e debitando-se a conta 5.1.1.02.1.003 Custo da Produção Acabada no Período. Posteriormente, o saldo dessa conta será transferido para a conta representativa do estoque de produtos acabados.

Portanto, adotando o sistema de inventário permanente, pelos critérios por nós sugeridos nas seções anteriores do presente capítulo, chegando no final do período, encontraremos a seguinte situação em relação ao custo industrial:

a. As contas do grupo 1.1.6, representativas dos estoques, com seus saldos devedores, representam os estoques finais de produtos e de materiais existentes, as quais deverão figurar no Balanço Patrimonial a ser elaborado;

b. As contas dos grupos 3.3.2 CUSTOS DIRETOS e 3.3.3 CUSTOS INDIRETOS, representativas dos materiais, da mão de obra e dos Gastos Gerais de

Fabricação, deverão estar todas "zeradas", uma vez que os seus saldos foram transferidos para as contas do grupo 3.3.4 CUSTO EM FORMAÇÃO.

É importante salientar que em relação aos Custos Indiretos de Fabricação, nos processos de fabricação em que o critério de rateio desses custos seja uniforme a todos os produtos, poderá ser criada uma conta específica para o CIF, no mesmo grupo 3.3.3 dos Custos Indiretos, com o intuito de receber por transferência os saldos de todas as contas representativas dos Custos Indiretos. Agindo dessa forma, facilitará o rateio do CIF para os produtos;

c. As contas do grupo 3.3.4 CUSTO EM FORMAÇÃO, que tiverem saldos, corresponderão aos estoques finais de produtos em elaboração, devendo, portanto, serem transferidas para a conta Estoque de Produtos em Elaboração, ficando com saldos "zerados". Deve-se ressaltar que os demais valores creditados nessas contas correspondem a transferências para a conta 5.1.1.02.1.003 Custo da Produção Acabada no Período, ou diretamente para a conta representativa do Estoque de Produtos Acabados, conforme o critério adotado pela empresa.

É importante salientar também que, para maior clareza, a conta Custo da Produção Acabada no Período poderá ser subdividida para permitir o registro do custo por tipo de produto;

d. As subcontas da conta principal 5.1.1.02.1.003 Custo da Produção Acabada no Período que contiverem saldos, corresponderão a produtos acabados, e esses saldos, portanto, deverão ser transferidos para a conta de estoque correspondente. Lembramos que os créditos constantes na conta 5.1.1.02.1.003 Custo da Produção Acabada no Período ou em suas subcontas correspondem ao Custo da Produção que realmente foi concluída no período.

Lembramos, mais uma vez, que o maior ou menor grau de detalhes nos registros contábeis dependerá dos interesses da empresa. Especificamente em relação aos produtos acabados no período, conforme já dissemos, a empresa poderá optar em transferir os respectivos custos diretamente para a conta representativa do estoque de produtos acabados, conforme orientamos no início dessa Seção, ou usar a conta intermediária denominada Custo da Produção Acabada no Período.

Assim, se a empresa optar pela transferência do custo dos produtos acabados, inicialmente para a conta Custo da Produção Acabada no Período, no final do período, para se conhecer o custo da produção acabada no período, nenhum outro registro contábil será necessário, uma vez que esse custo já está devidamente contabilizado a crédito da conta 5.1.1.02.1.003 Custo da Produção Acabada no Período, cuja conta, se tiver sido subdividida corresponderá a todos os créditos lançados em suas subcontas.

Para concluir, lembramos que, enquanto pelo sistema de inventário periódico, os resultados precisarão ser contabilizados no final do período pelo sistema de inventário permanente, a maior parte das informações necessárias relativas ao custo industrial já estarão devidamente contabilizadas, bastando coletar os dados nas respectivas fichas de Razão de cada uma das contas desejadas.

As poucas informações que dependem de cálculos extracontábeis decorrem do fato de que, para evitar lançamentos em demasia no sistema contábil, deixaram de ser contabilizados.

No exemplo prático apresentado na Seção 8.3 deste capítulo, você vivenciará melhor os procedimentos até aqui apresentados.

Apuração e contabilização do Resultado na Venda de Produtos

Os procedimentos relativos à apuração, bem como a contabilização do resultado na venda de produtos são semelhantes nos dois sistemas.

Valem, portanto, aqui, as mesmas orientações contidas na Seção Apuração e Contabilização do Resultado na Venda de Produtos do Capítulo 7.

NOTA:

- É importante salientar, mais uma vez, que existem outras maneiras mais analíticas ou mais sintéticas para se contabilizar o custo da produção Acabada no período, bem como o custo dos produtos vendidos pelas empresas que adotam o sistema de inventário permanente. Assim, a adoção de contabilização com maior ou menor grau de detalhamento, dependerá sempre dos interesses da própria empresa.

Finalmente, é importante esclarecer que, a sugestão que apresentamos no presente capítulo para contabilização do custo industrial adotando o sistema de inventário permanente, julgamos ser suficiente para que se possa extrair dos registros contábeis todas as informações necessárias ao perfeito conhecimento dos componentes do custo de fabricação incorridos em um determinado período, com a maior clareza e segurança possível.

Atividades Teóricas 1

1. Responda:

1.1 O que você entende por Inventário Permanente?

1.2 Por que a denominação "Inventário Permanente"?

1.3 No sistema de inventário periódico, há um grupo de contas especial para o registro das compras e dos fatos que alteram seus valores. Como esses fatos são contabilizados no sistema de inventário permanente?

1.4 Pelo sistema de inventário periódico, no final do período, somente serão transferidos para estoque os produtos acabados remanescentes na área de produção. E no sistema de inventário permanente, que procedimento deve ser tomado?

1.5 Pelo sistema de inventário periódico, os estoques finais de materiais devem ser contabilizados a débito da conta representativa do estoque em questão e a crédito da conta Custo dos Produtos Vendidos ou Custo de Produção do Período. Como deve ser contabilizado o estoque final de materiais pelas empresas que adotam o sistema de inventário permanente?

2. Indique se a afirmativa é falsa ou verdadeira:

2.1 Pelo sistema de inventário permanente, é possível extrair dos registros contábeis o custo unitário dos produtos fabricados.

2.2 Pelo sistema de inventário permanente, durante o exercício, as empresas têm carga de trabalho menor que na data do encerramento do período, em relação a apuração dos custos e dos seus resultados.

2.3 Pelo sistema de inventário periódico, o volume de trabalho visando a apuração dos custos é maior no final do período enquanto que pelo sistema de inventário permanente, o volume de trabalho maior recai durante o período.

2.4 Pelo sistema de inventário periódico, contabiliza-se o Custo de Produção do Período, entretanto, como pelo sistema de inventário permanente os materiais já são transferidos para a produção com seus respectivos custos, para não emperrar o sistema contábil, o custo que se deve contabilizar é o da produção acabada no período.

2.5 Pelo sistema de inventário permanente, as contas representativas dos estoques de materiais são movimentadas normalmente durante o exercício social.

2.6 Adotando-se o sistema de inventário permanente, a empresa estará dispensada da elaboração do inventário físico dos materiais no final de cada período.

2.7 Pelo sistema de inventário permanente, haverá um grupo especial para se contabilizar as compras de materiais e os respectivos fatos que alteram seus valores.

2.8 Os materiais de consumo, por razões de simplificação, podem ser controlados por meio de inventários periódicos de cada produto.

3. Escolha a alternativa correta:

3.1 Adotando a ficha de controle de estoques, os materiais serão avaliados pelo critério:

a) PEPS.
b) UEPS.
c) Custo Médio Ponderado Móvel.
d) As alternativas "a" e "c" estão corretas.
e) As alternativas "a", "b" e "c" estão corretas.

3.2 Em relação aos produtos acabados, a contabilização será como segue:

a) Debita-se a conta Estoque de Produtos Acabados, quando ocorrerem transferências da produção para o departamento responsável pela estocagem de produtos acabados.
b) Credita-se a conta Estoque de Produtos Acabados sempre que houver venda de produtos.
c) Credita-se as contas do grupo do Custo em Formação, por ocasião da transferência dos produtos para o departamento responsável pela estocagem de produtos acabados.
d) Debita-se a conta Custo dos Produtos Vendidos e credita-se a conta Estoque de Produtos Acabados por ocasião das vendas.
e) Todas estão corretas.

3.3 Pelo sistema de inventário periódico, ao se elaborar o inventário físico dos materiais existentes em estoque no final do período, eles poderão ser avaliados pelo critério PEPS, enquanto que pelo sistema de inventário permanente, serão avaliados:

a) Somente pelo critério PEPS.
b) Somente pelo critério UEPS.
c) Pelo critério utilizado na respectiva ficha de controle de estoque.
d) Pelo critério do Custo Médio Ponderado, obrigatoriamente.

3.4 Os produtos que estiverem em elaboração no final do período, serão avaliados:

a) Com base nos registros contábeis.
b) Com base em uma vez e meia o maior valor das matérias-primas.
c) Em 70% do maior preço de venda alcançado no mercado.
d) Em 80% do maior preço de venda.
e) Todas estão corretas.

3.5 Adotando o sistema de inventário permanente, no final do período, para se apurar o custo da produção acabada no período bem como o custo dos produtos vendidos, o procedimento será:

a) Efetuar os lançamentos de transferências dos Materiais, da Mão de Obra e dos Gastos Gerais de Fabricação para as contas próprias, incluindo os estoques iniciais e excluindo os finais.

b) Em primeiro lugar, aplicam-se as fórmulas extracontábeis e, em seguida, procede-se a contabilização na ordem das fórmulas.

c) O Custo dos Produtos Vendidos não será possível apurar, salvo extracontabilmente.

d) Bastará consultar as fichas de Razão dessas duas contas que esses dois resultados já estarão devidamente lançados.

e) n.d.a.

3.6 Os procedimentos contábeis necessários para se apurar o resultado na venda de produtos, no sistema de inventário permanente:

a) É diferente que no sistema de inventário periódico.

b) É semelhante aos do sistema de inventário periódico.

c) É impossível de se apurar contabilmente.

d) É impossível de se apurar extracontabilmente.

e) n.d.a.

8.3 Exemplo prático envolvendo a contabilização do custo pelo Sistema de Inventário Permanente (Complexo)

Fatos ocorridos na Indústria Jordanense S.A., durante o mês de junho de X5, envolvendo a área de produção:

I. **Estoques iniciais**

Estoque de Matérias-Primas	200.000
Estoque de Materiais Secundários	50.000
Estoque de Materiais de Embalagem	30.000
Estoque de Produtos Acabados	
Produto A (10 unidades)	43.000
Estoque de Materiais de Expediente	20.000
Estoque de Materiais de Limpeza	15.000
Estoque de Combustíveis e Lubrificantes	20.000

II. **Fatos ocorridos durante o mês de junho de X5**

1. Compra, à vista, de matérias-primas do fornecedor Quiririm S.A., conforme NF n. 5.321, no valor de $ 500.000,00. ICMS destacado no valor de $ 85.000 e IPI no valor de $ 50.000,00.
2. Paga, em dinheiro, à Transportadora Ipiranga Ltda., a importância de $ 20.000,00, conforme NF n. 3.821, referente a fretes de matérias-primas adquiridas do fornecedor Quiririm S.A.

3. Matérias-Primas transferidas para a seção de produção como segue:

- Requisição n. 101, aplicadas no produto A.................. 250.000
- Requisição n. 102, aplicadas no produto B.................. 150.000
- Requisição n. 103, aplicadas no produto C.................. 100.000

  Total.. 500.000

4. Materiais Secundários transferidos para a seção de produção, conforme Requisição n. 104, no valor de $ 20.000,00.

5. Materiais de Embalagem transferidos para a seção de produção, conforme Requisição n. 105, no valor de $ 5.000,00.

6. Transferência, para a seção de produção, de Combustíveis e Lubrificantes para máquinas, conforme Requisição n. 106, no valor de $ 10.000,00.

7. Transferência, para a seção de produção, de Materiais de Expediente, conforme Requisição n. 107: $ 8.000,00.

8. Transferência, para a seção de produção, de Materiais de Limpeza, conforme Requisição n. 108: $ 7.000,00.

9. Folha de pagamento do pessoal da produção, elaborada em 30 de junho (Mão de Obra Direta):

- Valor bruto da folha.. 120.000
- INSS retido dos empregados (9%)............................. 10.800
- INSS – parte patronal acrescida do SAT (27,2%).......... 32.640
- FGTS (8%).. 9.600
- Provisionar Décimo Terceiro Salário.......................... 13.553
- Provisionar Férias.. 18.070

10. Folha de pagamento referente à Mão de Obra Indireta (chefes, supervisores, faxineiros, vigias, eletricistas e mecânicos de manutenção etc.), elaborada em 30 de junho de X5:

- Valor bruto da folha.. 60.000
- INSS retido dos empregados (9%)............................ 5.400
- INSS – parte patronal, incluído SAT (27,2%)............ 16.320
- FGTS (8%).. 4.800
- Provisionar Décimo Terceiro Salário........................ 6.760
- Provisionar Férias.. 9.013

11. Pagos, em dinheiro, lanches e refeições para técnicos e supervisores da fábrica, conforme NF n. 125, do restaurante Abaeté Ltda.: $ 9.000,00.

12. Paga, em dinheiro, conta de água referente ao consumo da fábrica: $ 11.000,00.

13. Aluguel da fábrica a ser apropriado em 30 de junho, no valor de $ 70.000,00. O pagamento será efetuado no dia 10 de julho.

14. Contabilizar a quota de depreciação de máquinas e equipamentos da fábrica, referente ao mês de junho, no valor de $ 15.000,00.

15. Pago, em dinheiro, à Companhia de Força e Luz, referente à energia elétrica consumida no mês pela fábrica: $ 60.000,00.

16. Em 1º de junho, foi paga a importância de $ 48.000,00 referente a prêmio de seguro contra incêndio, conforme contrato firmado com a Companhia Seguradora Brasileira, pelo período de um ano. Cobertura de riscos para máquinas, equipamentos e materiais da fábrica.

17. Em 30 de junho, apropriar, ao Custo de Produção do Período, 1/12 do valor do prêmio de seguro pago.

18. Paga, em dinheiro, conta de telefone da fábrica referente ao mês de junho: $ 12.000,00.

III. Contabilização dos fatos no livro Diário

Conforme esquema de contabilização apresentado na Seção 8.2, todos os gastos referentes à produção serão inicialmente contabilizados a débito das contas dos grupos 1.1.6 (Estoques), 3.3.2 e 3.3.3 (Custos Diretos e Custos Indiretos, grupos de contas próprios para o registro global do Custo de Produção do Período). Acompanhe:

(1) Diversos
a Caixa
Compra de Matérias-Primas do fornecedor Quiririm S.A., conf. NF n. 5.321, como segue:
Estoque de Matérias-Primas
Valor líquido da compra *415.000*
ICMS a Recuperar
17% destacados na NF supra. *85.000*
IPI a Recuperar
% sobre NF supra *50.000* *550.000*

(2) Estoque de Matérias-Primas

a Caixa

Pago à Transportadora Ipiranga Ltda.

referente a frete de matérias-primas, conf.,

NF n. 3.821. .... *20.000*

Observe que nos dois primeiros lançamentos, debitamos a conta 1.1.6.01.1.004 Estoque de Matérias-Primas, do Ativo Circulante, para registrar o gasto com a compra efetuada. Os débitos nas contas que registram os materiais do Custo de Produção do Período serão feitos por meio das requisições de materiais, no momento das transferências dos materiais do almoxarifado para as seções produtivas. Veja os lançamentos 3 a 5 a seguir.

(3) CUSTOS DIRETOS DE FABRICAÇÃO

Materiais Diretos

Matéria-Prima

a Estoque de Matérias-Primas

Pela transferência de matérias-primas

para a seção de produção, como segue:

Requisição n. 101, aplicadas no

produto A *250.000*

Requisição n. 102, aplicadas no

produto B *150.000*

Requisição n. 103, aplicadas no

produto C *100.000* *500.000*

(4) CUSTOS DIRETOS DE FABRICAÇÃO

Materiais Indiretos

Materiais Secundários

a Estoque de Materiais Secundários

Transferência para produção conf.

Requisição n. 104 .... *20.000*

(5) *CUSTOS DIRETOS DE FABRICAÇÃO*
Materiais Indiretos
Materiais de Embalagem
a Estoque de Materiais de Embalagem
Transferência para produção conf.
Requisição n. 105.. 5.000

---

(6) *CUSTOS INDIRETOS DE FABRICAÇÃO*
Materiais Indiretos
Combustíveis e Lubrificantes
a Estoques de Combustíveis e Lubrificantes
Transferência para produção conf.
Requisição n. 106 .... 10.000

---

(7) *CUSTOS INDIRETOS DE FABRICAÇÃO*
Materiais Indiretos
Materiais de Expediente
a Estoque de Materiais de Expediente
Transferidos para produção conf.
Requisição n. 107.. 8.000

---

(8) *CUSTOS INDIRETOS DE FABRICAÇÃO*
Materiais Indiretos
Materiais de Limpeza
a Estoque de Materiais de Limpeza
Transferidos para produção conf.
Requisição n. 108 .... 7.000

(9A) *CUSTOS DIRETOS DE FABRICAÇÃO*
Mão de Obra Direta
Salários
a Salários a Pagar
Valor bruto da folha de pagamento
do pessoal da fábrica.. 120.000

(9B) CUSTOS DIRETOS DE FABRICAÇÃO
Mão de Obra Direta
Salários a Pagar
a Contribuições de Previdência a Recolher
INSS retido dos empregados conf. folha. 10.800

(9C) CUSTOS DIRETOS DE FABRICAÇÃO
Mão de Obra Direta
Encargos Sociais
a Diversos
Encargos sociais conf. folha:
a Contribuições de Previdência a Recolher
27,2% referentes à parte patronal incluído SAT. 32.640
a FGTS a Recolher
8% conf. folha. .... 9.600 — 42.240

(9D) CUSTOS DIRETOS DE FABRICAÇÃO
Mão de Obra Direta
Décimo Terceiro Salário
a Décimo Terceiro Salário a Pagar
Valor que se provisiona conf. folha 13.553

(9E) CUSTOS DIRETOS DE FABRICAÇÃO
Mão de Obra Direta
Férias
a Férias a Pagar
Valor que se provisiona conforme folha do mês.................... 18.070

(10A) CUSTOS INDIRETOS DE FABRICAÇÃO
Mão de Obra Indireta
Salários e Honorários
a Salários a Pagar
Pela contabilização da folha de pagamento referente à Mão de Obra Indireta, conf. folha. 60.000

(10B) CUSTOS INDIRETOS DE FABRICAÇÃO
Mão de Obra Indireta
Salários a Pagar
a Contribuições de Previdência a Recolher
INSS retido dos empregados conf. folha. 5.400

(10C) CUSTOS INDIRETOS DE FABRICAÇÃO
Mão de Obra Indireta
Encargos Sociais
a Diversos
Encargos sociais conf. folha:
a Contribuições de Previdência a Recolher
INSS referente à parte patronal, 27,2%, incluído SAT. 16.320
a FGTS a Recolher
8% conf. folha. 4.800 21.120

(10D) CUSTOS INDIRETOS DE FABRICAÇÃO
Mão de Obra Indireta
Décimo Terceiro Salário
a Décimo Terceiro Salário a Pagar
Valor que se provisiona referente a folha de pagamento da Mão de Obra Indireta. 6.760

(10E) CUSTOS INDIRETOS DE FABRICAÇÃO
Mão de Obra Indireta
Férias
a Férias a Pagar
Valor que se provisiona com base na folha de pagamento da Mão de Obra Indireta. 9.013

---

(11) CUSTOS INDIRETOS DE FABRICAÇÃO
Mão de Obra Indireta
Refeições e Lanches
a Caixa
NF n. 125, do restaurante Abaeté Ltda. 9.000

---

(12) *CUSTOS INDIRETOS DE FABRICAÇÃO*
Gastos Gerais de Fabricação Indiretos
Água
a Caixa
Referente ao consumo da fábrica, conf. recibo...... 11.000

---

(13) *CUSTOS INDIRETOS DE FABRICAÇÃO*
Gastos Gerais de Fabricação Indiretos
Aluguéis da Fábrica
a Aluguéis a Pagar
Apropriação que se processa referente ao aluguel deste mês a ser pago no dia 10 do mês seguinte.......... 70.000

---

(14) *CUSTOS INDIRETOS DE FABRICAÇÃO*
Gastos Gerais de Fabricação Indiretos
Depreciação
a Depreciação Acumulada
Referente à quota de depreciação de máquinas e equipamentos da fábrica, conforme mapas............... 15.000

---

(15) *CUSTOS INDIRETOS DE FABRICAÇÃO*
Gastos Gerais de Fabricação Indiretos
Energia Elétrica
a Caixa
Referente ao consumo do mês....................... 60.000

---

(16) *CUSTOS INDIRETOS DE FABRICAÇÃO*
Gastos Gerais de Fabricação Indiretos
Prêmios de Seguro a Vencer
a Caixa
Pago em 1º de junho, à Companhia Seguradora Brasileira, prêmio de seguro contra incêndio ref. à fábrica................................ 48.000

---

(17) *CUSTOS INDIRETOS DE FABRICAÇÃO*
Gastos Gerais de Fabricação Indiretos
Prêmios de Seguro
a Prêmios de Seguro a Vencer
Apropriação que se processa referente
à quota do mês... *4.000*

---

(18) *CUSTOS INDIRETOS DE FABRICAÇÃO*
Gastos Gerais de Fabricação Indiretos
Telefones e Comunicações
a Caixa
Paga conta de telefone da fábrica,
referente ao mês... *12.000*

Conforme esquema apresentado na Seção 8.2 desse capítulo, após contabilizados todos os gastos ocorridos envolvendo a área de produção da fábrica através das contas dos grupos 3.3.2 e 3.3.3, que são utilizadas para o registro englobado do Custo de Produção do Período, o próximo passo será, com base nos mapas, apropriar os custos referentes a Materiais, Mão de Obra e Gastos Gerais de Fabricação à conta do Custo em Formação de cada produto.
Vamos, então, a esses procedimentos.

IV. **Apropriação ao Custo em Formação de cada produto dos gastos com Materiais**

Os Materiais Diretos (no nosso caso, consideramos somente a matéria-prima) serão apropriados para cada produto, com base nas requisições de materiais efetuadas pela seção de produção.
Os demais Materiais Indiretos (consideramos todos, com exceção das matérias-primas) serão apropriados ao Custo em Formação de cada produto, com base na proporção da matéria-prima utilizada em cada produto.
Sabendo que o valor total das matérias-primas, aplicadas na produção do período foi igual a $ 500.000,00, sendo no produto A, $ 250.000, no produto B, $ 150.000,00, e no produto C, $ 100.000,00, concluímos que, do total da matéria-prima aplicada na produção, o produto A consumiu 50%, o produto B consumiu 30% e o produto C consumiu 20%.

Assim, os Materiais Indiretos serão rateados ao Custo em Formação de cada produto com base nessa proporção.

Veja a seguir o mapa de apropriação dos materiais:

MAPA DE APROPRIAÇÃO

Materiais consumidos: mês junho ano X5

PRODUTOS	MATERIAIS							TOTAL
	MATÉRIAS-PRIMAS	MATERIAIS SECUNDÁRIOS	MATERIAIS DE EMBALAGEM	COMBUSTÍVEIS E LUBRIFICANTES	MATERIAIS DE EXPEDIENTE	MATERIAIS DE LIMPEZA	MATERIAIS DIVERSOS	
Produto A	250.000	10.000	2.500	5.000	4.000	3.500	—	275.000
Produto B	150.000	6.000	1.500	3.000	2.400	2.100	—	165.000
Produto C	100.000	4.000	1.000	2.000	1.600	1.400	—	110.000
SOMAS	500.000	20.000	5.000	10.000	8.000	7.000	—	550.000

Mediante esse mapa, o setor de Contabilidade de Custos da empresa Industrial Jordanense S.A., efetuará os seguintes lançamentos de apropriação dos gastos com Materiais ao Custo em Formação de cada produto:

Apropriação dos gastos com Materiais Diretos e Indiretos para o produto A:

(19) CUSTO EM FORMAÇÃO

Produto A

Materiais

a Diversos

Pela apropriação dos gastos com materiais Diretos e Indiretos para formação do Custo de Produção do produto A, conf. mapa:

a CUSTOS DIRETOS DE FABRICAÇÃO		
a Materiais Diretos		
a Matérias-Primas		
Valor transferido com base nas requisições efetuadas.	*250.000*	
a CUSTOS INDIRETOS DE FABRICAÇÃO		
a Materiais Indiretos		
a Materiais Secundários		
Valor transferido com base no valor das matérias-primas	*10.000*	
a Materiais de Embalagem		
Idem	*2.500*	
a Combustíveis e Lubrificantes		
Idem	*5.000*	
a Materiais de Expediente		
Idem	*4.000*	
a Materiais de Limpeza		
Idem	*3.500*	*275.000*

Atividade Prática 1

Os lançamentos para apropriações dos gastos com Materiais Diretos e Indiretos para os produtos B e C, são semelhantes ao lançamento 19. Faça, à parte, as referidas apropriações para os produtos B e C, utilizando os lançamentos 20 e 21, respectivamente.

V. Apropriação da Mão de Obra ao Custo em Formação dos Produtos

A Mão de Obra Direta é apropriada aos produtos com base em boletins diários da mão de obra, nos quais são anotadas as horas trabalhadas, bem como os salários dos empregados aplicados em cada produto.

Suponhamos que, de acordo com o boletim diário da mão de obra, o salário de cada empregado em relação a cada produto correspondeu a:

- produto A = 60%;
- produto B = 25%;
- produto C = 15%.

Assim, todos os demais gastos com a Mão de Obra Direta e também com a Mão de Obra Indireta serão apropriados, para cada produto, com base nessas porcentagens apresentadas. Nesse caso, a base para rateio da Mão de Obra Indireta é a relação percentual, que coube ao produto, do valor da Mão de Obra Direta.

Veja o mapa de apropriação da Mão de Obra Direta e Indireta:

MAPA DE APROPRIAÇÃO: MÃO DE OBRA
MÊS junho ANO X5

CÓDIGO	CONTAS	VALOR LANÇADO	PRODUTO A		PRODUTO B		PRODUTO C		TOTAL
			%	VALOR $	%	VALOR $	%	VALOR $	
	MÃO DE OBRA DIRETA								
332.1.1	Décimo Terceiro Salário	13.553	60%	8.132	25%	3.388	15%	2.033	13.553
332.1.2	Encargos Sociais	42.240	60%	25.344	25%	10.560	15%	6.336	42.240
332.1.3	Férias	18.070	60%	10.842	25%	4.517	15%	2.711	18.070
332.1.4	Salários	120.000	60%	72.000	25%	30.000	15%	18.000	120.000
	SOMA PARCIAL		60%	116.318	25%	48.465	15%	29.080	193.863
	MÃO DE OBRA INDIRETA								
332.2.1	Décimo Terceiro Salário	6.760	60%	4.056	25%	1.690	15%	1.014	6.670
332.2.2	Encargos Sociais	21.120	60%	12.672	25%	5.280	15%	3.168	21.120
332.2.3	Férias	9.013	60%	5.408	25%	2.253	15%	1.352	9.013
332.2.4	Salários e Honorários	60.000	60%	36.000	25%	15.000	15%	9.000	60.000
332.2.6	Refeições e Lanches	9.000	60%	5.400	25%	2.250	15%	1.350	9.000
	SOMA PARCIAL		60%	63.536	25%	26.473	15%	15.884	105.893
	SOMA TOTAL		**60%**	**179.854**	**25%**	**74.938**	**15%**	**44.964**	**299.756**

Mediante esse mapa, o setor de Contabilidade de Custos efetuará os seguintes lançamentos no livro Diário, para apropriação dos gastos com Mão de Obra Direta e Indireta para o Custo em Formação de cada produto:
Apropriação dos gastos com Mão de Obra para o produto A:

(22) CUSTO EM FORMAÇÃO
Produto A
Mão de Obra
a Diversos
Pela apropriação dos gastos com
Mão de Obra Direta e Indireta para
formação do Custo de Produção do
produto A, conf. mapa:
a CUSTOS DIRETOS DE FABRICAÇÃO
a Mão de Obra Direta
a Décimo Terceiro Salário
Conf. mapa 8.132
a Encargos Sociais
Idem 25.344
a Férias
Idem 10.842
a Salários
Idem 72.000
a CUSTOS INDIRETOS DE FABRICAÇÃO
a Mão de Obra Indireta
a Décimo Terceiro Salário
Conf. mapa. 4.056
a Encargos Sociais
Idem 12.672
a Férias
Idem 5.408
a Salários e Honorários
Idem 36.000
a Refeições e Lanches
Idem 5.400 179.854

Atividade Prática 2

Os lançamentos para apropriação dos gastos com Mão de Obra Direta e Indireta para os produtos B e C, são semelhantes ao lançamento 22.

Faça, à parte, as respectivas apropriações, utilizando os lançamentos 23 e 24 para os produtos B e C, respectivamente.

VI. **Apropriação dos Gastos Gerais de Fabricação ao Custo em Formação de cada produto**

Neste exemplo prático, estamos considerando que, todos os Gastos Gerais de Fabricação correspondem ao Custo Indireto de Fabricação.

A base de rateio utilizada para atribuição dos Gastos Gerais de Fabricação ao Custo de Formação de cada produto, será o valor do Custo Primário.

Com base no que já foi calculado e contabilizado até aqui, vejamos como ficou o Custo Primário de cada produto:

QUADRO DO CUSTO PRIMÁRIO

GASTOS	PRODUTO A	PRODUTO B	PRODUTO C	TOTAL
Matéria-Prima	250.000	150.000	100.000	500.000
Mão de Obra Direta	116.318	48.465	29.080	193.863
TOTAIS	366.318	198.465	129.080	693.863

Com base no quadro apresentado, vamos calcular qual a proporção do Custo Primário de cada produto, em relação ao Custo Primário total da produção do período. Veja:

- **produto A**

$$693.863 = 100\%$$

$$366.318 = x$$

$$\text{logo: } x = \frac{366.318 \times 100}{693.863} = 53\% \text{ (aproximadamente)}$$

- **produto B**

$$693.863 = 100\%$$

$$198.465 = x$$

$$\text{logo: } x = \frac{198.465 \times 100}{693.863} = 28\% \text{ (aproximadamente)}$$

- **produto C**

$$693.863 = 100\%$$

$$129.080 = x$$

$$\text{logo: } x = \frac{129.080 \times 100}{693.863} = 19\% \text{ (aproximadamente)}$$

Assim, os Gastos Gerais de Fabricação serão rateados para cada produto, de acordo com essas porcentagens encontradas.

Veja a seguir o mapa de rateio dos Gastos Gerais de Fabricação:

MAPA DE RATEIO: GASTOS GERAIS DE FABRICAÇÃO
MÊS junho ANO X5
BASE DE RATEIO: Custo Primário

CÓDIGO	CONTAS	VALOR LANÇADO	PRODUTO A		PRODUTO B		PRODUTO C		TOTAL
			%	VALOR $	%	VALOR $	%	VALOR $	
333.2.1	Água	11.000	53%	5.830	28%	3.080	19%	2.090	11.000
333.2.2	Aluguéis de Fábrica	70.000	53%	37.100	28%	19.600	19%	13.300	70.000
333.2.4	Depreciação	15.000	53%	7.950	28%	4.200	19%	2.850	15.000
332.2.5	Energia Elétrica	60.000	53%	31.800	28%	16.800	19%	11.400	60.000
333.2.7	Prêmios de Seguro	4.000	53%	2.210	28%	1.120	19%	760	4.000
333.2.9	Telefones e Comunicações	12.000	53%	6.360	28%	3.360	19%	2.280	12.000
SOMAS			**53%**	**91.160**	**28%**	**48.160**	**19%**	**32.680**	**172.000**

Com base nesse mapa, o setor de Contabilidade de Custos efetuará os seguintes registros no livro Diário, apropriando, ao Custo em Formação de cada produto, os Gastos Gerais de Fabricação do período. Veja:

Rateio dos Gastos Gerais de Fabricação para o produto A:

(25) CUSTO EM FORMAÇÃO
Produto A
Gastos Gerais de Fabricação
a Diversos
Pelo rateio dos Gastos Gerais de Fabricação para formação do Custo de Produção do produto A, conf. mapa:

a Água		
Conf. mapa	*5.830*	
a Aluguéis da Fábrica		
Idem	*37.100*	
a Depreciação		
Idem	*7.950*	
a Energia Elétrica		
Idem	*31.800*	
a Prêmios de Seguro		
Idem	*2.120*	
a Telefones e Comunicações		
Idem	*6.360*	*91.160*

Atividade Prática 3

Os lançamentos para rateio dos Gastos Gerais de Fabricação para os produtos B e C, são semelhantes ao lançamento (25). Faça, à parte, os respectivos rateios utilizando o lançamento 26 para o produto B e o 27 para o produto C.

Concluída a produção do mês de junho, no último dia do mês, o setor de Contabilidade de Custos recebe a seguinte informação da área de produção:

- produto A: foram produzidas 100 unidades, não havendo estoque de produto em elaboração;
- produto B: foram produzidas 50 unidades, não havendo estoque final em elaboração;
- produto C: as 30 unidades desse produto ainda estão em fase de elaboração.

A esta altura dos acontecimentos, o Custo de Produção de cada produto está devidamente registrado através das subcontas Materiais, Mão de Obra e Gastos Gerais de Fabricação do grupo 3.3.4 do Custo em Formação de cada Produto. Assim, para conhecermos contabilmente o custo de cada produto, precisamos transferir os saldos das referidas subcontas para as contas principais.

Então, faremos:

Produto A

(28) CUSTO EM FORMAÇÃO
Produto A
a Diversos
Transferências que se processam para apuração do Custo de Produção desse produto:
a Materiais
Saldo desta conta 275.000
a Mão de Obra
Idem 179.854
a Gastos Gerais de Fabricação
Idem 91.160 546.014

Veja como ficaram as posições das contas envolvidas após esse lançamento:

CUSTO EM FORMAÇÃO – PRODUTO A		
(28)	546.014	

MATERIAIS			
(19)	275.00	(28)	275.00

MÃO DE OBRA			
(22)	179.854	(28)	179.854

GASTOS GERAIS DE FABRICAÇÃO			
(25)	91.160	(28)	91.160

OBSERVAÇÕES:

- Observe que as subcontas representativas dos Materiais, da Mão de Obra e dos Gastos Gerais de Fabricação ficaram com saldo igual a zero.
- A conta principal Custo em Formação – Produto A, recebeu a débito a importância de $ 546.014,00, que corresponde ao Custo de Produção das 100 unidades do respectivo produto.

Para calcularmos o Custo Unitário do produto A, basta dividir $ 546.014,00 por 100 unidades que encontraremos: $ 5.460,14 por unidade.

Atividade Prática 4

Com relação aos produtos B e C, os procedimentos são os mesmos efetuados com o produto A através do lançamento (28). Proceda, à parte, da mesma maneira, utilizando o lançamento (29) para o produto B e o lançamento 30 para o produto C.

Veja agora apenas os Razonetes das contas do Custo em Formação dos Produtos B e C:

CUSTO EM FORMAÇÃO – PRODUTO B	
(29) 288.098	

CUSTO EM FORMAÇÃO – PRODUTO C	
(30) 187.644	

Conforme informação da área de produção, sabemos que os produtos A e B foram acabados no período, sendo 100 unidades do produto A e 50 unidades do produto B. O próximo passo será contabilizar a transferência desses produtos para o setor ou departamento responsável pela estocagem de produtos acabados, onde permanecerão até que sejam vendidos.

Transferência para estoque das 100 unidades do produto A:

(31) Estoque de Produtos Acabados – Produto A
a CUSTO EM FORMAÇÃO – Produto A
Transferência que se processa referente a 100 unidades dos produtos fabricados neste mês 546.014

Transferência de 50 unidades do produto B para estoque:

(32) Estoque de Produtos Acabados – Produto B
a CUSTO EM FORMAÇÃO – Produto B
Transferência de 50 unidades etc............................ 288.098

Normalmente, o produto C não deveria ser transferido para a conta de estoque, já que as 30 unidades iniciadas no período encontram-se em fase de elaboração e a elas ainda poderão ser atribuídos mais custos. Entretanto, suponhamos que a empresa Industrial Jordanense S.A. necessite levantar balanço em 30 de junho. Nesse caso, deve ser feito um inventário dos produtos em elaboração. Como estamos adotando o Sistema de Inventário Permanente, o qual controla por meios confiáveis o Custo Unitário dos Produtos, o inventário terá por avaliação os custos devidamente contabilizados. Assim, faremos a transferência apenas contábil das 30 unidades para a conta Estoque de Produtos em Elaboração. Veja:

(33) Estoque de Produtos em Elaboração – Produto C
a CUSTO EM FORMAÇÃO – Produto C
Transferência que se processa referente ao estoque final de produtos em elaboração conf. livro Registro de Inventário. *187.644*

OBSERVAÇÕES:

- A conta Estoque de Produtos em Elaboração, representa no Balanço Patrimonial o estoque dos referidos produtos.
- A conta CUSTO EM FORMAÇÃO – Produto C ficou com saldo igual a zero. No primeiro dia do mês de julho receberá, novamente por transferência, o mesmo valor, já que os produtos continuarão em processo de fabricação no mês seguinte.

Estão encerrados os procedimentos necessários à apuração contábil do Custo de Produção do período pelo Sistema de Inventário Permanente.

Observe que após os procedimentos contábeis apresentados, todas as contas dos grupos 3.3.2, 3.3.3 e 3.3.4, ficaram com saldo igual a zero, pois todos os gastos com a produção do período, que foram devidamente contabilizados nas contas desses grupos, se resumiram finalmente em três lançamentos de transferência para as contas Estoque de Produtos Acabados e Estoque de Produtos em Elaboração.

Uma vez que os produtos fabricados pela empresa (no nosso caso: produtos A e B), estão devidamente contabilizados na conta Estoque de Produtos Acabados com seus respectivos Custos de Produção, os procedimentos contábeis e extracontábeis que ocorrerão a partir daí, na empresa industrial, são semelhantes aos que ocorrem em uma empresa comercial e por isso mesmo serão contabilizados pela Contabilidade Financeira da empresa.

NOTA:

- O ideal é que a Contabilidade de Custos contabilize o custo industrial com detalhes suficientes para o bom esclarecimento dos critérios utilizados para a formação do custo unitário de seus produtos, mantendo em arquivos próprios, os cálculos detalhados por meio de relatórios, quadros e mapas que deram suporte aos registros contábeis.

Atividades Práticas 5

PRÁTICA 1

Com base nos dados a seguir, calcule e contabilize o Custo da Produção Acabada no Período pelo Sistema de Inventário Permanente.

Em 28 de fevereiro, após efetuadas as contabilizações normais dos custos nas contas globais dos grupos 3.3.2, 3.3.3 e 3.3.4, a Contabilidade de Custos da Companhia Industrial Natividade S.A. apresentou os seguintes saldos das referidas contas sintéticas do grupo 3.3.4:

- Materiais.. 70.000
- Mão de Obra.. 40.000
- Gastos Gerais de Fabricação.. 35.000

Sabendo que a referida indústria fabricou durante o mês de fevereiro apenas um tipo de produto e, considerando, que não havia produtos em elaboração no início e no final do mês de fevereiro:

a) calcule extracontabilmente, o Custo da Produção Acabada das 100 unidades de produtos fabricados;

b) contabilmente, transfira o custo da produção acabada no período para a respectiva conta de estoque.

PRÁTICA 2

Com base nos dados a seguir, calcule e contabilize o Custo da Produção acabada dos produtos correspondente ao mês de março, ocorrido na Indústria Cosmos S.A.:

Estoque Inicial:

- Estoque de Matérias-Primas 50.000

Fatos ocorridos durante o mês de março:

1. compra, à vista, de matérias-primas do fornecedor J. C. Ltda., conforme NF n. 333, no valor de $ 100.000,00. ICMS incluso: $ 15.000,00; IPI destacado: $ 10.000,00.

2. Matérias-Primas transferidas para a produção:

a) produto A, conf. requisições 231 e 233: $ 80.000,00;

b) produto B, conf. requisições 234 e 236: $ 40.000,00.

3. Folha de pagamento do pessoal da produção, elaborada em 31 de março:

- Valor bruto 50.000
- INSS retido dos empregados 4.500
- INSS – parte patronal 13.600
- FGTS 4.000
- Provisionar Férias 6.000
- Provisionar Décimo Terceiro Salário 5.000

4. Folha de pagamento referente à Mão de Obra Indireta:

- Valor bruto da folha 30.000
- INSS retido dos empregados 2.700
- INSS – parte patronal 8.160
- FGTS 2.400
- Provisionar Férias 4.500
- Provisionar Décimo Terceiro Salário 3.500

5. Aluguel da fábrica a ser apropriado em 31 de março, no valor de $ 20.000,00.

6. Pago, em dinheiro, consumo de energia elétrica da fábrica, correspondente ao mês, $ 10.000,00.

Informações complementares:

a) Contabilizar os fatos de 1 a 6 observando o esquema técnico constante da Seção 8.2 deste capítulo.

b) Apropriar os gastos com Matéria-Prima, nas contas próprias do Custo em Formação do Produto A e do Produto B, com base nas requisições indicadas no Fato n. 2.

c) Apropriar os gastos com Mão de Obra Direta, para as contas próprias do Custo em Formação dos Produtos A e B, considerando que as anotações constantes nos Boletins Diários da Mão de Obra indicam 70% para o Produto A e 30% para B.

d) Ratear os gastos com Mão de Obra Indireta tendo, por base de rateio, o valor da Mão de Obra Direta aplicada em cada produto.

e) Ratear os Gastos Gerais de Fabricação com base no Custo Primário.

f) Considerando que, nesse processo de fabricação, não havia estoques inicial e final de Produtos em Elaboração, transferir o Custo da Produção Acabada dos Produtos A e B para as contas representativas dos estoques correspondentes.

g) Calcule, extracontabilmente, os Custos Unitários dos produtos, sabendo que foram produzidas 30 unidades do produto A e 20 de B.

CAPÍTULO 9

CUSTEIO DEPARTAMENTAL

9.1 Conceito

Custeio Departamental é um sistema de atribuição de Custos Indiretos aos produtos, por meio de departamentos.

Departamentos são divisões, seções ou setores que compõem um estabelecimento comercial, industrial, bancário, prestador de serviços etc.

Veja alguns dos departamentos que poderão ser encontrados nas empresas industriais em geral:

- Departamentos das áreas administrativa e financeira: cobrança, contas a pagar, contas a receber, controladoria, diretoria, núcleo de processamento de dados, pessoal, transporte e comunicações;
- Departamentos da área comercial: compra, expedição, faturamento, marketing, recebimento, venda etc.;
- Departamentos da área de produção: ambulatório médico, acabamento, almoxarifado, carpintaria, conservação e manutenção, contabilidade de custos, controle de qualidade, corte, costura, fundição, montagem, oficina elétrica, oficina mecânica, refeitório, segurança, tinturaria, usinagem etc.

Para a Contabilidade de Custos, departamento é a menor unidade administrativa da empresa industrial, composta por homens e bens, capaz de realizar tarefas homogêneas.

Para realizar suas tarefas, os departamentos geram gastos que poderão ser classificados tanto como despesas quanto como custos.

Quando os gastos gerados nos departamentos beneficiam a produção, conforme já vimos, eles são classificados como custos. Por esse motivo, os departamentos são também denominados "centros de geração de custos" ou simplesmente "centros de custos".

Cada departamento corresponde a um centro de custos, embora possam existir centros de custos que não correspondam a departamento ou, ainda, um departamento poderá ser subdividido em mais de um centro de custos, desde que essa subdivisão seja economicamente viável, permitindo melhor apropriação dos Custos Indiretos aos produtos.

Os gastos comuns a vários departamentos, como ocorre com o aluguel e a energia elétrica, por exemplo, podem ser inicialmente acumulados em um centro de custos próprio para esses gastos, para que sejam posteriormente rateados aos diversos departamentos da empresa.

Na área de produção, para facilitar a atribuição dos Custos Diretos e especialmente dos Indiretos aos produtos, pode haver mais de um centro de custos em um só departamento.

Imaginemos um departamento de produção, com várias máquinas gerando gastos diferentes e sendo operadas por profissionais especializados, com carga horária e salários também diferentes. Imaginemos, ainda, que a empresa fabrique produtos heterogêneos, e que uma parte deles passe por todas as máquinas desse departamento, outra parte por metade delas e outros produtos, por uma, duas ou três delas somente. Nesse caso, o departamento deverá ser subdividido em vários centros de custos, segregando máquinas e homens conforme suas importâncias, para que os CIFs gerados em função de cada máquina possa ser atribuído somente aos produtos que as utilizaram.

Centro de custos, portanto, é a menor unidade da empresa industrial considerada para fins de acumulação de custos que, por ser fictícia, não corresponde a unidade administrativa, embora possa coincidir com ela.

Então, o que é correto? Denominar o centro de geração de custos de centro de custos ou de departamento?

Como o sistema em estudo é conhecido por "sistema de custeio departamental", ficou convencionado tratar os centros de geração de custos como sendo departamentos.

Para fins de acumulação de custos, os departamentos são de duas naturezas:

a. Departamentos produtivos: localizados na área de produção, são responsáveis pela fabricação dos produtos. Em cada um desses departamentos, são gerados em relação aos produtos Custos Diretos e também Custos Indiretos, os quais serão atribuídos somente aos produtos que passarem pelo respectivo departamento. Os Custos Diretos serão atribuídos aos produtos sem maiores complicações, conforme já estudamos, enquanto que os Custos Indiretos serão atribuídos aos produtos, por meio de critérios subjetivos que poderão ser estimados ou até mesmo arbitrados.

b. Departamentos de serviços: também denominados departamentos auxiliares ou departamentos de apoio, encontram-se em todas as áreas de atuação da empresa industrial; prestam serviços para toda empresa, inclusive para os departamentos produtivos, embora os produtos não transitem por eles. Os custos gerados nesses departamentos são todos indiretos, sendo que a melhor maneira de rateá-los aos produtos é por meio da departamentalização.

O mecanismo é como segue: inicialmente identificam-se todos os Custos Indiretos gerados em cada departamento, acumulando-os nos respectivos centros de custos. Em seguida, os custos acumulados nos departamentos de serviços serão transferidos para outros departamentos de serviços e/ou para os departamentos de produção. Depois que todos os Custos Indiretos estiverem devidamente alocados nos departamentos de produção, eles serão transferidos aos produtos.

9.2 A importância da departamentalização

Você já aprendeu que o Custo de Produção é atribuído aos produtos em duas etapas:

1ª etapa: atribuição dos Custos Diretos

Por meio de controles extracontábeis é possível conhecer os valores gastos com Materiais, Mão de Obra e Gastos Gerais de Fabricação que foram aplicados diretamente na fabricação de cada unidade, lote, grupo ou família de produtos fabricados;

2ª etapa: atribuição dos Custos Indiretos

Os gastos com Materiais, Mão de Obra e Gastos Gerais de Fabricação que beneficiam a fabricação de vários produtos ao mesmo tempo, são rateados aos produtos por meio de critérios subjetivos que podem ser estimados ou até mesmo arbitrados.

Enquanto os Custos Diretos são gerados especificamente na área de produção, os Custos Indiretos de Fabricação podem ter origem não só na área de produção como também nas demais áreas de atividades da empresa.

No exemplo prático apresentado no Capítulo 8, limitamo-nos em ratear aos produtos todos os Custos Indiretos de Fabricação, sem nos preocupar com a origem deles.

Ocorre que os Custos Indiretos de Fabricação incorridos em um mês e que beneficiam a fabricação de todos os produtos no referido mês, realmente devem ser rateados a todos eles indistintamente; entretanto, os Custos Indiretos que beneficiaram a fabricação de parte dos produtos, devem ser rateados somente para os produtos, cujos processos de fabricação tenham sido beneficiados por eles.

Veja um exemplo bem simples:

Suponhamos que uma indústria que atua no ramo de confecções tenha fabricado, em um determinado mês, 50.000 peças do produto A e 50.000 peças do produto B.

Considerando que os Custos Diretos de A corresponderam a \$ 250.000,00 e de B \$ 200.000,00 e que a empresa possui 10 departamentos produtivos, sendo que o produto A tenha passado por todos os departamentos, enquanto que o produto B tenha passado somente pela metade deles. Suponhamos, ainda, que os CIFs gerados nos departamentos produtivos sejam exatamente iguais e o montante deles no referido mês tenha sido de \$ 80.000,00. Considerando finalmente que o tempo de maturação dos produtos na fase de produção seja homogêneo e corresponda a um tempo médio de 30 dias, tomando como base para rateio o número de peças fabricadas, se não for observada a departamentalização, veja como os produtos receberão as cargas dos CIFs:

Cálculo da taxa para rateio:

$$\frac{\$\ 80.000{,}00}{100.000\ \text{unidades}} = \$\ 0{,}80 \text{ por unidade produzida}$$

O rateio do CIF ficará como segue:

Produto A: 50.000 × \$ 0,80 = \$ 40.000,00

Produto B: 50.000 × \$ 0,80 = \$ 40.000,00

Veja agora o rateio dos CIFs, considerando a departamentalização.

Considerando as mesmas informações apresentadas sem a departamentalização, porém, adotando agora a departamentalização em que o produto A deverá receber carga de CIF de todos os departamentos e o produto B somente de 50% deles.

Note ainda que o produto A, durante os 30 dias que permaneceu na fase de fabricação, passou pelas 10 seções produtivas enquanto que o produto B, pelo mesmo tempo, passou somente por 5 delas.

Faremos:

Produto A

CIF ref. a 100% de 5 seções produtivas \$ 40.000,00

CIF ref. a 50% de 5 seções produtivas \$ 20.000,00

Total \$ 60.000,00

Produto B

CIF referente a 50% de 5 seções produtivas \$ 20.000,00

Note, portanto, que sem a departamentalização, o produto B recebeu a carga de CIF idêntica ao produto A, sendo onerado com custos de serviços que não beneficiaram sua produção; por outro lado, o produto A recebeu carga de Custos Indiretos menor que a real, uma vez que utilizou 100% dos serviços de 5 seções e 50% das outras 5. O correto, portanto, é que o produto A receba 75% da carga dos CIFs gerados no mês e o produto B receba 25%. Portanto, com a departamentalização, essa distribuição fica mais justa.

A margem de erro na atribuição dos Custos Indiretos aos produtos é bem menor, quando se adota o Custeio Departamental.

9.3 Métodos de rateio

- Método Direto: por esse método, os custos gerados nos departamentos de serviços são rateados diretamente para os departamentos produtivos beneficiados pelos respectivos serviços. Assim, os departamentos de serviços não recebem custos de outros departamentos de serviços, ainda que tenham sido beneficiados pelos serviços de alguns deles.
- Método Algébrico ou da Reciprocidade: por esse método, reconhece-se a reciprocidade dos serviços prestados entre os departamentos. Adotando esse método, um departamento de serviços poderá receber, por transferência, parte do custo do próprio departamento que foi transferido para outro. Recomenda-se evitar o seu uso, uma vez que ele incentiva a distribuição reflexiva.
- Método da Hierarquização ou dos Degraus: consiste em fixar uma ordem de prioridade entre os departamentos de serviços. A partir dessa hierarquização, rateiam-se os custos gerados nos departamentos de serviços entre todos os departamentos sejam de serviços ou produtivos.

A hierarquia deve ser observada apenas entre os departamentos de serviços, uma vez que os departamentos produtivos, embora integrem a relação dos departamentos, figurarão logo em seguida aos departamentos de serviços, pois eles somente receberão CIF e não transferirão para outros departamentos. Os custos acumulados nos departamentos produtivos serão, posteriormente, transferidos diretamente aos produtos que passaram por eles.

Por esse método, o departamento de serviços que tiver seus custos transferidos, não receberá custos de outros departamentos, ainda que tenha sido beneficiado pelos serviços de alguns deles. Assim, o departamento de serviços que mais recebe custos por transferência é o que menos transfere.

Adotaremos, no exemplo prático da Seção 9.6 deste capítulo, o método da Hierarquização, por ser esse método o qual apresenta maior coerência na atribuição dos Custos Indiretos de Fabricação aos produtos.

9.4 Adaptações no Plano de Contas

Para adequar o Plano de Contas apresentado no Capítulo 3 do presente livro, visando a adoção do custeio departamental, será preciso prever contas representativas de cada departamento, além de subcontas em cada um deles para o registro dos custos gerados nos próprios departamentos, como também para receber por transferência custos gerados em outros departamentos.

Portanto, dependendo dos interesses da empresa, o Plano de Contas poderá ser reduzido ou até mesmo ampliado com a criação de muitos grupos, subgrupos e contas que permitam o detalhamento do registro contábil ao nível desejado.

9.5 Esquema técnico para contabilização do custeio departamental

A Contabilização do Custeio Departamental poderá obedecer ao seguinte esquema técnico:

1. **Materiais**
   - **a.** Quando requisitados pelos departamentos produtivos:
     - debitam-se as contas próprias para o registro do Material Direto ou Indireto de cada departamento produtivo;
     - creditam-se as contas de estoques respectivas.
   - **b.** Quando requisitados pelos departamentos de serviços:
     - debitam-se as contas próprias para o registro dos Materiais Indiretos de cada departamento de serviço;
     - creditam-se as contas de estoques respectivas.
2. **Mão de Obra**
   - **a.** Incorrida nos departamentos produtivos:
     - debitam-se as contas representativas da Mão de Obra Direta ou Indireta dos departamentos de produção, conforme o caso;
     - creditam-se as Contas Patrimoniais respectivas.
   - **b.** Incorrida nos departamentos de serviços:
     - debitam-se as contas representativas da Mão de Obra de cada departamento de serviço;
     - creditam-se as Contas Patrimoniais respectivas.

3. **Gastos gerais de Fabricação**

   a. Incorridos nos departamentos produtivos:

      - debitam-se as contas próprias representativas dos Gastos Gerais Diretos ou Indiretos incorridos em cada departamento produtivo;
      - creditam-se as Contas Patrimoniais respectivas.

   b. Incorridos nos departamentos de serviços:

      - debitam-se as contas representativas dos Gastos Gerais de Fabricação incorridos em cada departamento de serviço;
      - creditam-se as Contas Patrimoniais respectivas.

4. **Gastos comuns a vários departamentos**

   Os gastos com energia elétrica, aluguel, telefone, segurança etc, comuns a vários departamentos, inclusive que contenham parcela a ser rateada para despesas e parcela a ser rateada para custos, podem ter um dos seguintes tratamentos:

   a. Segregação em um centro de custos próprio

      Pode-se criar um centro de custos dentro do próprio departamento administrativo, para acumulação desses gastos e posterior rateio para os grupos de despesas administrativas, despesas com vendas e CIF. O tratamento contábil será:

      - quando incorridos, debitam-se as contas representativas do referido gasto integrante do centro de custos próprio e creditam-se as contas patrimoniais respectivas;
      - no momento do rateio para despesas e para custos, debitam-se as contas representativas das despesas administrativas ou comerciais e dos CIFs nos departamentos respectivos e creditam-se as contas do centro de custos próprio.

   b. Registro preliminar como despesas administrativas

      - quando incorridas, debitam-se as contas com intitulações próprias do grupo das Despesas Administrativas e creditam-se as contas patrimoniais respectivas;
      - por ocasião do rateio: debitam-se as contas representativas de despesas com vendas ou de CIF do respectivo departamento e creditam-se as contas respectivas do grupo das Despesas Administrativas.

   c. Segregação direta em despesas e custos

      - quando incorridas, debitam-se proporcionalmente as contas representativas das despesas administrativas, das despesas com vendas e dos CIFs de cada departamento e creditam-se as contas patrimoniais respectivas.

5. **Atribuição dos Custos Diretos aos produtos**

Os Custos Diretos, conforme já estudamos, são identificados por produto, por meio de apontamentos efetuados pelos próprios empregados da área de produção. A contabilização será como segue:

- debitam-se as contas representativas de Materiais, Mão de Obra ou Gastos Gerais de Fabricação do grupo do Custo em Formação de cada produto;
- creditam-se as contas próprias que até então registraram os respectivos Custos Diretos em cada departamento produtivo.

6. **Rateio dos CIFs comuns a todos os departamentos**

Os gastos com aluguel, água, energia elétrica, depreciação etc. que sejam comuns a todos os departamentos devem ser rateados com base em critérios definidos pela empresa:

- debitam-se as contas que registram os Custos Indiretos de cada departamento (sintéticas ou analíticas);
- creditam-se as contas que registram os respectivos custos no centro de custos próprio.

OBSERVAÇÃO:

- Esses gastos, por serem repetitivos e fixos, permitem o registro segregado para cada departamento no momento em que são pagos ou apropriados, evitando, assim, a passagem por um centro de custos fictício anexado ao departamento administrativo.

7. **Definição da hierarquia dos departamentos para efeito de rateio dos Custos Indiretos entre eles**

Para evitar a distribuição reflexiva dos CIFs, aconselhamos a adoção do método da hierarquização.

Nesse caso, basta definir a ordem hierárquica em que os departamentos serão alinhados para a transferência dos CIFs entre eles.

É importante salientar, mais uma vez, que os CIFs a serem transferidos são aqueles gerados nos departamentos de serviços. Assim, deve-se ordenar os departamentos de serviços e, em seguida a eles, os de produção sem a necessidade de que esses últimos também sejam hierarquizados. Ocorre que os departamentos de produção, após receberem os CIFs transferidos dos departamentos de serviços, procederão o rateio diretamente aos produtos que transitaram por eles.

8. **Acumulação dos CIFs nos departamentos de serviços**

Nos departamentos de serviços serão acumulados os CIFs gerados no próprio departamento, bem como os CIFs recebidos por transferência de outros departamentos.

A contabilização dos CIFs recebidos por transferência de outros departamentos será feita debitando-se a conta sintética "CIF Gerados em Outros Departamentos" (com essa intitulação ou com intitulação semelhante) ou as contas analíticas, conforme o costume da empresa e creditando-se a conta que registra o montante dos CIFs do respectivo departamento de origem.

Ainda que a empresa opte em registrar esses gastos detalhadamente, deverá no final do mês, transferi-los para uma conta sintética, para facilitar o rateio aos demais departamentos. Com a contabilidade de custos feita por meio do computador, essa tarefa é bastante simples e normalmente feita pelo próprio equipamento, sem a necessidade de utilizar conta sintética.

Transferindo, então, os CIFs gerados no departamento, bem como aqueles recebidos por transferência de outros departamentos para uma única conta, o rateio para outros departamentos será feito como segue:

- debitam-se as contas representativas dos CIFs de cada departamento para onde serão transferidas parcelas do CIF e creditam-se a conta sintética que engloba o saldo do CIF acumulado no departamento de origem.

9. **Acumulação dos CIFs nos departamentos produtivos**

Nos departamentos produtivos também serão acumulados CIFs gerados neles próprios, bem como recebidos por transferência dos departamentos de serviços. Nos departamentos produtivos, para que os CIFs sejam rateados da forma mais coerente possível aos produtos, deve-se evitar a sintetização, uma vez que alguns produtos poderão não ter sido beneficiados por alguns deles. Entretanto, é preciso avaliar a relação custo-benefício para concluir se o trabalho com essa segregação não é mais oneroso que o próprio valor do custo em estudo.

A contabilização é como segue:

- debita-se a conta sintética que engloba os CIFs recebidos dos departamentos de serviços, ou as contas analíticas respectivas;
- credita-se a conta que registra englobadamente os Custos Indiretos do departamento de origem.

Esse procedimento será repetido até que todos os departamentos de serviços tenham suas contas com saldo igual a zero.

A partir desse momento, os Custos Indiretos gerados nos departamentos de serviços estarão devidamente rateados para os departamentos produtivos.

10. **Rateio dos Custos Indiretos de Fabricação dos departamentos produtivos para os produtos**

A esta altura dos acontecimentos, os departamentos produtivos que transferiram os Custos Diretos para os produtos terão ainda os Custos Indiretos para ratear.

Esses Custos Indiretos compreendem: os Custos Indiretos gerados no próprio departamento mais os Custos Indiretos de Fabricação recebidos por transferência dos departamentos de serviços.

O total desses custos poderá estar registrado em uma ou várias contas conforme interesse da empresa.

Os CIFs que beneficiaram a todos os produtos indistintamente devem ser acumulados em uma só conta para facilitar o rateio.

É importante destacar que nesse momento, para atender a disciplina contida no item 13 da NBC TG 16 e no item 13.9 da Seção 13 da NBC TG 1.000, será preciso verificar se alguma seção produtiva, máquina etc., trabalhou abaixo da sua capacidade normal de produção. Se isto ocorreu, será preciso, então, levantar por produto, quais e quantos deixaram de ser fabricados, para que se possa excluir do custo de fabricação desses produtos, a parcela proporcional dos CIFs que deverá ser transferida para o resultado. Veja mais detalhes na Seção 6.4 do Capítulo 6.

Considerando que no presente exemplo, a empresa tenha trabalhado com a sua capacidade máxima de produção, a contabilização ficará como segue:

- debitam-se as contas que representam o Custo em Formação de cada produto que passou pela respectiva seção produtiva;
- credita-se a conta sintética ou as contas analíticas que registraram os Custos Indiretos do referido departamento produtivo.

11. **Produtos acabados**

Para se conhecer o custo dos produtos acabados basta transferir os saldos das contas que registraram os Materiais, a Mão de Obra e os Gastos Gerais de Fabricação (ou Custos Diretos e Indiretos) de cada produto para a conta sintética Custo em Formação do respectivo produto. Caso o critério adotado para transferência seja debitar os Custos Diretos e Indiretos diretamente na conta Custo em Formação de cada produto, o saldo dessa conta corresponderá ao custo da produção de cada produto ou do lote de produtos.

A transferência para as contas de estoque é feita debitando-se a conta do Ativo Circulante, que representa o respectivo estoque e creditando-se as contas próprias, que registraram o Custo em Formação de cada produto.

NOTAS:

- Se a empresa pretender apurar custos de produtos, cujos processos de fabricação forem encerrando antes do fechamento do mês, poderá trabalhar com CIFs estimados.
- É sempre conveniente lembrar que, no final de cada período, certamente existirão produtos em elaboração. Nesses casos, permanecerão saldos nas contas que registram o Custo em Formação de cada produto.

Atividades Teóricas 1

1. Responda:

1.1 O que é Custeio Departamental?

1.2 O que é centro de geração de custos?

1.3 No sistema do Custeio Departamental é possível os CIFs, gerados em um departamento de serviços, serem transferidos diretamente para os produtos?

1.4 Os materiais a serem aplicados no processo de fabricação, quando requisitados do almoxarifado, são contabilizados debitando-se as contas próprias representativas do Custo Direto do respectivo departamento requisitante. No caso de compra de materiais para serem aplicados diretamente no processo de fabricação, que contas deverão ser debitadas?

1.5 Como deverá ser contabilizada a mão de obra incorrida em um departamento de serviço?

1.6 Os Gastos Gerais de Fabricação, incorridos nos departamentos produtivos, são contabilizados a débito das contas representativas dos CIFs dos respectivos departamentos. Em relação a esses mesmos gastos incorridos nos departamentos de serviços, como serão contabilizados?

1.7 Qual o procedimento contábil a ser adotado em relação aos gastos comuns a todos os departamentos?

2. Indique se a afirmativa é falsa ou verdadeira:

2.1 O centro de custos, embora não seja uma unidade administrativa, poderá coincidir com ela.

2.2 Os departamentos produtivos são assim considerados porque produzem bens.

2.3 Departamentos de serviços ou de apoio são aqueles que não produzem bens, porém são indispensáveis para a gestão da empresa industrial.

2.4 Os CIFs gerados nos departamentos de serviços, antes de serem atribuídos aos produtos, são rateados entre os departamentos de serviços e produtivos.

2.5 Os Custos Diretos são gerados tanto nos departamentos produtivos quanto nos departamentos de serviços.

2.6 Os Custos Diretos são gerados somente nos departamentos produtivos, enquanto que os indiretos poderão ser gerados tanto nos produtivos quanto nos de serviços.

2.7 Os CIFs que os departamentos de serviços transferem para outros departamentos serão somente aqueles gerados nos respectivos departamentos de serviços.

2.8 A hierarquia dos departamentos para fins de transferência dos CIFs deve ser observada somente em relação aos departamentos de serviços, uma vez que os produtivos somente receberão cargas de CIF e não transferirão para outros departamentos.

3. Escolha a alternativa correta:

3.1 Para a Contabilidade de Custos, departamento é:

a) Uma seção ou setor composto somente por máquinas.

b) A menor unidade gerencial de uma empresa, própria para acumulação de gastos e de recebimentos.

c) A menor unidade administrativa da empresa industrial, composta por homens e bens, capaz de realizar tarefas homogêneas.

d) A menor unidade da empresa industrial considerada para fins de acumulação de custos que, por ser fictícia, não corresponde a unidade administrativa.

e) As alternativas "c" e "d" estão corretas.

3.2 Para a Contabilidade de Custos, centro de custos é:

a) Uma seção ou setor composto somente por máquinas.

b) A menor unidade gerencial de uma empresa, própria para acumulação de gastos e de recebimentos.

c) A menor unidade administrativa da empresa industrial, composta por homens e bens, capaz de realizar tarefas homogêneas.

d) A menor unidade da empresa industrial considerada para fins de acumulação de custos que, por ser fictícia, não corresponde a unidade administrativa.

e) As alternativas "c" e "d" estão corretas.

4. Assinale a alternativa incorreta:

a) Os departamentos na empresa industrial são de duas categorias: produtivos e de serviços.

b) Os produtos passam somente pelos departamentos produtivos.

c) Os produtos não passam pelos departamentos de serviços.

d) Em relação aos produtos, os custos gerados nos departamentos produtivos poderão ser diretos ou indiretos, enquanto que nos departamentos de serviços serão somente indiretos.

e) Os custos gerados nos departamentos de serviços, serão diretos ou indiretos em relação aos produtos e nos departamentos produtivos, serão todos diretos.

9.6 Exemplo prático envolvendo custeio departamental

A Companhia Industrial Roseira S.A. adota o Custeio Departamental, para rateio dos Custos Indiretos ao Custo de Fabricação de seus produtos.

Com base nos dados a seguir apresentados, veja como serão atribuídos os Custos Indiretos aos três produtos fabricados durante o mês de setembro de x3.

1. A empresa possui os seguintes departamentos:

- departamentos de serviços: Administração Geral, Ambulatório Médico, Conservação e Manutenção, Almoxarifado e Controle de Qualidade;
- departamentos produtivos: Corte, Montagem e Acabamento.

2. A empresa fabricou, durante o mês de setembro, três produtos, sendo que os produtos A e B passaram pelas três seções produtivas e o produto C, somente pelas seções de Corte e Acabamento.

3. Custos incorridos durante o mês de setembro:

a. Custos Diretos

Materiais Diretos:

- produto A 100.000
- produto B 80.000
- produto C 30.000

Mão de Obra Direta:

- produto A 40.000
- produto B 60.000
- produto C 20.000

Gastos Gerais de Fabricação Diretos:

Energia Elétrica:

- produto A 25.000
- produto B 15.000
- produto C 10.000

Depreciação:

- produto A 12.000
- produto B 8.000
- produto C 5.000

b. Custos Indiretos de Fabricação gerados nos departamentos produtivos

Corte:

- Materiais 8.000
- Mão de Obra 5.000
- Gastos Gerais de Fabricação 2.000

Montagem:

- Materiais 6.000
- Mão de Obra 4.000
- Gastos Gerais de Fabricação 2.000

Acabamento:

- Materiais 3.000
- Mão de Obra 1.500
- Gastos Gerais de Fabricação 500

c. Custos Indiretos de Fabricação comuns a todos os departamentos

- Aluguel da Fábrica 50.000
- Energia Elétrica 20.000
- Água 10.000

d. Custos Indiretos de Fabricação gerados nos departamentos de Serviços

Administração Geral:

- Materiais 5.000
- Mão de Obra 25.000
- Gastos Gerais de Fabricação 6.000

Ambulatório Médico:

- Materiais 2.000
- Mão de Obra 10.000
- Gastos Gerais de Fabricação 3.000

Conservação e Manutenção:

- Materiais 6.000
- Mão de Obra 8.000
- Gastos Gerais de Fabricação 4.000

Almoxarifado:

- Materiais 1.000
- Mão de Obra 5.000
- Gastos Gerais de Fabricação 2.000

Controle de Qualidade:

- Materiais 1.000
- Mão de Obra 6.000
- Gastos Gerais de Fabricação 2.500

NOTAS:

- Estamos apresentando um exemplo com poucos departamentos, apenas os necessários para que você entenda o mecanismo da apuração do Custeio Departamental.
- Os Custos Diretos de Fabricação foram informados e somente serão utilizados na composição do custo dos produtos, pois já foram minuciosamente estudados nos capítulos anteriores.

Com os dados apresentados, podemos elaborar os seguintes mapas:

MAPA DEMONSTRATIVO DO CUSTO DIRETO DE FABRICAÇÃO

CUSTOS DIRETOS	PRODUTO A	PRODUTO B	PRODUTO C	TOTAL
Materiais	100.000	80.000	30.000	210.000
Mão de Obra	40.000	60.000	20.000	120.000
Gastos Gerais de Fabricação	37.000	23.000	15.000	75.000
SOMAS	177.000	163.000	65.000	405.000

OBSERVAÇÃO:

- No item Gastos Gerais de Fabricação englobamos os gastos com Energia Elétrica e Depreciação.

MAPA DOS CUSTOS INDIRETOS DE FABRICAÇÃO DOS DEPARTAMENTOS									
CUSTOS INDIRETOS DE FABRICAÇÃO	ADMINISTRAÇÃO GERAL	AMBULATÓRIO MÉDICO	CONSERVAÇÃO E MANUTENÇÃO	ALMOXARIFADO	CONTROLE DE QUALIDADE	CORTE	MONTAGEM	ACABAMENTO	TOTAL
Aluguel da Fábrica	50.000								50.000
Energia Elétrica	20.000								20.000
Água	10.000								10.000
Materiais	5.000	2.000	6.000	1.000	1.000	8.000	6.000	3.000	32.000
Mão de Obra	25.000	10.000	8.000	5.000	6.000	5.000	4.000	1.500	64.500
Gastos Gerais de Fabricação	6.000	3.000	4.000	2.000	2.500	2.000	2.000	500	22.000
TOTAIS	**116.000**	**15.000**	**18.000**	**8.000**	**9.500**	**15.000**	**12.000**	**5.000**	**198.500**

OBSERVAÇÕES:

- Os gastos com Aluguel da Fábrica, Energia Elétrica e Água correspondem a gastos comuns que devem ser rateados para todos os departamentos. Por esse motivo foram acumulados no departamento de Administração Geral.
- Os demais gastos com Materiais, Mão de Obra e Gastos Gerais de Fabricação são Indiretos em relação aos produtos, porém, Diretos em relação a cada departamento.

Procedimentos para apuração dos Custos dos produtos A, B e C.

Para se conhecer o Custo de Fabricação de cada produto é preciso:

a. atribuir a cada produto os Custos Diretos;

b. ratear para cada produto os Custos Indiretos.

Como no nosso exemplo, os Custos Diretos já estão devidamente atribuídos a cada produto, conforme mapa do Custo Direto apresentado anteriormente, vamos aos procedimentos para rateio dos Custos Indiretos.

Adotaremos o método da Hierarquização. Nesse caso, há necessidade de se fazer um estudo prévio, definindo-se a ordem dos departamentos para efeito de distribuição dos Custos Indiretos entre eles. Esse cuidado deve ser tomado pois, uma vez que um departamento tenha transferido seus custos para outros, o departamento que transferiu ficará com suas contas zeradas, não devendo, a partir daí, receber custos de outros departamentos, mesmo que tenha sido beneficiado pelos serviços dos demais.

Cada empresa deve definir a sua hierarquia com base em critérios próprios. No nosso caso, seguiremos a ordem em que os departamentos encontram-se no mapa do Custo Indireto anteriormente apresentado, ou seja: Administração Geral, Ambulatório Médico, Conservação e Manutenção, Almoxarifado e Controle de Qualidade.

Quanto aos departamentos produtivos, não deve haver preocupação em relação à hierarquia, já que eles, após receber os CIFs dos departamentos de serviços, os transferirão diretamente aos produtos.

O primeiro departamento de serviço a ter seus custos transferidos para os demais, será o Departamento de Administração Geral, uma vez que os seus custos são mais expressivos em relação aos outros, além do que todos os departamentos da fábrica são beneficiados pelos seus serviços.

Convém ressaltar que os gastos acumulados no Departamento de Administração Geral, que deverão ser rateados como custos aos demais departamentos da fábrica, correspondem a parte dos gastos com a administração da empresa, incorridos em função do setor de produção, sendo que os demais gastos com a administração serão considerados como despesas normais da empresa.

Na medida que cada departamento for transferindo seus custos para os demais, o departamento que transferiu fica com saldo igual a zero e os departamentos beneficiados ficarão com uma carga de Custos Indiretos maior, isto é, terão os Custos Indiretos gerados no próprio departamento mais os Custo Indiretos recebidos por transferência dos demais departamentos.

No Custeio Departamental, uma das preocupações é evitar que ocorra a distribuição reflexiva, isto é, um departamento não deve receber parcelas de custos do próprio departamento. No nosso exemplo, você pode notar que os gastos comuns a todos os departamentos (aluguel da fábrica, energia elétrica e água) foram inicialmente acumulados no departamento de Administração Geral e no momento do rateio esse departamento não receberá parcelas dos referidos custos.

Uma vez determinada a hierarquização dos departamentos de serviços para rateio dos Custos Indiretos entre eles, o próximo passo será definir os critérios de rateio que serão utilizados, para que os custos sejam distribuídos da maneira mais racional possível.

Veja, a seguir, os critérios que podem ser utilizados, bem como os cálculos que comumente são efetuados:

NOTA:

- Sempre que houver meios que permitam conhecer com segurança o valor dos Custos Indiretos a ser rateado para cada produto ou departamento, esses meios devem prevalecer sobre os critérios subjetivos (estimados ou arbitrados).

Aluguel da fábrica

O critério mais utilizado para se ratear esse Custo Indireto para os departamentos é com base na área ocupada.

Inicialmente, calcula-se o valor médio do aluguel por metro quadrado e, depois, basta multiplicar o referido valor médio pela quantidade de metros quadrados ocupada pelo departamento de destino, achando-se o valor do custo a ser rateado.

Suponhamos que a área total ocupada pela Companhia Industrial Roseira S.A. corresponda a 5.000 m^2 (excluída a área ocupada pelo departamento de Administração Geral, para evitar a distribuição reflexiva).

Faremos:

$$\frac{\$\ 50.000{,}00}{5.000\ m^2} = \$\ 10{,}00 \text{ por } m^2$$

Cálculo do valor a ser rateado para cada departamento:

- Ambulatório Médico: 30 m^2 × $ 10,00 = ... 300
- Conservação e Manutenção: 200 m^2 × $ 10,00 = ... 200
- Almoxarifado: 1.500 m^2 × $ 10,00 = ... 15.000
- Controle de Qualidade: 270 m^2 × $ 10,00 = ... 2.700
- Corte: 1.500 m^2 × $ 10,00 = ... 15.000
- Montagem: 1.000 m^2 × $ 10,00 = ... 10.000
- Acabamento: 500 m^2 × $ 10,00 = ... 5.000

Total 50.000

Energia elétrica

A parte dos gastos com energia elétrica, que estamos considerando para rateio a todos os departamentos corresponde à iluminação da fábrica, bem como aos gastos com pequenas máquinas que têm consumo inexpressivo.

A base de rateio a ser utilizada, pode ser a quantidade de watts das lâmpadas de cada departamento ou o consumo (caso haja meios para controlar) em cada departamento.

Suponhamos, em nosso caso, que haja medidor nas seções, cabendo a cada uma os seguintes valores:

- Ambulatório Médico 2.000
- Conservação e Manutenção 5.000
- Almoxarifado 3.000
- Controle de Qualidade 2.000
- Corte 3.000
- Montagem 3.000
- Acabamento 2.000

Total 20.000

Água

Se a água for utilizada para consumo e higiene dos empregados, bem como para limpeza da fábrica, a base de rateio poderá ser o número de empregados ou a área ocupada, salvo se houver medidor que possibilite conhecer o cômodo de cada departamento.

Nas indústrias em que a água entra na composição dos produtos, seus departamentos produtivos deverão possuir medidores para poderem atribuir gastos desses departamentos, como Custo Direto de Fabricação, como ocorre, por exemplo, nas indústrias de refrigerantes.

Suponhamos, no nosso caso, que a água seja utilizada para consumo, higiene do pessoal e limpeza das dependências da fábrica.

Cálculo do Custo Médio por empregado:

$$\frac{\$\ 10.000,00}{40 \text{ empregados}} = \$\ 250,00 \text{ por empregado}$$

NOTA:

- Excluímos os empregados do departamento de Administração Geral, para evitar distribuição reflexiva.

Assim, o valor a ser rateado para cada departamento será:

- Ambulatório Médico: 3 empregados × $ 250,00 = ... 750
- Conservação e Manutenção: 10 empregados × $ 250,00 =....... 2.500
- Almoxarifado: 5 empregados × $ 250,00 = ... 1.250
- Controle de Qualidade: 3 empregados × $ 250,00 =............. 750
- Corte: 8 empregados × $ 250,00 =...................................... 2.000
- Montagem: 7 empregados × $ 250,00 = ... 1.750
- Acabamento: 4 empregados × $ 250,00 =............................ 1.000

Total 10.000

Departamento: Administração Geral

Já que, em nosso exemplo, estamos considerando que todos os departamentos foram beneficiados pelos serviços deste, faremos o rateio com base no número de empregados.

NOTA:

- Para facilitar os cálculos, ratearemos os Custos Indiretos dos departamentos englobadamente.

Faremos:

a. Apuração dos Custos Indiretos deste departamento

Como esse é o primeiro departamento a ter seus custos transferidos para os demais, sua carga de custos corresponde aos custos nele gerados que, conforme o mapa do Custo Indireto, totalizam $ 36.000,00 (excluídos os valores do aluguel da fábrica, energia elétrica e água, os quais já foram rateados).

b. Cálculo do Custo Médio por empregado

$$\frac{\$\ 36.000,00}{40 \text{ empregados}} = \$\ 900,00 \text{ por empregado}$$

c. Cálculo do custo a ser rateado para os departamentos

- Ambulatório Médico: 3 empregados × $ 900,00 =........... 2.700
- Conservação e Manutenção: 10 empregados × $ 900,00 =...... 9.000
- Almoxarifado: 5 empregados × $ 900,00 = ... 4.500
- Controle de Qualidade: 3 empregados × $ 900,00 =........ 2.700

- Corte: 8 empregados × $ 900,00 = ... 7.200
- Montagem: 7 empregados × $ 900,00 = ... 6.300
- Acabamento: 4 empregados × $ 900,00 = ... 3.600

Total 36.000

Departamento: Ambulatório Médico

Levando-se em conta que o Ambulatório Médico mantém serviços à disposição de todos os empregados da empresa industrial, o rateio dos custos desse departamento poderá ser efetuado com base no número de atendimentos efetuados no período ou, ainda, com base no número de empregados de cada departamento. No exemplo em questão, utilizaremos como base de rateio o número de empregados de cada departamento.

a. Apuração dos Custos Indiretos desse departamento

- CIF gerados nesse departamento 15.000
- Aluguel rateado 300
- Energia Elétrica rateada 2.000
- Água rateada 750
- CIF recebidos da Administração Geral 2.700

Total 20.750

b. Cálculo do Custo Médio por empregado

$$\frac{\$\ 20.750{,}00}{37 \text{ empregados}} = \$\ 561{,}00 \text{ por empregado (aproximadamente)}$$

OBSERVAÇÕES:

- Consideramos 37 empregados porque excluímos os empregados da Administração Geral e do próprio Ambulatório Médico.
- O resultado encontrado de $ 561 por empregado está aproximado. Ajustaremos nos cálculos referentes aos custos a serem transferidos para o departamento de Conservação e Manutenção.

c. Cálculo do custo a ser rateado para os departamentos

- Conservação e Manutenção: 10 empregados × $ 561,00 = ... 5.603
- Almoxarifado: 5 empregados × $ 561,00 = ... 2.805
- Controle de Qualidade: 3 empregados × $ 561,00 = ... 1.683

- Corte: 8 empregados × $ 561,00 =.................................. 4.488
- Montagem: 7 empregados × $ 561,00 =.......................... 3.927
- Acabamento: 4 empregados × $ 561,00 = ... 2.244

  Total.. 20.750

Departamento: Conservação e Manutenção

O critério mais indicado para se ratearem os custos desse departamento é com base no total das horas de serviços prestados por ele para cada um dos demais. Se não for possível adotar esse critério, o rateio poderá ser feito com base na área ocupada.

Suponhamos que, através de levantamento efetuado, constatou-se que o departamento de Conservação e Manutenção prestou 200 horas de serviços para os demais departamentos (não são consideradas as horas trabalhadas para Administração Geral, para o Ambulatório Médico e para o próprio departamento de Conservação e Manutenção).

a. Apuração dos Custos Indiretos desse departamento

- CIFs gerados neste departamento 18.000
- Aluguel rateado.. 2.000
- Energia Elétrica rateada 5.000
- Água rateada 2.500
- CIFs recebidos dos departamentos:
- Administração Geral.. 9.000
- Ambulatório Médico.. 5.603

  Total.. 42.103

b. Cálculo do Custo Médio por hora de serviço prestado

$$\frac{\$ \ 42.103,00}{200 \text{ horas}} = \$ \ 211,00 \text{ por hora (aproximadamente)}$$

OBSERVAÇÃO:

- O valor encontrado de $ 211,00 foi aproximado para mais e o ajuste será feito no valor do custo a ser transferido para o Almoxarifado.

c. Cálculo do custo a ser rateado para os departamentos

- Almoxarifado: 50 horas × $ 211,00............................ 10.453

- Controle de Qualidade: 10 horas × $ 211,00 .... 2.110
- Corte: 70 horas × $ 211,00 .... 14.770
- Montagem: 30 horas × $ 211,00 .... 6.330
- Acabamento: 40 horas × $ 211,00 .... 8.440

  Total 42.103

Departamento: Almoxarifado

O rateio dos custos desse departamento pode ser feito com base nas quantidades, no valor ou no volume dos materiais transferidos para cada um dos departamentos beneficiados pelos seus serviços.

Efetuaremos o rateio apenas para os departamentos produtivos, pois consideraremos que o valor dos serviços prestados pelo Almoxarifado para a seção de Controle de Qualidade é irrelevante.

Utilizaremos, como base para rateio, o valor das matérias-primas requisitadas.

a. Apuração dos Custos Indiretos desse departamento

- CIFs gerados nesse departamento 8.000
- Aluguel rateado 15.000
- Energia Elétrica 3.000
- Água 1.250
- CIFs recebidos dos departamentos:
- Administração Geral 4.500
- Ambulatório Médico 2.805
- Conservação e Manutenção 10.453

  Total 45.008

b. Cálculo do Custo Médio em relação a cada real de matéria-prima transferida

Inicialmente, vamos calcular o total das matérias-primas requisitadas pelas seções produtivas. Suponhamos os seguintes valores:

- Corte 150.000
- Montagem 40.000
- Acabamento 20.000

  Total 210.000

Agora, calcularemos o valor do custo por real de matéria-prima:

$$\frac{\$\ 45.008,00}{\$210.000,00} = \$\ 0,21 \text{ (aproximadamente)}$$

Esse rateio também poderá ser feito, calculando-se o percentual que cada seção produtiva aplicou de matéria-prima, em relação ao total das matérias-primas aplicadas pelas três seções. Nesse caso, os cálculos poderão ser feitos assim:

Seção de Corte:

210.000 = 100%

150.000 = x

Logo:

$$x = \frac{150.000 \times 100}{210.000} = \$\ 71\%$$

Após os cálculos, concluímos que a participação no valor da matéria-prima aplicada pelas seções produtivas foi:

- Seção de Corte: 71%
- Montagem: 19%
- Acabamento: 10%

Total: 100%

c. Cálculo do custo a ser rateado para os departamentos

- Corte: 71% de $ 45.008,00 = ... 31.956
- Montagem: 19% de $ 45.008,00 = ... 8.551
- Acabamento: 10% de $ 45.008,00 = ... 4.501

Total 45.008

Departamento: Controle de Qualidade

Como esse departamento faz testes por amostragem nos produtos fabricados, o critério mais racional será ratear os custos desse departamento com base no número de testes efetuados para cada seção produtiva.

Suponhamos que, durante o período produtivo, a seção de Controle de Qualidade tenha efetuado os seguintes testes:

- Corte = 10 unidades
- Montagem = 25 unidades
- Acabamento = 15 unidades

Faremos:

a. Apuração dos Custos Indiretos desse departamento

- CIFs gerados nesse departamento 9.500
- Aluguel rateado 2.700
- Energia Elétrica rateada 2.000
- Água 750
- CIFs recebidos dos departamentos:
- Administração Geral 2.700
- Ambulatório Médico 1.683
- Conservação e Manutenção 2.110

Total 21.443

b. Cálculo do Custo Médio por unidade testada

$$\frac{\$\ 21.443,00}{50 \text{ unidades}} = \$\ 429,00 \text{ por unidade testada (aproximadamente)}$$

c. Cálculo do custo a ser rateado para os departamentos

- Corte: 10 unidades × $ 429,00 = ... 4.290
- Montagem: 25 unidades × $ 429,00 = ... 10.725
- Acabamento: 15 unidades × $ 429,00 = ... 6.428

Total 21. 443

A partir daqui, como todos os Custos Indiretos dos departamentos de serviços estão devidamente rateados para os três departamentos produtivos, o próximo passo será ratear os Custos Indiretos de Fabricação, acumulados em cada departamento produtivo para os produtos. Assim, cada departamento produtivo rateará para os produtos os Custos Indiretos gerados no próprio departamento, mais os Custos Indiretos recebidos por transferência dos departamentos de serviços.

MAPA DOS CUSTOS INDIRETOS ACUMULADOS NOS DEPARTAMENTOS PRODUTIVOS

CUSTOS INDIRETOS	CORTE	MONTAGEM	ACABAMENTO	TOTAL
CIFs gerados no departamento	15.000	12.000	5.000	32.000
Aluguel da Fábrica	15.000	10.000	5.000	30.000
Energia Elétrica	3.000	3.000	2.000	8.000
Água	2.000	1.750	1.000	4.750

(continua)

(continuação)

CUSTOS INDIRETOS	CORTE	MONTAGEM	ACABAMENTO	TOTAL
CIF da Administração	7.200	6.300	3.600	17.100
CIF do Ambulatório Médico	4.488	3.927	2.244	10.659
CIF das Cons. e Manutenção	14.770	6.330	8.440	29.540
CIF do Almoxarifado	31.956	8.551	4.501	45.008
CIF do Controle de Qualidade	4.290	10.725	6.428	21.443
SOMAS	**97.704**	**62.583**	**38.213**	**198.500**

O rateio dos CIFs de cada departamento produtivo será feito somente para os produtos que passaram pelos respectivos departamentos.

Existem vários critérios para rateio, sendo os mais utilizados os seguintes:

- Horas/máquinas: quando o número de horas trabalhadas pelas máquinas é relevante.
- Horas/homens: quando o valor da Mão de Obra Direta é relevante em relação ao Custo Total. Não havendo condições de se saber a quantidade de horas trabalhadas em cada produto, pode-se estabelecer a relação pelo valor da Mão de Obra.
- Matéria-Prima aplicada: Custo Primário.

No exemplo que estamos apresentando, utilizaremos o número de horas/máquina que cada produto consumiu em cada seção produtiva.

MAPA DAS HORAS/MÁQUINA CONSUMIDAS NAS SEÇÕES PRODUTIVAS

PRODUTOS	CORTE H/M	MONTAGEM H/M	ACABAMENTO	H/M TOTAL
Produto A	100	40	20	160
Produto B	80	50	30	160
Produto C	20	—	10	30
SOMAS	**200**	**90**	**60**	**350**

Com base no mapa dos Custos Indiretos das seções produtivas e no mapa das horas/máquina, faremos:

d. Cálculo dos Custos Indiretos Médios por hora/máquina

O cálculo será feito dividindo-se o total dos Custos Indiretos de cada departamento produtivo pelo número de horas/máquina do referido departamento.

Exemplo:

Corte:

$$\frac{\$\ 97.704,00}{200\ H/M} = \$\ 489,00 \text{ por hora/máquina (aproximadamente)}$$

Para se obter o valor do custo a ser rateado para cada produto que passou pelo departamento, basta multiplicar o valor encontrado pelo número de horas/máquina que o referido produto utilizou no departamento.

Procedendo aos cálculos também em relação aos demais departamentos, obtivemos os seguintes Custos Médios por hora/máquina:

- Corte = $ 489,00
- Montagem = $ 695,00
- Acabamento = $ 637,00

Veja, agora, o mapa que contém os respectivos Custos Indiretos a serem rateados para cada produto em cada departamento produtivo. Após efetuados os cálculos, multiplicando o Custo Médio por hora/máquina para cada produto, teremos:

MAPA DO RATEIO DOS CUSTOS INDIRETOS DE FABRICAÇÃO PARA OS PRODUTOS

DEPARTAMENTOS	PRODUTO A	PRODUTO B	PRODUTO C	TOTAL
Corte	48.900	39.120	9.684	97.704
Montagem	27.800	34.783	—	62.583
Acabamentos	12.740	19.110	6.363	38.213
SOMAS	**89.440**	**93.013**	**16.047**	**198.500**

Veja, finalmente, a composição e o Custo Total de Fabricação de cada produto:

MAPA DO CUSTO TOTAL DA PRODUÇÃO DO MÊS DE SETEMBRO/94

CUSTOS	PRODUTO A	PRODUTO B	PRODUTO C	TOTAL
Custos Diretos	177.000	163.000	65.000	405.000
Custos Indiretos	89.440	93.013	16.047	198.500
SOMAS	**266.440**	**256.013**	**81.047**	**603.500**

OBSERVAÇÕES:

- Os Custos Diretos foram informados no início do exemplo prático e devidamente demonstrados no mapa do Custo Direto constante da página.

(continua)

(continuação)

- Com relação aos Custos Indiretos, os respectivos valores foram devidamente explicados no decorrer deste exemplo prático. Os valores finais foram obtidos conforme o mapa do rateio dos Custos Indiretos, acima.

Resumo

Os procedimentos necessários para apuração do Custo de Produção pelo Sistema do Custo Departamental podem ser resumidos nas seguintes etapas:

1ª) atribuição dos Custos Diretos aos produtos;

2ª) rateio dos Custos Indiretos de Fabricação, comuns a todos os departamentos;

3ª) definição da ordem hierárquica dos departamentos, para efeito de rateio dos CIFs entre eles;

4ª) rateio dos CIFs de cada departamento de serviços para os departamentos beneficiados pelos seus serviços, obedecendo à ordem hierárquica definida;

5ª) rateio dos CIFs gerados nos departamentos produtivos mais os CIFs recebidos por transferência dos departamentos de serviços para os produtos.

CAPÍTULO 10

CUSTEIO ABC E CUSTO PADRÃO

10.1 Custeio baseado em atividades (ABC)

10.1.1 Conceito

ABC *(Activity-Based Costing)* é um sistema de custeio que se caracteriza pela atribuição dos custos indiretos aos produtos, por meio de atividades.

Atividade é um conjunto de tarefas decorrentes da combinação de recursos humanos, financeiros, materiais e tecnológicos, que visa a produção de bens ou a prestação de serviços.

O ABC, por meio do qual os Custos Indiretos de Fabricação são atribuídos aos produtos de forma mais justa que as adotadas pelos sistemas tradicionais, fundamenta-se no fato de que as atividades consomem recursos e os produtos consomem atividades.

Recursos são gastos com energia elétrica, aluguéis, materiais, salários etc. que podem ser classificados como despesas ou como custos.

Por esse motivo, os CIFs devem ser transferidos aos produtos com base nas atividades que cada um consumiu.

Assim, dentro de cada departamento, os CIFs são transferidos inicialmente para as atividades e, posteriormente, dessas diretamente para os produtos.

Veja melhor: ao consumir recursos, as atividades geram gastos que podem ser classificados tanto como despesas quanto como custos. Esses gastos referem-se ao consumo de bens ou a utilização de serviços com salários, benefícios, energia elétrica, telefones, aluguéis, tributos, transporte, materiais e muitos outros necessários à realização das atividades.

O ABC é um sistema de atribuição de CIF aos produtos que apresenta semelhanças com o sistema do Custo Departamental.

No sistema do Custo Departamental, os CIFs são acumulados nos departamentos (centros de custos) onde foram gerados, para serem posteriormente atribuídos aos produtos.

Conforme você estudou no capítulo anterior, adotando-se o método da hierarquização, os CIFs são inicialmente acumulados nos departamentos de serviços ou produtivos, onde forem gerados; em seguida, os CIFs gerados nos departamentos de serviços são transferidos de um departamento para outro, obedecendo a uma ordem hierárquica previamente definida, até que todos CIFs gerados nos departamentos de serviços estejam devidamente acumulados nos departamentos produtivos. A partir daí, são transferidos diretamente aos produtos que passarem pelo respectivo departamento produtivo.

O sistema ABC também requer a divisão da empresa em departamentos ou centros de custos e os procedimentos são como segue: inicialmente os custos são acumulados nos respectivos departamentos de serviços ou produtivos onde forem gerados; em seguida, esses CIFs são transferidos para as respectivas atividades relevantes que os geraram em cada departamento. Depois de acumulados nas atividades, os CIF deverão ser transferidos diretamente para os produtos que consumiram as respectivas atividades.

No sistema do custeio departamental, a transferência de CIF de um departamento para outro, fundamenta-se no fato de que o departamento beneficiado pelo serviço de outro, deve ser onerado pela carga de CIF gerada em função do respectivo serviço. Já no custeio por atividades não há essa preocupação, uma vez que o fundamento está em que as atividades foram realizadas em função dos produtos. Assim, os gastos derivados de cada atividade beneficiarão diretamente este ou aquele produto, motivo que justifica a alocação dos CIF acumulados nas atividades, diretamente aos produtos.

É importante salientar também que, embora o ABC se carecterize pela atribuição de CIF aos produtos, ele pode ser utilizado na alocação de Custos Diretos, nas situações em que essa prática se tornar conveniente.

10.1.2 Direcionadores de custos e de atividades

Direcionador é o fator que indica a relação entre o consumo do recurso e a atividade ou entre as atividades e os produtos.

Você já sabe que os custos acumulados nos departamentos para serem alocados aos produtos passam por dois estágios: no primeiro estágio, os custos são transferidos dos departamentos para as atividades e no segundo estágio os custos são transferidos das atividades para os produtos.

Dessa forma, existem dois tipos de direcionadores:

a. Direcionadores de primeiro estágio, também denominados de direcionadores de custos ou de direcionadores de recursos, são utilizados para a alocação dos custos às atividades. Indicam como as atividades consomem recursos.

O direcionador de custos é o elemento causador do custo.

Se a empresa utiliza água para consumo e higiene do pessoal, o custo com o consumo de água e esgoto tem como causa o número de empregados. Nesse caso, o custo com o consumo de água e esgoto de cada departamento deverá onerar as atividades de cada um deles, em função do número de empregados utilizados na execução de cada atividade.

Direcionadores de custos, então, são as medidas que servem de parâmetro para custear atividades, por exemplo: para o custo com aluguel, o direcionador pode ser a área ocupada; para o custo com o consumo de água e esgoto, o direcionador pode ser o número de empregados; para o custo da energia elétrica consumida pelas máquinas, o direcionador pode ser a hora/máquina; para o custo com a Mão de Obra Indireta, o direcionador pode ser a hora/homem; para o custo com o consumo de materiais de informática, o direcionador pode ser o consumo, ou seja, a quantidade consumida etc. Nesses casos, as atividades que deverão receber a carga dos custos citados, com base nos direcionadores também citados, poderão ser diversas, conforme foram executadas em cada departamento, como: comprar materiais, pagar fornecedores, movimentar materiais, receber materiais, cortar, bordar, acabar etc. É evidente, conforme dissemos, que o direcionador de custos deverá refletir a causa da geração do referido custo pela atividade beneficiada por ele.

b. Direcionadores de segundo estágio, também denominados de direcionadores de atividades, são utilizados para a alocação dos custos acumulados nas atividades, para os produtos. Indicam como os produtos consomem as atividades.

Direcionadores de atividades, então, são as medidas que servem de parâmetro para custear produtos, por exemplo: para a atividade de cortar, o direcionador pode ser o tempo em que o produto precisou para ser cortado; para a atividade de ensacar, o direcionador pode ser o tempo em que o produto precisou para ser ensacado; para a atividade inspecionar produtos, o direcionador pode ser o número de inspeções realizadas; para a atividade comprar materiais, o direcionador pode ser a quantidade de pedidos de compras de materiais para cada tipo de produto etc.

10.1.3 Adaptações no Plano de Contas

Para adequar o Plano de Contas apresentado no Capítulo 3 deste livro, visando a adoção do custeio ABC, será necessário prever contas representativas de cada departamento, e subcontas em cada um deles para o registro dos custos gerados nos próprios departamentos. Deverão, também, ser criadas contas próprias, em cada departamento ou centro de custos, representativas das atividades relevantes, as quais receberão a débito os custos por elas gerados e a crédito os mesmos valores, quando da transferência diretamente ao custo em formação de cada produto.

10.1.4 Esquema técnico para contabilização

Atribuição dos CIFs aos produtos pelo sistema ABC poderá ser feita observando-se o seguinte esquema técnico:

1. **Departamentalização**

   Caso a empresa não esteja devidamente dividida em departamentos, a primeira tarefa para a aplicação do custeio por atividades será então criar os departamentos (centros de custos).

2. **Identificação dos gastos comuns a todos os departamentos**

   Nessa etapa, deve-se acumular em um centro de custos próprio, todos os gastos que deverão ser segregados em despesas e custos. Esses gastos normalmente são efetuados com aluguéis, energia elétrica, água e esgoto, materiais de escritório, materiais de higiene e limpeza, segurança etc. Eles poderão ser acumulados em um centro de custos próprio ou, serem contabilizados inicialmente nas contas representativas das Despesas Administrativas, para posterior transferência para despesas com vendas e custos.

3. **Distribuição dos gastos comuns a todos os departamentos**

   Nessa etapa, deve-se inicialmente segregar desses gastos a parcela relativa a despesas e a parcela relativa a custos. A parcela relativa a custos deverá ser alocada aos diversos departamentos de serviços e produtivos da empresa industrial.

4. **Identificação e ou acumulação dos gastos incorridos em cada departamento**

   Nessa etapa, deve-se identificar o total dos gastos incorridos em cada departamento, para que possam ser transferidos para as atividades praticadas no respectivo departamento. Esses gastos compreendem tanto aqueles comuns a todos departamentos recebidos por transferência, quanto aqueles gerados exclusivamente no próprio departamento.

5. **Identificação das atividades realizadas em cada departamento**

   Inicialmente deve-se elaborar um rol com todas atividades desenvolvidas no departamento, sejam elas relevantes ou não. Nessa etapa dos trabalhos, são muito importantes as entrevistas com o pessoal que executa cada atividade.

6. **Definição das atividades relevantes em cada departamento**

   Depois de elaborado o rol com todas as atividades desenvolvidas em cada departamento, deve-se eleger as mais expressivas e desprezar as demais. Normalmente as atividades relevantes são aquelas que justificam a existência do departamento.

   Quando um departamento (centro de custos) desenvolver uma só atividade, todos os custos gerados nesse departamento (centro de custos) serão atribuídos à essa respectiva atividade. Quando no departamento forem desenvolvidas várias atividades, deverá se eleger as relevantes e distribuir os CIFs acumulados no respectivo departamento entre essas atividades.

   É importante salientar, também, que pode ocorrer de uma atividade ser executada por mais de um departamento, caso em que os custos a serem atribuídos a essa atividade decorrerão de mais de um departamento.

7. **Atribuição de custos às atividades**

   O custo de uma atividade é a soma dos recursos consumidos na sua realização.

   Na prática de uma atividade, conforme já dissemos, podem ser consumidos recursos como materiais de consumo, energia elétrica, salários e encargos, serviços de terceiros e muitos outros. Quando a atividade beneficiar direta ou indiretamente a produção, os valores gastos com esses recursos são classificados como Custos Indiretos de Fabricação.

   A chave para se atribuir adequadamente os CIFs às atividades está, então, em identificar para cada atividade, o respectivo custo gerado por ela.

   Essa identificação deve ser feita com muito rigor, uma vez que o total dos custos acumulados em cada atividade, por sua vez, será descarregado nos produtos que foram beneficiados pela execução da respectiva atividade, ainda que, preliminarmente, seja necessária a transferência de CIF de uma atividade para outra. Por esse motivo, para eliminar o subjetivismo que pode provocar a alocação indevida de custos aos produtos, deve-se estudar cuidadosamente a importância de cada atividade e a sua relação com o recurso consumido. Nessa fase, as entrevistas com o próprio pessoal executor das atividades ajudam a esclarecer muitas dúvidas.

   Assim, sempre que for possível identificar seguramente o custo em relação à atividade, ele deverá ser atribuído diretamente a ela, sem maiores preocupações.

Quando não for possível a identificação direta do custo em relação a atividade, a atribuição será feita através de rastreamento.

O rastreamento é uma técnica de alocação de custos às atividades por meio de direcionadores de custos.

É na fase do rastreamento que são definidos os direcionadores de custos (recursos), para alocar custos às atividades e os direcionadores de atividades, para alocar os custos que foram acumulados nas atividades, para os produtos.

Finalmente, quando não for possível alocar os custos às atividades de forma direta ou por rastreamento, deve-se fazê-lo por meio de rateio.

Cumpre salientar ainda que, nos casos em que os CIFs acumulados em certas atividades, geradas nos departamentos de serviços, devam ser transferidos para outras atividades antes de serem atribuídos aos produtos, para essa tarefa deve-se também observar a ordem de prioridade apresentada, ou seja, alocação direta, alocação por rastreamento e alocação por rateio.

8. Atribuição de custos aos produtos

Depois que os custos estiverem devidamente acumulados nas atividades, o passo final será transferi-los para os produtos.

Essa transferência, conforme já comentamos no item anterior, deverá ser feita observando-se a seguinte ordem: alocação direta, alocação por rastreamento e alocação por rateio.

Atividades Teóricas 1

---

1. Responda:

1.1 Em que consiste o sistema de custeio ABC?

1.2 O que é atividade?

1.3 O que são direcionadores de primeiro estágio?

1.4 O que são direcionadores de segundo estágio?

1.5 Cite pelo menos cinco atividades próprias do departamento pessoal.

1.6 Como podemos identificar uma atividade relevante?

2. Indique se a afirmativa é falsa ou verdadeira:

2.1 O ABC é um sistema de custeio semelhante ao custo departamental porque, nos dois casos, a empresa deve ser partilhada em departamentos.

2.2 As atividades compreendem tarefas realizadas nos departamentos.

2.3 O custeio por atividades pode ser utilizado não só para Custos Indiretos, como também para Custos Diretos e inclusive para despesas.

2.4 O direcionador de custos é o elemento causador do custo.

2.5 Os direcionadores de recursos servem para custear os produtos.

2.6 Os direcionadores de atividades servem para custear as atividades.

3. Escolha a alternativa correta:

3.1 O sistema ABC fundamenta-se no fato de que:

a) As atividades consomem recursos e os recursos consomem as atividades.
b) Os produtos consomem atividades e os recursos consomem os custos.
c) Os departamentos acumulam somente CIF para os produtos.
d) As atividades consomem recursos e os produtos consomem atividades.
e) n.d.a.

3.2 Assinale a sequência correta dos acontecimentos:

a) Os CIFs são acumulados nos departamentos; dos departamentos são alocados às atividades e das atividades são atribuídos aos produtos.
b) Os CIFs são acumulados nas atividades; das atividades são atribuídos aos departamentos ou às despesas e finalmente para os produtos.
c) Os CIFs são atribuídos às contas de despesas; depois aos departamentos e finalmente aos produtos.
d) Os CIFs são inicialmente despesas, depois custos e finalmente atividades.
e) n.d.a.

4. É incorreto afirmar:

a) Os CIFs acumulados em uma atividade podem, antes de serem alocados aos produtos, serem transferidos para outras atividades.
b) Os CIFs acumulados em uma atividade não poderão ser transferidos para outras atividades.
c) O rastreamento e o rateio são procedimentos distintos.
d) O rateio somente deve ser utilizado quando não for possível a alocação direta ou por meio do rastreamento.
e) n.d.a.

10.2 Custo Padrão

10.2.1 Conceito

O Custo Padrão é um custo estimado, isto é, calculado antes mesmo de se iniciar o processo de fabricação.

Com base nos Custos de Produção de períodos anteriores, a empresa industrial pode fixar, como padrão, custos para cada produto a ser fabricado. Assim, define-se o padrão para os gastos com Materiais, Mão de Obra e Gastos Gerais de Fabricação. Quanto maior for o detalhamento do padrão em relação a cada elemento componente do custo, melhores resultados serão obtidos.

Suponhamos que a Companhia Industrial Caçapava S.A., com base na produção dos meses de janeiro, fevereiro e março, tenha apurado um Custo Médio para a produção de um determinado produto. Esse Custo Médio apurado, que foi igual a $ 50,00 por unidade, corresponde ao Custo Padrão a ser utilizado no mês de abril. Dessa forma, o Custo Padrão foi obtido pelo somatório dos seguintes custos:

• Valor padrão dos gastos com Materiais	25
• Valor padrão dos gastos com Mão de Obra	15
• Valor padrão dos gastos com Gastos Gerais de Fabricação	10
Total	50

Suponhamos que, no final do mês de abril, o Custo Histórico ou Real tenha sido:

• Custo Real dos Materiais	30
• Custo Real da Mão de Obra	20
• Custo Real dos Gastos Gerais de Fabricação...................	10
Total.	60

Nesse caso, um exame minucioso dos componentes do Custo Real, ocorrido no mês de abril, deve ser feito para que sejam verificados os motivos que provocaram a variação de $ 10,00 entre o Custo Padrão e o Custo Real. Na análise devem ser levados em conta possíveis aumentos no preço dos materiais aplicados, bem como reajustes de salários e tarifas etc. Caso não tenha ocorrido aumento nos preços nem reajustes de salários, a administração poderá concluir que o aumento do Custo Real, em relação ao Padrão, pode ter ocorrido em função de desperdícios de materiais, mão de obra ociosa etc.

Na realidade, embora o Custo Padrão constitua importante instrumento para a administração avaliar o desempenho da produção, servindo inclusive de base para tomadas de decisões enquanto não se conhece o Custo Real, a sua adoção gera para a empresa duas tarefas: calcular previamente o Custo Padrão e, depois, com base em dados reais, calcular o Custo Histórico ou Real.

O Custo Padrão não precisa ser contabilizado. Na maioria dos casos ele é calculado apenas extracontabilmente.

Em uma economia inflacionária, o Custo Real será sempre superior ao Custo Padrão. Por esse motivo, se a pessoa responsável pela Contabilidade de Custos decidir contabilizá-lo, deverá prever uma conta para registrar as variações que certamente ocorrerão.

10.2.2 Esquema técnico para contabilização do Custo Padrão

Suponhamos que a Companhia Industrial Redenção S.A., para fabricar cada unidade do produto W, tenha como padrão:

- Valor padrão dos Materiais 300
- Valor padrão da Mão de Obra 100
- Valor padrão dos Gastos Gerais de Fabricação 150

Total 550

Contabilização no livro Diário:

(1) CUSTO EM FORMAÇÃO – Produto W

a Diversos

Pela contabilização do Custo de Fabricação do produto W com base no Custo Padrão:

a Materiais

Consumo conf. padrão. 300

a Mão de Obra

Conf. padrão 100

a Gastos Gerais de Fabricação

Conf. padrão 150 550

________________ ________________

(2) Estoque de Produtos Acabados – Produto W

a CUSTO EM FORMAÇÃO – Produto W

Transferência para estoque de uma unidade do produto W contabilizada com base no Custo Padrão. 550

________________ ________________

Após concluído o processo de fabricação, constatou-se que o Custo Real da produção do referido produto foi:

- Materiais aplicados.. 310
- Mão de Obra... 105
- Gastos Gerais de Fabricação.. 158

  Total.. 573

Cálculo das variações:

- Custo Real = 573
- (–) Custo Padrão = (550)
- Variação = 23

Com base nos valores reais, foram feitos os seguintes lançamentos contábeis no livro Diário:

(3) Materiais

a Estoque de Materiais

Consumo conf. requisições.................................. *310*

---

(4) Mão de Obra

a Contas a Pagar

Conf. folha etc.. *105*

---

(5) Gastos Gerais de Fabricação

a Contas a Pagar

Conf. relação etc.. *158*

Veja a posição das contas envolvidas em seus respectivos Razonetes:

MATERIAIS			
(3)	310	(1)	300
Saldo	10		

MÃO DE OBRA			
(4)	105	(1)	100
Saldo	5		

GASTOS GERAIS DE FABRICAÇÃO			
(5)	158	(1)	150
Saldo	8		

Note que as referidas contas que foram creditadas no lançamento 1, para transferência dos valores para formação do Custo de Fabricação, com base no Custo Padrão, e que estão sendo debitadas pelos lançamentos 3, 4 e 5 pelos valores reais consumidos, ficaram com saldos devedores, os quais correspondem às variações entre o Custo Real e o Custo Padrão. Esses valores devem integrar o custo dos produtos acabados. A contabilização poderá ser feita da seguinte maneira:

(6) Variações de Custos

a Diversos

Transferência das variações do Custo Real em relação ao Custo Padrão, referente ao produto W:

a Materiais		
Parcela conf. mapa..	*10*	
a Mão de Obra		
Idem	*5*	
a Gastos Gerais de Fabricação		
Idem	*8*	*23*

Agora, basta transferir o valor registrado na conta Variações de Custos para a conta de estoque que registra o referido produto acabado:

(7) Estoque de Produtos Acabados – Produto W

a Variações de Custos

Pela incorporação ao custo dos produtos acabados correspondente à variação entre o Custo Real e o Padrão, conf. mapa.	*23*

Resumo

- **Custo Padrão**: Custo estimado, calculado antes de iniciado o processo de fabricação, com base nos Custos Reais de períodos anteriores.
- **Custo Real ou Histórico**: Custo calculado após o encerramento do processo de fabricação, com base nos valores efetivamente gastos na produção.

Atividades Teóricas 2

1. Responda:

1.1 O que é Custo Padrão?

1.2 O que é Custo Histórico?

1.3 Cite duas causas que podem provocar variações entre o Custo Real e o Padrão, quando não houver aumento de preços nos materiais, na mão de obra e nos Gastos Gerais de Fabricação.

1.4 Qual é a finalidade do Custo Padrão?

2. Indique se a afirmativa é falsa ou verdadeira:

2.1 O Custo Padrão é conhecido antes mesmo do processo de fabricação se iniciar.

2.2 O Custo Real, ou Histórico, é conhecido antes mesmo do processo de fabricação se iniciar.

2.3 O Custo Padrão deve ser calculado para os três elementos componentes do custo: materiais, mão de obra e Gastos Gerais de Fabricação.

2.4 O Custo Padrão só deve ser calculado para a mão de obra.

3. Escolha a alternativa correta:

3.1 O Custo Padrão é calculado:

a) Com base no Custo Padrão de períodos anteriores.
b) Com base no Custo Real da produção do mês seguinte.
c) Com base no Custo Departamental.
d) Com base nos Custos Reais de períodos anteriores.

3.2 O Custo Padrão:

a) Será obrigatoriamente contabilizado.
b) Será obrigatoriamente contabilizado pela Contabilidade Financeira.
c) Pode ou não ser contabilizado, dependendo do interesse da própria empresa.
d) n.d.a.

3.3 A variação que normalmente ocorre entre o Custo Real e o Custo Padrão:

a) Não deve integrar o Custo de Fabricação.
b) Não deve integrar o Custo de Produção.
c) Deve ser considerada como despesa.
d) Deve integrar o Custo de Fabricação.

REFERÊNCIAS

I – Obras consultadas

BEULKE, Rolando; BERTÓ, Dalvio José. *Estrutura e análise de custos*. São Paulo: Saraiva, 2001.

CALDERELLI, Antonio. *Enciclopédia contábil e comercial brasileira*. São Paulo: Cetec Consultores e Editores Técnicos, 1996.

EISEN, Peter J. *Accounting*. 3. ed. New York: Barron's Business, 1994.

GOUVEIA, Nelson. *Contabilidade*. São Paulo: McGraw-Hill do Brasil, 1976.

HORNGREN, Charles T. *Contabilidade de custos*: um enfoque administrativo. 1. ed. São Paulo: Atlas, 1989.

IUDÍCIBUS, Sérgio de; MARTINS, Eliseu; GELBCKE, Ernesto Rubens; SANTOS Ariovaldo dos. *Manual de contabilidade societária*. São Paulo: Atlas, 2010.

JACINTHO, Roque. *Biblioteca de ciências contábeis em lançamentos programados*. 6. ed. São Paulo: Brasiliense, 1980.

LEONE, George S. G. *Curso de contabilidade de custos*. São Paulo: Atlas, 1997.

MARTINS, Eliseu. *Contabilidade de custos*. 9. ed. São Paulo: Atlas, 2006.

NEPOMUCENO, F. *Novo plano de contas*. São Paulo: Thomson IOB, 2003.

WERNKE, Rodney. *Análise de custos e preço de venda*. São Paulo: Saraiva, 2013.

II – Legislação consultada

- Código Civil Brasileiro (Lei n. 10.406, de 10 de janeiro de 2002 – artigos 966 a 1.195).
- Código Comercial Brasileiro (Lei n. 556, de 25 de junho de 1850).
- Decreto n. 9.580, de 22 de novembro de 2018 – aprovou o Regulamento do Imposto sobre a Renda e Proventos de Qualquer Natureza (RIR/18).

- Lei n. 6.404, de 15 de dezembro de 1976 (Lei das Sociedades por Ações).
- Lei n. 11.638, de 28 de dezembro de 2007 – Alterou e revogou dispositivos da Lei n. 6.404, de 15 de dezembro de 1976, e da Lei n. 6.385, de 7 de dezembro de 1976, e estendeu às sociedades de grande porte disposições relativas à elaboração e divulgação de demonstrações financeiras.
- Lei n. 11.941, de 27 de maio de 2009 – Alterou e revogou dispositivos da Lei n. 6.404/1976 e deu outras providências.
- Emenda Constitucional n. 132/2023, que promoveu significativas alterações no Sistema Tributário Nacional (Reforma Tributária de 2023).

III – Outros documentos consultados

- NBC TG Estrutura Conceitual aprovada pelo CFC em seu Plenário de 21 de novembro de 2019.
- Instrução CVM n. 469/2008 – Dispõe sobre a aplicação da Lei n. 11.638/2007 e promove alterações nas Instruções CVM n. 247/1996 e n. 331/2000.
- Normas Brasileiras de Contabilidade do tipo NBC TG n. 01 a n. 50 e n. 1.000, aprovadas pelo Conselho Federal de Contabilidade (CFC) com fundamento nos Pronunciamentos Técnicos CPCs do Comitê de Pronunciamentos Contábeis, convergentes com as normas internacionais de contabilidade IFRS, emitidas pelo International Accounting Standards Board (IASB), com destaque para a NBC TG 16 – Estoques, aprovada pela Resolução CFC n. 1.170/2009, e NBC TG 1.000 – Contabilidade para Pequenas e Médias Empresas, aprovada pela Resolução CFC n. 1.255/2009.
- Normas Brasileiras de Contabilidade, suas Interpretações e Comunicados Técnicos editados pelo Conselho Federal de Contabilidade (CFC).
- Regulamentos do ICMS, do IPI e outros.
- Deliberações, Instruções e outros atos normativos expedidos pela Comissão de Valores Mobiliários (CVM).
- Portarias, Pareceres e outros atos normativos expedidos pela Secretaria da Receita Federal do Brasil, envolvendo tributos federais.

ÍNDICE ALFABÉTICO

C

M

N

O

P

1 2 3 4 5 6 7 8 9 10 2026